本丛书系武汉大学"985工程"项目
"中国特色社会主义理论创新基地"和"211工程"项目
"马克思主义基本理论及其中国化研究"成果

武汉大学马克思主义理论系列学术丛书

知识经济与马克思主义劳动价值论

曹亚雄 著

ZHISHI JINGJI YU MAKESI ZHUYI LAODONG JIAZHILUN

中国社会科学出版社

图书在版编目（CIP）数据

知识经济与马克思主义劳动价值论／曹亚雄著. —北京：
中国社会科学出版社，2003.12（2010.12 重印）
  ISBN 978 - 7 - 5004 - 4252 - 3

  Ⅰ.①知… Ⅱ.①曹… Ⅲ.①知识经济－研究②马克思
著作研究－价值论 Ⅳ.①F062.3②A811.66

  中国版本图书馆 CIP 数据核字（2003）第 117280 号

责任编辑 任风彦
责任校对 李云丽
封面设计 李尘工作室
技术编辑 王炳图

出版发行 中国社会科学出版社
社　　址 北京鼓楼西大街甲 158 号   邮　编 100720
电　　话 010 - 84029450（邮购）
网　　址 http://www.csspw.cn
经　　销 新华书店
印　　刷 北京奥隆印刷厂   装　订 广增装订厂
版　　次 2003 年 12 月第 1 版   印　次 2010 年 12 月第 2 次印刷
开　　本 710×1000 1/16
印　　张 12.75   插　页 2
字　　数 226 千字
定　　价 28.00 元

总　序

顾海良

新世纪之初，马克思主义理论学科的设立，是马克思主义中国化的显著标志，也是中国化马克思主义发展的重要成果。设立马克思主义理论学科，不仅是由马克思主义理论本身的科学性决定的，也是由马克思主义作为我们党的指导思想和作为国家主流意识形态建设的需要决定的，而且还是由当代马克思主义发展的新的要求决定的。

在马克思主义理论学科建设中，武汉大学一直居于学科建设与发展的前列。武汉大学政治与公共管理学院作为学科建设和发展的主要承担者，学院的教师和研究人员为此付出了极大的辛劳，作出了极大的贡献。现在编纂出版的《武汉大学马克思主义理论系列学术丛书》就是其中的部分研究成果。

回顾马克思主义理论学科建设和发展的实际，给我们的重要启示之一就是，马克思主义理论学科的建设和发展，既要尊重学科建设和发展的普遍规律，又要遵循学科建设和发展的特殊要求，要切实提高马克思主义理论学科的影响力。希望《武汉大学马克思主义理论系列学术丛书》的出版，能为切实提升马克思主义理论学科的影响力增添新的光彩。

第一，要提高马克思主义理论学科建设的学术影响力。把提高学术影响力放在首位，是从学科建设视阈理解马克思主义理论学科建设的要求。学科建设以学术为基础。马克思主义理论作为一个整体的一级学科，在提升学科的学术性时，要按照学科建设内在的普遍的要求，使之具有明确的学科内涵、确定的学科规范和完善的学科体系。

学术影响力是学科建设的重要目标，也是学科建设水平的重要体现。马克思主义理论学科的学术影响力，不仅在于国内的学术影响力，还应该树立世界眼光，产生国际的学术影响力。在国际学术界，马克思主义理论是以学术研究为基本特征和主要导向的。注重马克思主义理论的学术研究，不仅有利于达到学科建设的基本要求，而且还有利于国际范围内的马克思主义理论研究的交流，产生国际的学术影响力。比如，一个时期以来，国际学术界对《德意志意识形态》、《共产党宣言》等文本、传播的研究，马克思经济学手稿的研究，科学考据版《马克思恩格斯全集》（MEGA2）的编辑与研究等，就是国际范围内马克思主义理论学术研究的重要课题。作为以马克思主义为指导的社会主义国家，在马克思主义理论学科建设和发展中，不但要高度关注和重视世界范围内马克思主义理论研究的重大课题，而且要参与国际范围内马克思主义理论重大课题的研究。在国际马克思主义学术论坛上，我们要有更广泛的话语权，要能够更深刻地了解别人在研究什么、研究的目的是什么、研究到什么程度、有哪些重要的理论成就、产生了哪些理论的和实践的成效等。如果一方面强调建设和发展马克思主义理论学科，另一方面却在国际马克思主义论坛上被边缘化，这肯定不是我们希望看到的学科建设的结局。

第二，要提高对中国特色社会主义理论与实践的影响力。任何学科都有其特定的应用价值。马克思主义理论学科对中国特色社会主义理论与实践的影响力，就是这一学科应用价值的重要体现，也是这一学科建设和发展的重要目标和根本使命。在实现这一影响力中，深化中国特色社会主义理论体系的研究是重点；运用中国特色社会主义理论体系于实践、以此推进和创新中国特色社会主义理论体系是根本。马克思主义理论学科对中国特色社会主义理论与实践的影响力，要体现在对什么是马克思主义、怎样对待马克思主义，什么是社会主义、怎样建设社会主义，建设什么样的党、怎样建设党，实现什么样的发展、怎样发展等重大问题的不断探索上，并对这些问题作出新的理论概括，不断增强理论的说服力和感召力，推进中国特色社会主义理论体系的发展。马克思主义理论学科的建设和发展，一定要对中国特色社会主义的经济、政治、文化、社会、生态文明建设以及党的建设的理论与实践产生重要的影响力，为中国特色社会主义道路发展中的重大理论和实践问题的解决提供基本的指导思想，充分体现学科建设的应用价值。

第三，要提高对国家主流意识形态发展和安全的影响力。马克思主义作为党和国家的指导思想，自然是中国特色社会主义的主流意识形态。要深刻理解马克思主义理论学科的特定研究对象。马克思主义是我们立党立国的根本指导思想，社会主义意识形态的旗帜，是社会主义核心价值体系的灵魂，是全党全国各族人民团结奋斗、夺取建设中国特色社会主义新胜利的共同思想基础。在学科建设中，我们要以高度的政治意识、大局意识和责任意识，进一步推进马克思主义中国化的发展和创新，进一步巩固马克思主义在思想政治理论领域的指导地位，进一步增强社会主义核心价值体系的建设成效，进一步维护和发展国家意识形态的安全。

建设马克思主义学习型政党作为新世纪党的建设重大而紧迫的战略任务，对马克思主义理论学科建设提出了新的更高的要求。建设马克思主义学习型政党的首要任务，就是要按照科学理论武装、具有世界眼光、善于把握规律、富有创新精神的要求，坚持马克思主义作为立党立国的根本指导思想，紧密结合我国国情和时代特征大力推进理论创新，在实践中检验真理、发展真理，用发展着的马克思主义指导新的实践。

第四，要提高全社会的思想理论素质，加强全社会的思想政治教育的影响力。全社会的思想理论素质是一定社会的软实力的具体体现，也是一定社会的国家综合实力的重要组成部分。特别是在青少年思想道德教育、大学生思想政治教育中，如何切实提高马克思主义理论学科的影响力，是当前马克思主义理论学科建设的最为重要和最为紧迫的任务和使命。在这一意义上，我们可以认为，马克思主义理论学科的影响力，首先就应该体现在大学生思想政治理论课程的建设全过程中。用马克思主义理论，特别是用当代发展的马克思主义理论，即中国特色社会主义理论体系教育人民、武装人民的头脑，内化为全体人民的思想观念与理论共识，是马克思主义理论学科建设的艰巨任务，特别是其中的思想政治教育学科建设和发展的重要目标。

以上提到的四个方面的影响力——学术的影响力、现实应用的影响力、意识形态的影响力和思想政治教育的影响力等，对马克思主义理论学科发展是具有战略意义的。在对四个方面影响力的理解中，既不能强调学科建设和发展的学术性而否认学科建设和发展的政治性与意识形态性；也不能只顾学科建设和发展的政治性与意识形态性而忽略学科建设和发展的学术性。要从学科建设的战略高度，全面地探索和提高马克思主义理论学科建设和发展的影响力。

我衷心地希望，《武汉大学马克思主义理论系列学术丛书》能在提高以上四个方面影响力上作出新的贡献！

原　序

　　武汉大学是我国最早设立马克思主义理论与思想政治教育博士点的高校之一，1997 年正式开始招收这一学科的博士研究生；武汉大学也是在马克思主义理论与思想政治教育学科建设中建树较为显著的高校之一，2002 年武汉大学这一学科被教育部确定为国家重点学科。现在列入"博士文库"的著作，就是在武汉大学马克思主义理论与思想政治教育学科取得博士学位的青年学者的博士论文。我们希望以"文库"的形式，集中反映青年学者们在这一学科建设中的成果，展示武汉大学这一学科建设的整体水平和基本状况。

　　学科建设是一项复杂的系统工程。马克思主义理论与思想政治教育作为一门新兴学科，更面临着繁复的学科建设任务。国务院学位委员会在 1997 年新的专业学科目录调整中，第一次把原来分开的马克思主义理论教育和思想政治教育合并为新的马克思主义理论与思想政治教育二级学科，列在法学门类的政治学一级学科之内。因此，在这一学科建设伊始，突出的任务就是加强对原来分开学科的整合，从整体上推进学科的建设和发展。合则进、分则退，这也是武汉大学数年来在这一学科建设中的基本经验之一。

　　同时，就学科建设的一般规律而言，学科的建设首先要搞清学科的内涵。在对马克思主义理论与思想政治教育学科内涵的理解中，我认为有必要搞清两个基本问题。一是关于马克思主义理论与思想政治教育学科同马克思主义和思想政治理论有关学科，如同马克思主义哲学、政治经济学、科学社会主义、伦理学、法学、政治学等学科的关系问题。显然，就马克思主义理论与思想政治教育学科内容而言，它同马克思主义和思想政治理论有关学科的内容密切相关。马克思主义理论与思想政治教育学科建设，肯定要深入地研究马克思主义的科学原理和科学精神，深入研究马克思主义的历史、理论与现实的发展，但是，就马克思主义理论与思想政治教育学科的教育功能和方法而言，学科建设不能仅限于此，还必然在两个方面有显著的发展：一方面，要注重思想政治理论外化的育人功能的研究，即从提高人的思想道德素质，推进人的全面发展的视角，深化马克思主义和思想政治相关理论的研究。另一方面，要注重对思想政治理论内化的育人方法的研究，即从教育方法、手段、途径、载体等方面，加强如何以科学的政治理论、高尚的道德情操来武装、引导、教化和塑造人的研究。这两个方面研究的密切结合，就是马克思主义理论与思想政治教育学科内涵的根本和特色所在。这是当前推进这一学科发展的关键问题之一。因此，马克思主义理论与思想政治教育学科不仅同马克思主义和思想政治理论有关学科，而且还同教育学等学科有着显著的交叉性。

二是关于高校"两课"教育教学中的学科建设同马克思主义理论与思想政治教育学科建设的关系问题。随着高校思想道德素质教育的深入，许多学者提出了把"两课"教育教学提升到学科建设高度的新主张。应该清楚的是，这种新主张并不是说"两课"教育教学涵盖了马克思主义理论与思想政治教育学科建设的全面内容。马克思主义理论与思想政治教育学科研究的课题和探索的问题，涉及社会各个方面和不同群体。社会各个领域都存在着人的思想政治和道德素质提高的问题，也都存在着如何以科学的政治理论、高尚的道德情操来武装、引导、教化和塑造人的问题。无论是在理论外化的育人功能上，还是在理论内化的育人方法上，不同领域和不同群体有着不同的规定，据此形成这一学科建设和发展的不同方向、不同方面和不同内容。这些同一性和差异性实质上就构成了这一学科建设和发展的广袤的实践领域和学术空间，这一学科建设和发展的辉煌前景。从这一角度来看，在高校进行的马克思主义理论与思想政治教育，主要是以大学生这一特定群体为对象的，这是"两课"教育教学中学科建设的特定方向和具体内容。不能把"两课"教育教学中学科建设的内涵，等同于马克思主义理论与思想政治教育学科建设的全部内涵。但同时，高校"两课"教育教学的建设和发展，是马克思主义理论与思想政治教育学科形成的起点，也是这一学科发展的基础。因此，高校的"两课"教育教学又是这一学科建设的最重要的部分，是这一学科建设的重要基础。以"两课"教育教学作为学科建设的切入点，是马克思主义理论与思想政治教育学科建设的现实选择。

学科建设如攀登科学的高峰一样，要不畏劳苦，在崎岖而曲折的道路上奋斗不息，探索不止。应该说，在武汉大学马克思主义理论与思想政治教育专业学习的博士生们，大多具有这种精神。自1997年以来，已经有三届共16名博士生毕业，获得博士学位。现在列入第一批"博士文库"的六本专著的作者，都是获得博士学位后继续在武汉大学政治与公共管理学院从教的教师。这些专著（包括已选入武汉大学学术丛书由武汉大学出版社出版的沈壮海博士的学位论文《思想政治教育有效性研究》和骆郁廷博士的学位论文《精神动力论》，由人民出版社出版的戴钢书博士的学位论文《德育环境研究》）体现了马克思主义理论与思想政治教育学科的研究特色。如对这一学科建设中马克思主义理论教育同思想政治教育两个方面有机结合的问题作了探索，形成了有学士、硕士、博士三个不同层面上如何结合的可行的措施，取得理论上的颇多新见解；在马克思主义理论研究方面，能够立足于对马克思主义的整体研究，把握马克思列宁主义、毛泽东思想、邓小平理论和"三个代表"重要思想一脉相承又与时俱进的科学体系；把对马克思主义理论本身的研究与对马克思主义理论教育的历史经验、规律和方法统一起来进行研究；把马克思主义党的学说的研究，同中国化的党建理论研究结合起来，研究中国共产党的思想理论的发展及其规律性；把思想政治教育理论、方法和实践统一起来进行研究，把马克思主义理论教育与思想政治教育的特点、优势及一般公民教育、德育结合起来进行研究；把中国优良传统道德与新时期的思想道德建设结合起来进行研究，从不同方面形成新世纪思想政治教育的新视野、新理论。这些研究方向各具特色，又相互联系，融为一体，集中体现了武汉大学在马克思主义理论与思想政治教育学科建设中的新成果。列入"博士文库"的专著也表现了青年学者们在学术研究上的创新精神。这些专著分别在一些确定的研究领域阐发一系列新见解，形成了一系列富有创新性的观点。这些见解和观点所涉领域的广度和深度，充分体现了这些青年学者所具有的学科建设视界、理论思维能力和理论创新勇气。这些确实难能可贵。面向社会实践的理论创新，是社会发展和变革的先导，是推动制度创新、科技创新、文化创新以及各方面创新的前提和关键。中国特色社会主义是不断发展的事业，在事业的行进中会遇到现在还不能完全预测的新情况、新问题，需要我们不断地开辟新实践，探索新理论。在这一实践过程中，社会的思想政治和道德观念也会发生相应的变化，广大干部和群众也会产生一些深层次的思想上、政治上和道德上的新问题。这些都要求哲学社会科学工作者，特别是从事马克思主义理论与思想政治教育的理论工作者进行创造性的研究，提供高质量的科学研究成果为现实的思想道德建设服务，为提高全民族思想道德素质服务。特别是21世纪的开头20年，对我国的经济社会发展来说，将是一个必须紧紧抓住并且可以大有作为的战略机遇期，国际局势正在发生深刻变化。世界多极化和经济全球化趋势在曲折中发展，科技进步日新月异，综合国力竞争日趋激烈。我们要全面建设小康社会，在本世纪中叶基本实现现代化，必须牢固树立中华民族的强大精神支柱，巩固发展全党、全国各族人民团结奋斗的共同思想理论基础。这些就是新世纪马克思主义理论与思想政治教育研究和学科发展的新课题。马克思主义理论与思想政治教育研究责无旁贷，应该深入贯彻党的十六大精神和"三个代表"重要思想，围绕经济建设的中心，服务大局，发扬理论联系实际的优良学风，大力加强对马克思主义基础理论的研究，加强对中国特色社会主义实践中提出的重大理论问题的研究，为改革发展稳定、实现社会主义现代化和在中国特色社会主义道路上实现中华民族的伟大复兴、为建设中国特色社会主义的先进文化，提供强有力的思想保证和舆论支持，为坚持弘扬和培育民族精神，切实加强思想道德建设，加强和改进思想政治工作，提高中华民族的思想道德素质做出贡献。这些就是马克思主义理论与思想政治教育研究和学科创新的内在动力和社会目标。

　　列入"博士文库"的专著虽然是在导师指导下经过比较长的时期研究的成果，而且在这次出版之前，各位作者又根据校内外博士论文评审专业和答辩委员会的专家提出的意见，对论文作了进一步的修订。这样，无论是在理论观点的科学性、准确性上，还是对国内外某些问题的研究成果的概括、评述的严肃性以及论证的严谨性上，都达到较高的水平，但也都还显现出探索的性质。这也许是青年学者在学术道路上走向成熟的不可避免的过程。可喜的是，入选"博士文库"的博士们都非常清醒地意识到这一点。在每本书的导言或后记中，都实事求是地说明了这一点。我认为，这是他们今后有希望达到新的理论高度和境界的良好起点。武汉大学马克思主义理论与思想政治教育国家重点学科出版"博士文库"尚属首次，还没有经验，我们诚挚地希望学术界的同仁和广大读者，能对"文库"的建设提出宝贵的意见，以利在"文库"的进一步改进和完善。在此，我们也对中国社会科学出版社的领导和有关编辑为"文库"出版付出的辛劳表示衷心感谢。

顾海良
2003 年 11 月 12 日于武昌珞珈山

中文摘要

　　知识经济是近些年来出现的新现象，但是它引起了社会各界对马克思主义劳动价值论的热烈的讨论。本书力图以社会现实为基础，以马克思主义经济理论为依据，运用辩证唯物主义和历史唯物主义的方法论原则，从历史分析与逻辑分析、实证分析与规范分析相结合的角度着手，对马克思主义劳动价值理论在知识经济条件下遇到的挑战和发展机遇进行比较系统的梳理，并对其未来的发展作一定程度的前瞻。全书分为六章和结束语等七个部分：第一章论述马克思主义劳动价值论是经济理论的重大革命；第二章论述马克思主义劳动价值论在挑战中与时俱进；第三章分析知识经济对马克思主义劳动价值论的挑战；第四章论述关于科学技术知识能否创造价值的思考；第五章论述关于非劳动生产要素能否创造价值的思考；第六章论述关于管理和服务劳动能否创造价值的思考；最后以进一步深化和发展马克思主义劳动价值论为结束语。

　　第一章共分三节，它们分别论述了马克思主义劳动价值论产生的历史背景、基本内容、创新点及其历史地位。书中着重论述了马克思主义劳动价值论的基本框架，并把它归纳为九个方面，即商品的二因素论，劳动二重性论，价值形式论，货币论，完整的拜物教理论，价值变形论，价值规律论，劳动力商品论和劳动论。书中强调，劳动价值论是马克思主义经济理论体系的基石，也是以往价值理论成果和实践的科学概括和总结，今天要想发展马克思主义劳动价值论，首先就得坚持马克思主义劳动价值论。

　　第二章从国外和中国两个角度出发，叙述并评析了理论界关于马克思主义劳动价值论的论战。书中将西方学者关于劳动价值论的争论和研究归纳为四次高潮，并简要述评了他们讨论的五个主要问题，即复杂劳动的化简问题、多种技术条件下商品价值量的决定问题、联合生产条件下的价值量如何决定的问题、非线性折旧条件下的价值决定问题及价值向生产价格转化的问题。书中对我国学者关于劳动价值论的探讨作了简单回顾，并将其划分为四个阶段，对每一个阶段的讨论作了简要的评析。

　　第三章主要分析了知识经济的含义、特征及其对马克思主义劳动价值论的挑战。本书从实证角度出发，概括了知识经济和社会主义市场经济条件下出现的一些与马克思主义劳动价值论相矛盾的现象，比如说：1. 劳动时间迅速减少和价值增加的问题；2. 第三产业迅速发展及其产值计算的问题；3. 科学技术知识在价值创造中的作用问题；4. 我国现行的按生产要素分配与价值创造问题；5. 无形资产在价值创造中的作用问题等。书中指出，对这些问题的不同回答，产生了各种不同的观点，这也是当今劳动价值论存在争论的重要原因，实际上马克思主义劳动价值论就是在迎击这些挑战性观点中不断丰富和发展起来的。

第四章主要分析科学技术知识能否创造价值，并对学术界有关科技知识创造价值的各种观点进行了评析。作者认为，科学技术是第一生产力，它在生产过程中，日益发挥重大作用。它渗透到生产者、生产资料和管理中，提高了劳动生产率，使得单位时间内生产的财富（或使用价值）越来越大，也生产出越来越多的超额剩余价值和相对剩余价值。但是，增大的使用价值并不意味着价值的同步增长。只要劳动量没有变，价值量就不会增加，改变的只是单个商品的价值而非总价值。因此，科学技术在生产过程中，发挥的仍然是类似于生产资料的作用，即只能转移价值而不能创造价值，创造价值的主体仍然是人。由于科技劳动的特殊性，科技知识本身的价值很大，以至于转化在新商品中的价值也很大，从而直接导致了社会总价值的上升。作者认为，科技知识价值论实际上混淆科技知识本身的价值和科技知识创造价值这两个不同的概念，混淆了使用价值的生产和价值的创造，从而走上了效用价值论的老路。

第五章主要分析非劳动生产要素能否创造价值，并对各种有关非劳动生产要素创造价值的观点进行了评析。书中指出，非劳动生产要素在生产过程中，与劳动一起创造使用价值，但是它并不创造价值，只有人的劳动才能创造价值。因此，非劳动生产要素只是价值生产的条件，而不是价值的源泉，它构成商品价值的一部分，但是并不形成价值。因此，我们必须区分人的作用与物的作用、价值创造和价值转移，价值形成和价值构成这三对范畴。另外，本书还分析了当前价格上涨和国民生产总值增加的原因，指出，价格的上涨与货币发行量的增加、机器设备转移的价值增加有关，但是，在复杂劳动代替简单劳动的今天，商品本身的价值量也大大地增加了。这些因素使得商品的价格呈上涨趋势。但是，这种趋势并不能说明这些增大的价值是非劳动生产要素创造的。国民生产总值的增长并不代表价值的增长，而只是说明使用价值的增长。书中指出，非劳动生产要素价值论的错误在于混淆了人的作用与物的作用、价值创造与价值转移、价值形成和价值构成，因而最终混淆了价值与使用价值，它的实质仍然是效用价值论。

第六章主要分析第三产业能否创造价值，并对第三产业价值论进行了评析。书中指出，马克思所说的生产性劳动是指直接或间接为物质生产服务的劳动。也就是"总体劳动"，只有它才创造价值。因此，第三产业中，除了直接或间接地为物质生产服务的交通运输、仓储保管、科技研究和服务等行业以外，其余的公共服务和社会服务都不属于生产性劳动，因而它们也就不能创造价值。第三产业价值论的主要错误在于混淆了生产劳动和非生产劳动，混淆了价值创造和价值分配，把国民生产总值的统计作为创造价值的根据，违反了马克思的从现实出发的方法论原则，从而最终违背了马克思的价值概念。

本书的结束语讨论了深化和发展当前马克思主义劳动价值论面临的几个问题，并对其发展前景进行了前瞻。书中认为，深化和发展马克思主义劳动价值论，必须以解放思想，实事求是为指针，既要认真研读原著，弄清马克思的原意，坚持科学性和革命性的统一，把握马克思的科学抽象法，又要结合当前现实，批驳各种否定马克思主义劳动价值论的手法，加强对现代商品、劳动形式和价值形式的研究和探讨，只有这样，马克思主义劳动价值论才能永葆青春。

关键词： 知识经济 马克思主义 劳动价值论

目　录

引　言

　　马克思主义劳动价值论是马克思主义经济理论的基石，也是整个马克思主义的理论基础。对马克思主义劳动价值论的任何一点动摇，都会导致全盘否定马克思主义。正因如此，自马克思主义诞生以来，所有怀疑和反对马克思主义的人都把主要力量集中到马克思主义劳动价值论上，并形成了一次又一次的大论战。概括起来，关于马克思主义劳动价值论的论战有如下几个特点：第一，持续时间长，前后达一个半世纪，如果把对古典政治经济学的劳动价值论的攻击也算在内，至少延续了 200 年，一直到今天，这个问题仍然处于争论之中，并呈现出愈演愈烈的趋势。第二，影响的范围广，既包括社会主义国家，又包括发达资本主义国家和一些第三世界国家。既包括具有社会主义传统的欧洲，又包括社会主义运动不太发达的美国、日本，成为名副其实的世界性的大论战。第三，争论的内容杂，既有对马克思的经典著作的理解，又有对其方法论的探索，还有对其理论的发展和展望；既有对各种价值观点的比较，又有试图沟通劳动价值论和某种学派的有关理论；问题涉及到马克思主义劳动价值论的基本范畴、基本原理、逻辑结构、论证过程、假设前提和个别论断，形成一个全方位的论战和挑战。第四，参加的流派多、人数众，既有反对马克思主义的各种流派的资产阶级庸俗经济学家，也有同情马克思主义的正直学者，还有主张坚持马克思主义的西方马克思主义者；既有坚持和发展马克思主义劳动价值论的社会主义经济学者，也有试图篡改马克思主义劳动价值论的修正主义者。第五，所持的态度和采用的手法各种各样。既有全盘否定劳动价值论的，也有部分否定劳动价值论的，还有坚持和发展劳动价值论的；既有宣称劳动价值论错误的，也有认为劳动价值论过时的，还有坚持和发扬劳动价值论的科学性的。第六，每一次大论战总是随着时代的变化、科学技术的发展而出现的。第一次工业革命引起了劳动价值论的大论战，并诞生了科学的劳动价值论。第二次产业革命使得资本主义进入帝国主义阶段，边际效用学派出现了，它借口时代的变化否定科学的劳动价值论，与此同时，第二国际内部出现修正主义，它们以时代变化为借口篡改马克思主义劳动价值论。20 世纪 50—60 年代，科学技术出现大发展，生产自动化开始出现，引起了机器是否创造价值的大论战。20 世纪 90 年代，知识经济出现，科学技术成为第一生产力，第三产业和信息产业的发展导致了对劳动价值论的新的挑战。每一次挑战产生的缘由不同，挑战和争论的内容也就不同。第七，每次挑战的结果总是以马克思主义劳动价值论的胜利而告终，而且马克思主义劳动价值论正是在不断的挑战和应战中得到丰富和发展的。

今天，知识经济方兴位艾，马克思主义劳动价值论面临着前所未有的挑战和机遇。在西方，科学技术、服务劳动、生产要素创造价值的观点甚嚣尘上，马克思主义劳动价值论是否依然具有科学性，能否适应现代社会的需要，能否解释当今的社会现象依然存在着严重的分歧。但是，我国学术界对马克思主义劳动价值论的否定，其形势也是严峻的：一些人公开宣称马克思主义劳动价值论在知识经济社会过时了，要用新的理论代替它；一些人力图从马克思主义劳动价值论内部寻找逻辑矛盾和突破口；一些人企图把非马克思主义的东西塞进马克思主义劳动价值论，调和马克思主义劳动价值论和别的价值或价格理论；还有的人主张用建设的劳动价值论代替革命的劳动价值论。如何认识知识经济，如何解释劳动价值论面临的一些难题和挑战，不仅关系到马克思主义的生存和发展，而且关系到党和国家的命运和前途。因此，我选择"马克思主义劳动价值论与知识经济"作为博士论文题目，试图分析和回答各种对马克思主义劳动价值论的挑战。但由于知识经济对劳动价值论的挑战是全方位的，而中国特色社会主义经济建设的实践是纷繁复杂的，因而，在写作的过程中，为了论证的需要，把与知识经济有一定的关系以及与社会主义经济建设有关的内容都包括进去（尽管知识经济并不能完全涵盖它们，但一时难于找到更准确的题名，只好暂且如此）。

值得庆幸的是，就在我论文进展不太顺利、思想很迷茫的时候，江泽民同志发表了重要讲话，号召理论界加强对劳动和劳动价值论的研究。这不仅为我的论文写作指明了方向，坚定了我的信心，而且，它所引发的对马克思主义劳动价值论的广泛研究和讨论为论文的写作提供了大量的理论素材。但是，由于论文成文于多年前，社会形势发生了很大的变化，书中的一些观点对当时否定劳动价值论的多，肯定劳动价值论的少这种情形来说，具有很强的现实针对性。但是，时过境迁，一些论述在今天看起来很不够，而且，随着经济全球化的程度加深对价值、价格的关系的重新审视也不是一国经济范围所能解释的，需要全球的数据和实证资料，不是现有的能力和技术能够支撑的，对深化和发展马克思主义劳动价值论仍然是个旷世难题，本书也只是作一些资料性整理和回应性的探讨工作。由于个人才疏学浅，资料收集不充分，书中一定存在不少的缺点和错误，敬请各位专家学者批评指正。

第一章

马克思主义劳动价值论是经济理论的重大革命

马克思主义劳动价值论是人类在经济学上的重大突破，它的产生既依赖于科学技术的发展、物质生产的进步，同时也是马克思、恩格斯在积极参加革命实践活动中吸取经验教训的产物，是他们的智慧和辛勤劳动的结晶。马克思、恩格斯从无产阶级的立场出发，采用辩证唯物主义和历史唯物主义观点和方法，对资产阶级古典政治经济学的劳动价值学说进行了彻底的批判和改造，使得劳动价值理论摆脱了资产阶级眼界的局限性，从而实现了政治经济学的伟大革命。可以说，马克思主义劳动价值理论是对以往人类历史上各种经济学说的积极成果尤其是资产阶级古典政治经济学价值理论和货币理论的创造性的继承和发展。

第一节　历史发展的必然产物

任何理论都是一定时代的产物，都是对特定时代某些方面或全局的正确或错误、直接或间接的反映。同样道理，作为被实践反复检验为真理的马克思主义劳动价值论，不是凭空构想的，而是深深植根于西欧工业革命勃兴的时代，是马克思、恩格斯对自己所处的特殊时代的特殊生产关系的客观的正确的反映，是特殊时代的特殊产物。

一、资本主义经济迅猛发展

19世纪30—40年代，资本主义经济在西欧许多国家有了很大的发展。在英国，工业革命已经完成，在重要的工业部门中，以蒸汽机为代表的社会化大生产逐步排挤了工场手工业并成为主要的生产方式，纺织、采矿、炼铁、机器制造等工业部门迅速发展起来，英国一跃而成为资本主义世界中的第一工业强国。与此同时，法国的资本主义也获得了长足的进步，尤其是法国资产阶级大革命为法国资本主义经济的发展开辟了道路，机器使用的数量激增，一些重要的工业部门，如纺织、采矿、机器制造和铁路运输业迅速建立和发展起来。而此时，德国工业革命正在蓬勃兴起，德国资产阶级开始同贵族一道分享政权。整个社会的物质财富急剧增长，商品生产、商品交换已经成为社会主要生产方式，在短短的时间内，资本主义创造的生产力比过去世世代代总共创造的生产力还要大、还要多。如何解释这日益增大的价值的来源已经提上了意识日程。更重要的是，随着资本主义的扩张，商品、价值的形式也日益丰富和发展起来，这种比较成熟的商品经济形态既为揭示价值的来源提出了要求，又为解决这个问题提供了有利的经济条件。同时，工业革命尤其是科学技术的发展为马克思最终揭示价值的起源、本质提供了科学的认识手段和宝贵的材料。

二、无产阶级初步登上政治舞台

资本主义经济的发展在巩固资本主义经济基础的同时，也加深了生产力和资本主义生产关系的矛盾，周期性的经济危机频繁发生。在经济危机爆发的过程中，工人的生活水平急剧下降，失业剧增，工人的贫困化程度加剧，工人运动迅速发展起来，尤其是 1831 年到 1834 年的里昂纺织工人起义、1836 年到 1848 年的英国宪章运动和 1844 年德国西里西亚纺织工人大起义标志着工人阶级初步登上政治舞台，并开始从自为的阶级转变为自在的阶级。他们迫切要求认识自己的阶级地位，揭示资本主义发财致富的秘密，认识资本主义的本质、矛盾和发展趋势，找到推翻资本主义的理论武器。可以说，工人阶级的发展和壮大，为马克思主义劳动价值论的创立奠定了强大的阶级社会基础。

三、资产阶级古典政治经济学破产

马克思指出："政治经济学作为一门独立的科学，是在工场手工业时期才产生的。"① 由于当时资本主义正处于上升时期，资产阶级还是一个新兴的、革命的阶级，它的经济利益与社会发展是相适应的，因而，资产阶级古典政治经济学能够比较客观、公正地分析资本主义经济关系，阐明财富增长和分配规律，揭示价值的真正来源，从而奠定了劳动价值论的基础。这些理论的科学成分后来为马克思、恩格斯创造性地吸收和借鉴，成为马克思主义三大理论来源之一。

资产阶级古典政治经济学是资产阶级学者在经济学领域内达到的最高峰。尽管它具有很多科学成分，但是，它毕竟是资产阶级的意识形态，是适应资本主义发展的需要，并为资产阶级的财富迅速增长和夺取政权提供服务的，阶级立场和世界观的限制决定了资产阶级古典政治经济学必然包含了不少的庸俗和错误的东西。随着时间的推移，资产阶级完全取得统治地位，无产阶级与资产阶级的阶级斗争已经从潜伏状态发展到公开状态，两个阶级的矛盾已经上升为

---

① 《马克思恩格斯全集》第 23 卷，人民出版社 1972 年版，第 404 页。

社会的主要矛盾，资产阶级对政治经济学的要求，就不再是如何对资本主义制度作深入的研究，如何促进财富增长，而是如何为资本主义制度继续存在的合理性进行辩护，正如马克思所说，"阶级斗争在实践方面和理论方面采取了日益鲜明的和带有威胁件的形式。它敲响了科学的资产阶级经济学的丧钟。现在问题不再是这个或那个原理是否正确，而是它对资本有利还是有害，方便还是不方便，违背警章还是不违背警章。不偏不倚的研究让位于豢养的文丐的争斗，公正无私的科学探讨让位于辩护士的坏心恶意"①，"政治经济学和由它自身产生的对立面的发展，是同资本主义生产固有的矛盾及阶级斗争的现实发展齐头并进的。只是在政治经济学达到一定的发展程度（即在亚当·斯密以后）和稳定的形式时，政治经济学中的一个因素，即作为现象观念的单纯的现象复写，即它的庸俗因素，才作为政治经济学的特殊表现形式从中分离出来。"②资产阶级古典政治经济学开始日益走向庸俗化。

从理论本身来看，资产阶级古典政治经济学的代表人物亚当·斯密和大卫·李嘉图的理论中本身存在着矛盾和一定程度的混乱。这主要表现在他们没有把劳动细分为具体劳动和抽象劳动，因此，对价值源泉的揭示就存在着许多矛盾，从而不能把劳动创造价值这个观点贯彻到底。与之相连的是，在解释剩余价值来源的时候，他们就不可能正确区分劳动和劳动力，因而也就不能解决价值规律与劳动和资本交换的矛盾；而且，由于他们对价值和价值形式的没有作明确的区分，因而对价值和生产价格的关系弄不清楚，致使他们的理论无法解释等量资本获得等量利润和劳动决定价值、价值规律和生产价格规律的矛盾。为了解决这两大矛盾，李嘉图学派的一些人试图对亚当·斯密和大卫·李嘉图的理论进行重新解释，但是，正是这种做法导致了李嘉图学派的直接解体。如自称是李嘉图的学生的詹姆士·穆勒为了摆脱价值规律与劳动和资本交换的矛盾，提出供求决定价值、价值从流通中产生、资本和劳动共同创造价值的庸俗理论，并认为价值是由"生产时间"决定的，从而混淆了价值创造和价值转移过程。而李嘉图的另一个忠实信徒麦克库洛赫为了解决这两个矛盾，提出了交换决定价值、供求决定价值，并认为，畜力和自然力也创造价值，并把劳动时间以外的生产时间也当做价值的决定因素，从而彻底地背叛了科学的劳动价值论。正如马克思所指出的那样："穆勒企图把和劳动时间不一致的生

---

① 《马克思恩格斯全集》第 23 卷，人民出版社 1972 年版，第 17 页。
② 《马克思恩格斯全集》第 26 卷 II，人民出版社 1973 年版，第 556—557 页。

产时间说成和劳动时间是一致的，这在实际上等于抛弃了劳动价值论"①，"它比反对者的一切攻击更严重得多地破坏了李嘉图理论的整个基础"②。马克思还指出："麦克库洛赫是李嘉图经济理论的庸俗化者，同时又是使这个经济理论解体的最可悲的样板。他不仅是李嘉图的庸俗化者，而且是詹姆斯·穆勒的庸俗化者。"③ 在他们之后，庸俗政治经济学理论占据了主导地位，而古典政治经济学被人为地抛弃了。

如何为新兴的无产阶级提供科学的理论武器，如何继承和发扬资产阶级古典政治经济学中的科学成分，如何正确解释资本主义生产关系及其矛盾就成为当时理论界迫在眉睫的任务，马克思、恩格斯正是适应了时代的需要，创造性地吸收了古典政治经济学的合理成分，实现了价值理论的科学变革。

第二节　价值学说的科学革命

马克思主义劳动价值论是马克思、恩格斯等经典作家经过几十年的艰辛劳动而得到的科学的理论结晶，它内容丰富、结构严谨、观点正确，是人类价值学说史上迄今最科学、最完整的理论体系，也是价值学说史上的一次重大革命。为了叙述方便，本书把它概括为商品二因素论、劳动二重性论、价值形式论、货币论、商品货币拜物教论、价值规律论、价值变形论、劳动力商品论、劳动论等九个方面的内容。

一、商品二因素论

马克思认为，商品是社会生产方式发展到一定阶段的产物，它体现着一定的社会历史关系。商品作为社会财富的表现形式，在资本主义社会里，商品是社会的基本经济细胞，包含着资本主义社会一切矛盾的萌芽。因此，马克思分析资本主义经济关系是从商品入手的，这是马克思主义政治经济学的一大特点，也是马克思主义政治经济学的独创。

首先，马克思对商品的使用价值进行了深入的分析。马克思认为："商品首先是一个外界的对象，一个靠自己的属性来满足人的某种需要的物。"④ 物的这种有用性使物成为使用价值。但是，物的有用性取决于商品体本身的属

① 《马克思恩格斯全集》第 24 卷，人民出版社 1972 年版，第 266—267 页。
② 《马克思恩格斯全集》第 26 卷Ⅲ，人民出版社 1974 年版，第 91 页。
③ 同上书，第 182—183 页。
④ 马克思：《资本论》第 1 卷，人民出版社 1975 年版，第 47 页。

性，它与商品体不能分离，具有同一性，当我们谈到某种商品，就是指某种使用价值；而谈到使用价值，就是指某种商品的使用价值。由于商品体本身就是使用价值本身，马克思有时把商品就称为使用价值。

由于使用价值来源于商品体的物质属性，而与人取得它的使用属性所耗费的劳动没有关系，因而它反映的是人与自然的关系，反映的是生产力的发展水平。因此，马克思、恩格斯称使用价值为商品的自然属性。

马克思还指出，使用价值作为物的自然属性，只有在使用和消费中才能得到实现。因此，不论在何种社会形式下，使用价值总是构成社会财富的物质内容。马克思还认为，由于商品是社会需要的对象，尽管它并不反映任何社会生产关系，但是它仍处在社会联系之中，因此，"作为使用价值的使用价值，不属于政治经济学的研究范围。只有当使用价值本身是形式规定的时候，它才属于后者的研究范围。它直接表现一定的经济关系即交换价值的物质基础。"①也就是说，直接研究商品有哪些使用价值属于商品学的研究范围，而不是政治经济学的研究范畴，但是，为了研究交换价值，离不开对使用价值的形式规定的分析，从这个角度看，政治经济学还是要涉及到商品的使用价值。

其次，马克思正确区分了价值和交换价值。资产阶级古典政治经济学的杰出代表人物亚当·斯密曾经提出过价值和交换价值的概念，但是并不知道两者的本质和区别，而且经常把价值和交换价值混淆在一起，没有从交换价值中抽象出价值。亚当·斯密在《国民财富的性质和原因的研究》中就曾经这样写道："价值一词有两个不同的意义。它有时表示特定货物的效用，有时又表示占有某物而取得的对于他种货物的购买力。前者可叫做使用价值，后者可叫做交换价值。"②他还说："为探讨支配着商品交换价值的原则，我将努力阐明以下三点：第一，什么是交换价值的真实尺度，换言之，构成一切商品真实价格的，究竟是什么？第二，构成真实价格的各部分或全部，究竟是什么？第三，什么情况使上述价格的某些部分或全部，有时高于其自然价格或普通价格，有时又低于其自然价格或普通价格？换言之，使商品的市场价格或实际价格，有时不能与其自然价格恰恰相一致的原因何在？"③ 显然，斯密是在交换价值的形式下研究价值的，因而无法区分价值和交换价值。因此，马克思说："他把作为内在尺度同时又构成价值实体的那个价值尺度，同货币称为价值尺度那种

---

① 《马克思恩格斯全集》第13卷，人民出版社1972年版，第16页。
② ［英］亚当·斯密：《国民财富的性质和原因的研究》上卷，商务印书馆1979年版，第25页。
③ 同上。

意义上的价值尺度混淆起来。"① 而李嘉图也弄不清两者的本质区别，经常把它们混在一起。马克思曾经说，李嘉图起先把价值称为"交换价值"或"相对价值"，他所说的相对价值有两种意义，第一种意义，无非是由劳动时间决定的交换价值；第二种意义，是用另一种商品的使用价值来表现自己的交换价值。很显然，第一种是指价值，第二种是指交换价值。而有时，他还把第一种意义的相对价值称绝对价值、实际价值或直接价值，而把后一种意义的相对价值称作比较价值。可见，李嘉图同斯密一样，也没有明确区分两者。可见，资产阶级古典经济学家由于不理解使用价值和交换价值之间的关系，把使用价值和交换价值看成是"价值"的两重属性，因而也就忽视了"价值"所具有的物质属性，否定了"价值"所特有的社会性。这种错误的出现是和资产阶级经济学的唯心主义、形而上学方法论相联系的。

马克思、恩格斯以辩证唯物主义和历史唯物主义为指导，采用历史与逻辑的相一致和科学抽象方法，从斯密、李嘉图的理论矛盾中找出了价值和交换价值的联系和区别，从交换价值中抽象出了价值。他们指出，交换价值首先表现为一种使用价值与另一种使用价值相交换的数量上的关系或比例。商品的交换价值是由什么决定的呢？决不是由使用价值决定的。因为，不同的使用价值是异质的，异质的东西，是无法比较的。因此，各种商品的共同属性不能拿使用价值去说明。他们撇开商品的使用价值，找出了它们当中能够进行比较的共同属性——价值。因此，商品的价值是交换价值的基础，交换价值是商品价值借以表现的形式。价值之所以要表现为交换价值，是基于私人劳动和社会劳动的矛盾。因为，在以生产资料私有制为基础的社会里，商品生产者的劳动，一方面，由于社会分工，使每个商品生产者的劳动都具有社会性，都是社会总劳动的一部分；另一方面，由于生产资料私有制的存在，每个商品生产者的劳动又都是他私人的事情，他们的劳动就直接表现为私人劳动。商品生产者的私人劳动，只有通过商品交换，才能被承认为社会劳动。也就是说，只有通过商品交换，商品价值才能得到实现。或者说，价值只有表现为交换价值，才能真正实现它的社会属性。所以，价值与交换价值之间，既是相互联系的，又是相互区别的。马克思在其相互联系的前提下，严格地把价值与交换价值区别开来，从交换价值中抽象出了价值，从而透过现象看到了本质。

就这样，马克思第一次把价值从交换价值中抽象出来，从而确立了价值这

---

① 《马克思恩格斯全集》第26卷Ⅰ，人民出版社1972年版，第140页。

个商品经济的重要理论范畴。马克思正是通过对价值的考察揭示了价值的来源、价值的本质和资本主义生产的实质和矛盾，从而得出资本主义社会产生、发展和灭亡的历史规律。

再次，马克思从价值的形式——交换价值入手，逐步揭示价值的质和量的规定性。马克思认为："交换价值首先表现为一种使用价值同另一种使用价值相交换的量的关系或比例……"① 但是，这种比例不是偶然的，而是必然的。不同的使用价值之所以能够交换，就是因为两者包含有等量的东西，这个等量的东西不可能是使用价值，因为使用价值在质上千差万别，无法比较。那么，将商品体的使用价值撇开，商品体就只剩下一个属性，即劳动产品的属性。而且，一旦把商品的使用价值撇开，创造使用价值的各种具体劳动形式也就抽出去了，各种劳动不再有什么差别，全部化为相同的人类劳动。这种抽象的人类劳动的结晶，就是价值。因此，从表面上看，价值是物与物之间的关系，实际上，在商品经济社会里，它体现了商品生产者交换劳动的关系。在不同的商品经济社会里，价值也就体现了不同的生产关系。正如马克思所说，价值从质上看，它是商品的社会属性，是被物所掩盖的人与人之间的关系。

价值是质和量的统一，在分析价值是抽象的社会劳动的结晶这个质以后，马克思对价值量进行了考察。他认为，既然商品的价值是凝结在商品中无差别人类抽象劳动，那么，它就只有量的差别而无质的差别，因而，价值的量就是抽象劳动量，它的大小以抽象劳动量的大小来衡量。由于抽象劳动量的天然尺度是劳动时间，因此，价值量的大小就以劳动时间的长短来计算。

由于每个商品生产者生产同一种商品所耗费的劳动时间是不一致的，决定了价值量不是个别商品生产者所耗费的个别劳动时间，而是平均必要劳动时间即社会必要劳动时间。所谓社会必要劳动时间，就是"在现有的社会正常的生产条件下，在社会平均的劳动熟练程度和劳动强度下制造某种使用价值所需要的劳动时间……只是社会必要劳动量，或生产使用价值的社会必要劳动时间，决定该使用价值的价值量。"② 社会必要劳动时间不变，商品的价值量就不变。由于生产商品的社会必要劳动时间随着生产力的每一变动而变动，而这个劳动生产力是由多种情况决定的，如工人的平均熟练程度，科学的发展水平和它在工艺上应用的程度，生产过程的社会结合，生产资料的规模和效能，以及自然条件等，因此个别商品的价值量与体现在商品中的社会必要劳动量成正

①　马克思：《资本论》第 1 卷，人民出版社 1975 年版，第 49 页。
②　同上书，第 52 页。

比，与生产这一商品的劳动生产力成反比。在劳动生产力不变的条件下，商品的价值量不变。由于生产商品的劳动具有异质性，决定了不同种类的劳动不能直接比较和平均化，因此，马克思、恩格斯在分析商品价值量的同时，引出了关于简单劳动和复杂劳动的概念。所谓简单劳动，是指不需要经过特殊培训就能胜任的劳动；所谓复杂劳动，就是指需要经过特殊的培训才能够胜任的劳动。它们的关系是："比较复杂的劳动只是自乘的或不如说多倍的简单劳动，因此，少量的复杂劳动等于多量的简单劳动"①。但是，马克思强调的是："各种劳动化为当做它们的计量单位的简单劳动的不同比例，是在生产者背后由社会过程决定的……"② 也就是说，这种简化也是一个客观过程，这个过程是由生产者背后的社会过程决定和完成的，而不是人们规定的，它反映了人们交换劳动的量的对比关系。

最后，马克思、恩格斯科学地阐明了使用价值和价值的辩证关系。他们认为，使用价值和价值是统一的，它们共同构成商品的二因素。一物如果不是劳动产品，尽管它有使用价值，但是没有价值，因此不是商品；如果一物既有使用价值，又是人类劳动的产物，但是它不是为了交换而是为了满足自己的需要，它就没有价值，依然不是商品；一物如果没有使用价值，当然也就没有价值，因为使用价值是价值的物质承担者。要成为商品，必须具备使用价值，而且是为社会也就是为交换而生产的使用价值。可见，有价值一定有使用价值，但是有使用价值不一定有价值，两者辩证地统一于同一个商品之中。

二、劳动二重性论

严格地说，资产阶级古典政治经济学早就提出了劳动决定商品价值的原理。古典政治经济学的完成者大卫·李嘉图曾经强调，是生产中耗费的劳动决定商品的价值。应该说，斯密、李嘉图在资产阶级的限度内，对"价值决定于劳动时间这一规定"，作了最透彻的表述和发挥。但是，由于不能从生产商品的劳动中抽象出抽象劳动，建立劳动二重性理论，因此，他们不能最终解决"什么样的劳动形成价值"的问题。马克思说："古典政治经济学在任何地方也没有明确地和十分有意识地把体现为价值的劳动同体现为产品使用价值的劳动区分开。当然，古典政治经济学事实上是这样区分的，因为它有时从量的方面，有时从质的方面来考察劳动。但是，它从来没有意识到，劳动的纯粹量的差别是以它们的质的统一或等同为前提的，因而是以它们化为抽象人类劳动为

---

① 马克思：《资本论》第 1 卷，人民出版社 1975 年版，第 58 页。
② 同上。

前提的。"① 由于斯密、李嘉图从来没有意识到劳动的二重性，没有从生产商品的劳动中抽象出抽象劳动，这就不能最终解决"什么样的劳动形成价值"的问题。

"什么样的劳动形成价值"的问题，是理解政治经济学的枢纽。这个枢纽是马克思解决的。马克思在解决价值是"无差别的人类劳动的单纯凝结"以后，继续深入探寻价值实体。马克思研究了劳动形成价值的特性，第一次确定了什么样的劳动形成价值，为什么形成价值以及怎样形成价值问题，创造性地提出了劳动二重性理论。

首先，马克思分析了生产使用价值的有用劳动——具体劳动。马克思认为，劳动的具体形态是多种多样的，所谓具体劳动，就是指这种生产活动是由它的目的、操作方式、对象、手段和结果决定的劳动。这种在一定的具体形式下进行的劳动，叫具体劳动，它创造商品的使用价值；具体劳动之所以有用，是因为它是以自己产品的使用价值来表示的，不同的具体劳动，生产不同的使用价值，各种使用价值的总和，表现了各种具体劳动的总和，即社会分工，因此，社会分工是"商品生产存在的条件，虽然不能反过来说商品生产是社会分工存在的条件。"② 马克思还认为，具体劳动作为使用价值的创造者，是人类生存的永恒的前提条件，它不以社会形态转移而转移，反映了人和自然的物质转换关系，由于劳动以自然力为工作的先决条件，具体劳动，虽然创造使用价值，但不是使用价值的惟一源泉，它必须和生产资料结合起来，各种使用价值都是物质资料和具体劳动的结合。所以马克思说："劳动并不是它所生产的使用价值即物质财富的惟一源泉。正像威廉·配第所说，劳动是财富之父，土地是财富之母。"③ 马克思还认为，具体劳动的不同性质是商品生产的基础，只有品种不同的商品才需要彼此交换，也只有品种不同的具体劳动才使其所创造的使用价值彼此对立起来。各种不同的商品之所以能够进行交换，归根到底，在于每个商品的使用价值中都包含了有一定目的的具体劳动。

其次，马克思着重分析了抽象劳动。马克思认为，尽管生产各种商品的具体劳动千差万别，但是，在各种不同的具体劳动的背后，都隐藏着共同的东西，即人类劳动力的耗费。把生产商品的劳动的具体形态抽去，还原为相同的人类劳动，就是抽象劳动，它创造商品的价值。因此，马克思指出，所谓抽象

① 马克思：《资本论》第 1 卷，人民出版社 1975 年版，第 97 页注引。

② 同上书，第 55 页。

③ 同上书，第 57 页。

劳动，就是"把生产活动的特定性质撇开，从而把劳动的有用性质撇开，生产活动就只剩下一点：它是人类劳动力的耗费。……都是人的脑、肌肉、神经、手等等的生产耗费……"① 也就是说，抽象劳动是不因自身的特殊形式，也不因生产物的特殊品种而有所区分的、一致的、无差别的劳动，价值体现的是人类劳动本身，是一般人类劳动的耗费（包括体力和脑力的耗费）。使用价值或商品之所以有价值，只是因为有抽象人类劳动体现或物化在里面。可见，商品价值的实体就是一般人类劳动，即抽象劳动，抽象劳动是商品价值的惟一源泉。

马克思还指出，劳动这个范畴的抽象，"这个被现代经济学提到首位的、表现出一种古老而适用于一切社会形式的关系的最简单的抽象，只有作为最现代的社会的范畴，才在这种抽象性上表现为实际真实的东西"，"就这个抽象的规定性本身来说，同样是历史关系的产物，而且只有对于这些关系并在这些关系之内才具有充分的意义"②。也就是说，劳动的抽象化并不是脱离实际的、单纯思维的过程，而是商品生产本身客观实现的过程，抽象劳动并不等于价值，不是任何抽象劳动都形成价值，它是一个历史范畴，只有在社会分工发展到一定阶段并且生产了私有制以后，由于私人劳动和社会劳动的矛盾，抽象劳动才有可能形成价值。因此，这种把具体劳动归结为抽象劳动，从而把私人劳动归结为社会劳动的过程，就是商品价值的实现过程。马克思还认为，"价值是私人产品中所包含的社会劳动的表现"③，因此，它体现着商品生产者之间的关系，不过这种人与人之间的关系总是结合着物并且作为物而出现的，是被物掩盖着的人与人之间的关系，它反映了商品生产条件下的劳动所具有的特殊的社会性质，这是马克思的科学的劳动价值论与资产阶级价值理论的一个根本区别。

最后，马克思分析了生产商品的劳动是具体劳动和抽象劳动的对立统一。这种对立统一，马克思从三个方面进行了分析，第一，"就使用价值说，有意义的只是商品中包含的劳动的质，就价值量说，有意义的只是商品中包含的劳动的量，不过这种劳动已经化为没有质的区别的人类劳动。在前一种情况下，是怎样劳动，什么劳动的问题；在后一种情况下，是劳动多少，劳动时间多长

---

① 马克思：《资本论》第 1 卷，人民出版社 1975 年版，第 57 页。
② 马克思：《政治经济学批判导言》，《马克思恩格斯全集》第 12 卷，人民出版社 1962 年版，第 755 页。
③ 《马克思恩格斯全集》第 20 卷，人民出版社 1972 年版，第 335 页。

的问题。"① 第二，劳动二重性的矛盾决定了使用价值和价值的对立运动。马克思认为，生产力总是指具体劳动的生产力，它只决定生产活动的效率，它的提高或降低只与物质财富即使用价值成正比，而丝毫不会影响价值和表现为价值的抽象劳动。但是，如果生产力减少生产使用价值的劳动时间的总和，那么就会减少总的价值量，价值只与抽象劳动量和劳动时间有关。第三，劳动的二重性决定了商品的二重性。马克思认为，所谓的"劳动二重性"，是指"体现在商品中的劳动二重性"，而决不是说任何劳动都有这种二重性。劳动的二重性统一于劳动过程中，"一切劳动，从一方面看，是人类劳动力在生理学意义上的耗费；作为相同的或抽象的人类劳动，它形成商品价值。一切劳动，从另一方面看，是人类劳动力在特殊的有一定目的的形式上的耗费；作为具体的有用劳动，它生产使用价值。"② 也就是说，生产劳动是具体劳动和抽象劳动的统一，一方面是个人的、具体的劳动；另一方面是社会的、抽象的劳动。但是具体劳动和抽象劳动是劳动的两个方面，而不是两种不同的劳动。在劳动过程中，个人的、具体的劳动创造使用价值；社会的、抽象的劳动创造价值，劳动就是使用价值的生产和价值的生产的统一。

三、价值形式论

资产阶级古典经济学从来没有分析商品的价值形式，因此他们把价值与交换价值相混同，把价值与价格相混同。他们讲价格时，实际上是讲价值，因而也就不可能揭示商品交换背后所掩盖着的人和人之间的关系。近现代西方资产阶级经济学自马歇尔起，也都回避价值分析，而用价格论来进行微观和宏观经济分析。因此，马克思的关于价值形式的理论确实做了"资产阶级经济学从来没有打算做的事情"③。

第一，马克思认为，当劳动产品转化为商品后，商品就具有了自然属性（使用价值）和社会属性（价值）这二重性。商品的使用价值作为商品的自然属性，可以通过商品自身直接表现出来。而商品的价值则不同，它不能由商品本身直接表现出来。由于资产阶级经济学不把商品生产和资本主义生产看做是人类历史上一定历史阶段的产物，而是把它们视为永恒的范畴。因而他们就只能把商品看做是自然属性，而不会有意识地去研究价值的表现形式。马克思指出，对资本主义生产关系的研究，必须对价值的历史形式进行考察。马克思正

---

① 马克思：《资本论》第 1 卷，人民出版社 1975 年版，第 59 页。
② 同上书，第 60 页。
③ 同上书，第 61 页。

是从商品交换中，抽象去了它的货币表现——价格，得到交换价值，然后从交换价值中抽象出价值，经过对价值的深刻分析之后，再从价值回到交换价值，从而引出了关于价值形式的全面论述。

第二，马克思揭示了价值和价值形式的对立统一关系，而这正是价值形式理论的基本内容之一。所谓价值形式，也就是交换价值，价值实体是内容，交换价值是价值的表现形式。但这种表现，不能通过商品自身直接表现出来，而是通过商品与商品的交换，一个商品的价值通过另一个商品的使用价值才能表现出来，所以，离开了商品交换，就无所谓交换价值，价值也无从表现，价值形式也就不存在了。马克思深刻分析了价值和价值形式之间的对立统一关系，既揭示了在交换价值中怎样隐藏着价值，又揭示了价值怎样通过交换价值才能表现出来。

第三，马克思分析了价值形式的两极，相对价值形式和等价形式，指出二者之间的对立统一的辩证关系。马克思指出，在同一个价值表现中，相对价值形式和等价形式互相依赖、互为条件、不可分离，它们是同一价值形式或价值表现中"不可分离的两个要素"①；同时，两者又互相排斥、互相对立，同一个商品在同一个价值表现中不能同时具有两种形式。其中，相对价值形式的价值通过等价形式的自然形式表现出来，等价形式成为相对价值形式的价值的表现材料。两种形式的量的比例随着两种商品价值变化而出现相同、相反或不变这三种变化趋势。马克思认为，等价形式具有三个特点，即使用价值成为价值的表现形式，具体劳动成为抽象劳动的表现形式，私人劳动成为直接社会形式的劳动的表现形式，这三对内在的矛盾通过商品的交换间接地外在地表现出来。通过分析，马克思还得出结论："商品的价值形式或价值表现由商品价值的本性产生，而不是相反，价值和价值量由它们的作为交换价值的表现方式产生。"② 马克思对价值形式两极所作的深刻分析，阐明了价值形式是怎样表现价值的，价值是怎样通过价值形式而表现出来的，这就进一步揭示了价值的本质，解剖了价值的内容与形式，价值决定与价值表现的一切秘密，这对于科学劳动价值理论的建立，具有重大意义。

第四，马克思对价值形式的发展作了历史性的分析，指出了如何从简单价值形式发展到货币形式，揭示了货币的起源与本质，揭示了货币谜一般的秘密。马克思认为，价值形式的发展经历了四个阶段：简单的、个别的或偶然的

---

① 马克思：《资本论》第 1 卷，人民出版社 1975 年版，第 62 页。
② 同上书，第 75 页。

价值形式，总和的或扩大的价值形式，一般价值形式到最后最高的形态——货币形式。由于"一切价值形式的秘密都隐藏在这个简单的形式中"，因此，马克思的分析就从简单的、个别的或偶然的价值形式开始。马克思所分析的价值形式的发展过程，实际上也是商品生产和商品交换发展的历史过程，表现出历史的发展和逻辑发展的一致性。马克思说："对资产阶级社会说来，劳动产品的商品形式，或者商品的价值形式，就是经济的细胞形式。在浅薄的人看来，分析这种形式好像是斤斤于一些琐事。这的确是琐事，但这是显微镜下的解剖所要做的那种琐事。"① 对于这些琐事，两千多年来人们在这方面的努力却毫无结果。只有马克思，通过这种显微镜下的抽象分析，才解决了商品"如何、因何、从何变为货币"的问题，科学地阐明了商品和货币的关系，揭示了货币的实质，批判了商品货币拜物教，使人类对价值本身的研究趋于完善。由此可见，马克思对价值形式的一系列深刻分析，正是科学的劳动价值论和古典学派劳动价值论的重大区别之一，从而使价值形式理论成为科学的劳动价值论的一个重要内容。

第五，马克思论证了四种价值形式演变的历史必然性。马克思认为，相对价值形式和等价形式既互相排斥，又互为前提，互相转化，两者的矛盾发展推动着价值形式的不断发展。在原始社会末期，随着生产的发展，分工的扩大，私有制的诞生，商品交换的发展，价值形式也不断发展，首先是简单的、个别的、偶然的价值形式。在这种形式下，一种商品的价值通过任何另外一种商品来表现。在这里，马克思分析了商品生产和交换的矛盾和本质，指出这种价值形式暂时缓解了等价形式和相对价值形式的矛盾，但是却又激化了其内在矛盾，这就导致了总和的或扩大的价值形式的诞生。总和的或扩大的价值形式是指一个商品的价值不仅表现在一种商品上，而且表现在一系列商品上，这种形式好处是它反映了交换必须以价值为基础，按一定的固定比例进行，但是它存在着一定局限性，因为相对价值表现繁杂不统一，表现系列没有止境，不利于商品的交换，市场交换呼唤统一的价值表现形式。这样一般的价值形式出现了。这时，价值表现是统一的、简单的，并取得了一定的社会公认，同时，相对价值形式也同特殊等价物分离开来，形成了一般等价物，抽象劳动的属性充分展示出来了。第二次社会大分工即手工业从农业中分化出来以后，商品生产出现了，与此同时，由于金银具有不同于其他一般等价物的物理特性和价值量

① 马克思：《资本论》第 1 卷，人民出版社 1975 年版，第 8 页。

大的特性，一般等价物开始固定在金银上，出现了货币，价值形式也就进入最高最后的形式——货币形式，出现了作为价值的货币表现的价格范畴。从此，交换就成为通过货币这种一般等价物而进行的商品交换了。因此马克思指出，"货币天然是金银，金银不是天然货币"。这些变化，都发生在原始社会的后期，它标志着原始公社制度的瓦解和奴隶制度的产生。可以说，价值形式的发展，不仅是价值外部形式的发展过程，同时也是价值本身的发展，即劳动产品变为商品，生产产品的劳动变为创造价值的劳动的逐步深化，最终完成的过程。它反映了商品经济的发展，反映了从简单商品生产到资本主义商品生产的逐步过渡。

四、货币论

早在古希腊、罗马时期，人们就对货币进行过某些理论探讨，但是，长期以来，人们对货币的来源、本质以及货币的价值决定等问题的认识，一直处于模糊状态，或者仅仅停留在解释表面现象上。马克思则认为，货币是价值的表现材料，价值形式，关于货币的理论应该属于价值理论之列，因此要想弄清价值理论，必须弄清货币理论，为此马克思对货币的历史和现实、理论和实践进行了深入的研究。在继承前人有关科学成分的基础上，马克思澄清了资产阶级古典政治经济学的一些矛盾和模糊的观点，形成了科学的货币理论。

马克思的货币理论主要包括如下三个方面：

第一，对货币的产生进行了科学分析。受唯心主义观点世界观的影响，资产阶级经济学家习惯于从扩展了的物物交换所遇到的外部困难中去寻找货币的起源，他们想当然地认为，货币只是一种物质工具，而不是社会关系的体现。亚当·斯密认为，货币是人们协商的产物。蒲鲁东则进一步把问题模糊化，把货币产生的原因归结为"君主意志论"，认为贵金属之所以能够充当货币，是由于它被君主"打上了自己的烙印"和"国家干预"的结果。马克思则深入社会经济关系的内层，从价值形式的发展角度和现实商品交换过程的矛盾的角度出发，揭示出货币产生的来源。他指出："劳动是表现在一定产品中的私人劳动。可是，产品作为价值应该是社会劳动的化身，并且作为社会劳动的化身应该能够由一种使用价值直接转化为其他任何使用价值……因此，私人劳动应该直接表现为它的对立面，即社会劳动；这种转化了的劳动，作为私人劳动的直接对立面，是抽象的一般劳动，这种抽象的一般劳动因此也就表现为某种一般等价物。个人劳动只有通过异化，才实际表现为它的对立面。但是，商品必须在它让渡以前具有这种一般的表现。个人劳动必然表现为一般劳动，就是商品必然表现为货币。"① 也就是说，直接商品的内在矛盾以及私人劳动和社会劳动的矛盾决定了商品必须进行交换，而交换过程的矛盾导致了一般等价物的出现，由于金银的特殊的属性，它成为固定充当一般等价物的特殊商品，这样货币就出现了。正如马克思所说"货币天然是金银，金银不是天然货币"，金银充当一般等价物是长期交换发展的必然结果，也是交换过程矛盾的必然产物，是从商品中分离出来固定充当一般等价物的特殊商品，交换过程的发展同时也就是货币的形成过程。

第二，对货币本质和货币价值的深刻揭示。"货币名目论"认为，货币金银之所以有价值，不是由于生产它们时耗费了人类劳动，而是在交换中获得了"想象"的价值，在交换中，它只是一个"符号"。"货币金属论"认为，货币是金银天然具有的属性，是金银赋予货币各种职能。马克思则认为，货币是一定社会经济关系的体现，具有一定的社会性和历史性，货币"就形式上讲，它是一般劳动的直接化身，从内容上讲，它又是一切实在劳动的总汇"②。货币作为固定充当一般等价物的特殊商品，它是劳动的产物，同样具有价值。西方各种货币的理论的错误在于只注意到货币的价值符号、价值形式，而忽视了它的一般等价物的本质，忽视了货币是一种具有自身价值的特殊商品。

在货币价值的问题上，马克思还克服了李嘉图和蒲鲁东的一些错误观点。李嘉图认为，货币的价值"取决于生产费用同需求（竞争）和供给的关系，取决于生产费用同其他商品的数量或竞争的关系"③。蒲鲁东则认为，货币的价值取决于供求关系。马克思则认为，货币作为一般等价物的商品，同其他商品一样，具有自身的价值，它的价值不是由购得劳动决定，也不是由供求关系决定，而是由它自身所包含的劳动量决定，因而，"金银……像其他商品一样是由劳动时间来衡量价值的商品"④。

第三，对货币职能和货币形式的理论历史分析。马克思指出："货币的各种特殊形式，即单纯的商品等价物，或流通手段，或支付手段、贮藏手段和世界货币，按其中这种或那种职能的不同作用范围和相对占优势的情况，表示社会生产过程的极大不同的阶段。"⑤ 货币不同的特殊历史形式表示商品经济发展的不同历史阶段。

---

① 《马克思恩格斯全集》第26卷Ⅲ，人民出版社1974年版，第145—146页。
② 马克思：《政治经济学批判》，人民出版社1976年版，第105页。
③ 《马克思恩格斯全集》第42卷，人民出版社1979年版，第20页。
④ 《马克思恩格斯全集》第4卷，人民出版社1958年版，第118页。
⑤ 马克思：《资本论》第1卷，人民出版社1975年版，第193页。

　　价值尺度和流通手段是货币的基本职能，其他的职能是随着商品生产和商品流通的发展逐步形成的。货币的价值尺度功能就是把各种商品的价值表现为价格，但是货币本身并没有价格。货币作为流通手段并不需要现实的货币，只需要观念的货币，它的大小取决于生产金银的劳动生产率和生产商品的劳动生产率。货币作为价值尺度需要一定的标准，这种标准是价值尺度派生的职能，它是历史地产生的，通常它以贵金属的重量来表示，价格标准一经确定，就具有相对稳定性，不随金银的价值变化而变化。货币成为计算货币，进一步掩盖了商品的矛盾和货币的本质。

　　所谓流通手段，就是指货币充当商品交换的媒介，它表现为实在的货币，实在的商品等价物。这种货币形式的运动就是商品的实际交换过程，是商品的形态变化。货币执行流通手段需要一定的货币量，它是由一定时期商品价值总额和货币流通速度决定的，与前者成正比，与后者成反比。马克思认为，既然货币起交换媒介作用，那么，在国内流通中，就可以用一定单位的金属铸币代替它，铸币成了价值符号，而后，铸币进一步符号化，被国家强制流通的纸币所代替。至此，货币职能进一步与其价值分离，成为单纯的价值符号和信用货币。当然，纸币的发行必须遵守金属货币流通规律，它的发行"限于它象征地代表的金（或银）的实际流通的数量。"① 如果发行的纸币量远远超过流通中所需要的金属货币量，商品就贬值，就会发生通货膨胀。

　　货币充当价值尺度和流通手段，表现为计算货币和流通货币，是货币的两种基本职能，两种基本形式。它们在简单商品生产的最初阶段就存在，并随着货币的产生而产生。如果说，货币这两种职能的存在是为了解决商品交换的矛盾，那么它们反过来却进一步加大了买和卖的分离，酝酿了危机的可能性，这时，商品交换的矛盾不再直接表现为商品与商品之间的矛盾，而表现为商品与价值之间的矛盾。

　　由于货币是财富的象征，因此，货币在退出流通领域后，通常被作为财富储藏起来，这就是货币的贮藏手段。一方面，货币作为财富的随时可用的绝对社会形式贮藏起来，便利了生产和生活，另一方面，贮藏手段像一个蓄水池，自发地调节着流通中的货币量。随着赊销的出现，货币增加了新的职能——支付手段。货币作为支付手段，是商品流通发展的结果，也是信用发展的结果。货币使用范围扩大了，不再限于商品流通领域，商品的买卖关系也就演变成债

---

① 马克思：《资本论》第 1 卷，人民出版社 1975 年版，第 147 页。

务关系。然而，信用货币的产生却酝酿着更大的信用危机，商品经济的内在矛盾并没有根本解决。贮藏手段和支付手段的出现，表明了商品经济已经远离了它的最初发展时期，而进入了已有相当高发展阶段；表明了商品经济关系已经发展到相当的复杂程度，其内在的矛盾已不可能由货币的两种基本职能来解决。

在简单商品经济的最后阶段，由于国际贸易的产生和发展，货币超越了国内流通界限，发挥着世界商品一般等价物的作用，货币变成了世界货币。这时，商品能够最普遍、最有效地展开自己的价值，货币最充分地充当抽象人类劳动的社会实现形式，抽象人类劳动的共同性、一般性具有了世界意义。正如马克思所指出的那样："只有对外贸易，只有市场发展为世界市场，才使货币发展为世界货币，抽象劳动发展为社会劳动……因此，对外贸易和世界市场既是资本主义生产的前提，又是它的结果。"① 至此，货币发展成为交换价值的完成形态。世界货币的产生，标志着简单商品经济已经被资本主义商品经济所取代。

五、完整的拜物教理论

马克思用从现象到本质的方法分析商品、货币的本质后，又从本质回到社会现实，分析拜物教，从而形成了完整的拜物教理论。可以说，拜物教理论是马克思价值论的最深刻的概括，它进一步揭示了商品、货币的本质，为剩余价值理论的创立奠定了深厚的理论基础。拜物教理论论证了在资本主义生产方式下，人们的生产关系的偶像化。马克思正是透过物的外壳揭示了商品价值的社会性和历史性得出拜物教不是永恒的，而是历史的范畴。

首先，马克思揭示了商品拜物教的社会根源是商品形式本身。马克思认为，使用价值是每个商品中看得见、摸得着的，它不会产生神秘的东西，因此，商品拜物教不是源于使用价值；而且，商品拜物教也不是源于价值规定的内容，因为，就形成价值实体的抽象的一般人类劳动来看，无论从其质、量以及它的社会性来说都没有什么神秘之处。那么，商品拜物教就只有来源于一个——商品形式。马克思指出："商品形式的奥秘不过在于：商品形式在人们面前把人们本身劳动的社会性质反映成劳动产品本身的物的性质，反映成这些物的天然的社会属性，从而把生产者同总劳动的社会关系反映成存在于生产者之外的物与物之间的社会关系。"② 具体讲，它通过以下特殊形式表现出来：

---

① 《马克思恩格斯全集》第 26 卷Ⅲ，人民出版社 1974 年版，第 278 页。
② 马克思：《资本论》第 1 卷，人民出版社 1975 年版，第 88—89 页。

第一，生产商品的无差别劳动体现在产品中，劳动产品似乎天生就具有价值。第二，生产产品所花费的劳动时间，表现为一定的价值量。第三，商品生产者之间互相交换劳动的社会关系表现为物与物之间的关系。这样，商品这种人手的产物，本来体现着人与人之间的关系，却表现为物与物之间的关系，并统治着人，马克思把它称为商品拜物教。可见，"劳动产品一旦作为商品来生产，就带上拜物教性质，因此拜物教是同商品生产分不开的"①。

　　其次，马克思揭示了商品拜物教是商品生产关系的必然产物。马克思指出："商品世界的这种拜物教性质……是来源于生产商品的劳动所特有的社会性质。"② 物品之所以成为商品，在于生产劳动直接以私人劳动的形式表现出来，这种劳动要想得到社会的承认，必须同其他私人劳动相交换，并证明其为社会总劳动的一部分。这种私人劳动和社会劳动的矛盾就体现为商品与商品之间的矛盾，因此，商品拜物教的根源在于私人劳动和社会劳动之间的矛盾。马克思还认为，在商品生产条件下，商品拜物教的存在并不是偶然的，而是必然的：第一，商品价值的物的外壳掩盖了价值实体、价值本质，造成商品的神秘性。只要商品存在，劳动仍要表现为物的外观。这使得商品似乎天生具有神秘的属性。第二，价值规律的自发作用，支配着商品生产者的命运，加深了商品的神秘性。在商品交换中，劳动者关心的是商品的交换价值，但是交换价值不是由个别劳动时间决定，而是由社会必要劳动时间决定，这样，"价值量不以交换者的意志、设想和活动为转移而不断地变动着"③。似乎它就是由劳动产品本身的自然属性确定。劳动者不仅不能控制它，反而连自己的命运也要由它支配，这就进一步加强了这种神秘性。马克思还指出，只要价值规律还在自发地发生作用，支配着商品生产者的命运，商品的神秘属性就不会消除。第三，货币形式进一步掩盖了价值的实际内容，从而进一步加深了商品的神秘性。马克思指出："但是，正是商品世界的这个完成的形式——货币形式，用物的形式掩盖了私人劳动的社会性质以及私人劳动者的社会关系，而不是把它们揭示出来。"④ 从商品中分离出来的货币，本来是商品生产者之间社会关系发展的结果，现在似乎成为金银天然具有的属性，似乎金银天然就是人类劳动的直接化身，成为财富的象征和代表，货币的神秘特性就是由此产生的。因此，拥有

---

① 马克思：《资本论》第 1 卷，人民出版社 1975 年版，第 89 页。
② 同上。
③ 同上书，第 91 页。
④ 同上书，第 92 页。

货币的多少不仅决定了货币所有者的社会地位、阶级立场，而且也决定了商品交换的成功与否，决定了商品生产者的命运，货币成了被人崇拜的对象，拼命地追求金银货币成了人们的惟一冲动。人类生产的物品居然成了决定人的命运的神秘力量，就出现货币拜物教。这样在原来商品拜物教的基础上，出现了货币拜物教。因此，马克思说："货币拜物教的谜就是商品拜物教的谜，只不过变得明显了，耀眼了。"① 货币形式的出现，进一步加深了商品、货币的神秘性质，从商品拜物教到货币拜物教发展表明了资本主义生产关系进一步被物所掩盖。

再次，马克思阐明了资本主义生产方式的全面拜物教化。马克思指出，拜物教只存在于商品社会，而不存在于商品生产社会以外的社会形态中。他以鲁滨逊为例，说明了孤独的个人生产的产品不是商品，也不会产生商品拜物教；而在封建农奴制度下，生产者的劳动产品不以价值出现，也不产生商品拜物教；在家长制生产中，产品不以商品形式出现，也没有商品拜物教；而在未来的自由人联合体中，人们的劳动直接表现为社会劳动，因此也不会有拜物教。一旦商品拜物教的条件消失，那么，商品拜物教的观念也就不存在了。

马克思认为，最简单的物物交换包含着简单的神秘化，但是，随着货币的出现，商品经济的发展，神秘化也发展起来，复杂起来。在比较高级的生产关系中，尤其是资本主义商品经济中，这种简单的外表消失了，拜物教得到了彻底的完成，并且发展成为资本拜物教，资本主义生产方式全面拜物教化。在这里，资本作为物统治着人，剩余价值以利润方式存在，并进一步异化为生产价格，资本作为物表现为价值的独立来源，表现为价值创造者，至此资本拜物教发展到了最完善的程度。而生息资本的出现进一步掩盖了剩余价值的真正来源。正如马克思所指出的那样，利息只不过是资本神秘化在最明显、最充分、最高度形式和最极端、最彻底的程度上的表现。资本主义是着了魔的颠倒和疯狂的世界。

最后，马克思还对资产阶级经济学家拜物教观点进行了批判。马克思认为，亚当·斯密的"资本——利润、土地——地租、劳动——工资"三位一体公式，表现出了浓厚的资本拜物教的观点，也是他的经济学说中的庸俗成分。资产阶级政治经济学之所以不能揭示拜物教的本质，其理论根源在于他们不了解价值的本质，把价值看做商品的天然属性；不了解资本的基本形式，把

---

① 马克思：《资本论》第 1 卷，人民出版社 1975 年版，第 111 页。

它理解为社会生产的自然形式，而不是理解为社会生产的历史形式。因此，他们不仅不能揭开拜物教的本质，而且陷入了商品拜物教的幻觉之中。

六、价值变形论

生产价格一词，并非马克思的首创，在他之前，李嘉图已经直接使用这个概念了。但是，斯密、李嘉图仍和其他资产阶级经济学家一样，不能说明生产价格与价值的区别。因此，更谈不上知道它是价值的转化形式。但他们却看到价值和生产价格间存在着表面的矛盾和这个矛盾所表现的具体形式，即在资本主义生产条件下价值规律和等量资本取得等量利润、价值规律与生产价格规律之间的矛盾。斯密承认在资本积累和土地私有权产生之后，"交换价值的真实尺度"和"商品真实价格"与实际耗费劳动的不相符合，因此，他主张，价值规律只适用于简单商品经济，而不适用于资本主义商品经济，从而放弃了劳动价值论。他还认为，在资本主义生产条件下，价值不再决定于劳动而决定于收入，提出了著名的三位一体公式，即土地产生地租，资本产生利润，劳动产生工资，这就是后来生产要素价值论的先导。李嘉图坚持劳动价值论，否认自然价格在资本主义发展不同阶段的决定基础的不一致，并把现实生活中的这种不一致现象宣布为例外。这无疑回避了这个难题。然而，这个难题一直困扰着他们，并最终导致了李嘉图学派的解体。

马克思通过对生产价格理论的阐述，科学地解决了上述矛盾，从而最终完成了马克思主义的劳动价值论。

首先，马克思分析了利润转化为平均利润的过程。马克思认为，在资本主义社会，由于各个部门的资本有机构成不同，资本的周转速度不一样，等量资本在不同部门会取得不同的利润，在这种情况下，取得较低利润率的部门的资本家不满意，就与取得利润率较高的部门的资本家展开竞争。这种争夺有利投资部门的竞争，不仅使得资本在各个部门之间流动，而且使得利润率趋于平均化，结果，资本家不管把资本投入到哪个部门，都得到大致相等的利润率。于是，利润转化为平均利润，价值演变成生产价格，商品的价值由原来的生产成本加上剩余价值变成生产成本加上平均利润。商品的价格和资本的利润率也发生了一定的变化。

其次，马克思分析了价值转化为生产价格的理论。马克思指出，随着利润的平均化，商品的价值也发生了相应的变化，原来商品的价值等于生产成本加剩余价值，现在，由于剩余价值转化为利润，利润转化为平均利润，商品的价值就演化成生产成本加平均利润，这样所形成的价格马克思称作生产价格。可见，随着利润转化为平均利润，价值就转化为生产价格。资本家不管把资本投入到哪个部门，都会得到大致相等的利润。马克思价值还分析了生产价格和价值的关系，指出不论在理论上还是在历史上，价值都先于生产价格。他写道："商品按照它们的价值或接近于它们的价值进行的交换，比那种按照它们的生产价格进行的交换，所要求的发展阶段要低得多。而按照它们的生产价格进行的交换，则需要资本主义的发展达到一定的高度。"① 生产价格的出现掩蔽了价值决定价格的基础，但生产价格却以价值为前提；在质量上，生产价格表现为转化了的价值；而在数量上，全部商品生产价格总额等于全部商品价值总额。马克思还认为，生产价格的出现，使得利润的大小取决于资本的多少，从而进一步掩盖了剩余价值的来源。

再次，马克思分析了价值规律怎样转化为生产价格规律。在分析剩余价值和剩余价值率到利润和利润率的转化之后，在分析利润到平均利润的转化之后，马克思进一步指出，在资本主义生产方式下，随着价值转化为生产价格，市场价格的波动不再围绕价值而围绕着生产价格进行。

最后，马克思揭示出价值规律与等量资本获取等量利润的生产价格规律并不矛盾，而且，后者只有通过前者才能得到科学的说明。商品按照生产价格出售，绝不是对价值规律的否定，而只是价值规律起作用的形式发生了变化。第一，从个别部门看，虽然一些部门的资本家得到的利润大于或小于本部门工人创造的剩余价值，但是从整个社会来看，平均利润总和等于总剩余价值；第二，从个别部门来看，虽然一些部门的生产价格高于或低于它的价值，但是，从社会整体看，生产价格总额等于价值总量；第三，生产价格的变动最终归结为商品价值的变动，而且，两者变化方向一致。因此，生产价格规律就是价值规律，只不过是它的变形规律，即有了另一种表现形式的规律而已。在这种规律的支配下，总价值仍等于总生产价格，总剩余价值等于总利润。

马克思还预测，在共产主义社会，由于商品和货币的消亡，生产则不需要著名的价值插手其间，但是，在决定生产问题时，对消费品效用和劳动花费的衡量，即具有计算功能的社会平均劳动时间正是政治经济学的价值观念在共产主义社会中所能余留的全部东西。

马克思的价值转化形式理论也是一个从抽象上升到具体的体系。变形理论

① 马克思：《资本论》第3卷，《马克思恩格斯全集》第25卷，人民出版社1974年版，第197—198页。

不仅包括产业资本之间的竞争所形成的生产价格，而且还包括产业资本和商业资本之间竞争所形成的生产价格。可以认为，马克思关于生产价格理论的阐述，从《资本论》第三卷开篇一直到最后的地租理论中才得以完成。

马克思的价值转化为生产价格的理论，不但解决了此前劳动价值论所未能解决的矛盾，完成了他的劳动价值学说的全部理论体系，而且对于阐明劳动和资本之间的矛盾还具有深刻的意义。生产价格由于利润转化为平均利润而形成；而平均利润则在资本家之间尖锐的竞争中形成。它说明了剩余价值在资本家之间再分配的问题。但从全部商品总额的生产价格等于全部商品总额的价值这一点来看，它却反映了资本家作为整个资产阶级利益统一性，和他们在共同剥削工人阶级立场上的一致性。尽管由于他们之间的竞争使不同有机构成的资本的商品的生产价格或高或低于价值，但作为一个阶级，他们一致关心的是商品总价值和剩余价值能否不断增加。

价值转化的理论论证了价值规律既是简单商品生产的规律，也是资本主义商品生产的规律。但在商品生产的历史过程中，价值规律的作用方式发生了变化。但是价值规律的变化没有否定规律本身，相反地，却更进一步论证了规律。这就突破了此前劳动价值论所不能逾越的界限，完成了科学的劳动价值学说。

价值转化的理论还论证了在简单产品交换转化为资本产品交换的条件下，以等价交换为特征的价值规律，怎样从商品生产所有权的规律转化为资本主义占有的规律，为揭破资本主义生产方式内部一直还隐蔽着秘密的剩余价值学说奠定了理论基础。

七、价值规律论

马克思研究政治经济学的目的在于揭示隐藏在经济关系中的经济规律。作为商品生产和商品交换的经济规律，价值规律的存在和运行对于揭示价值和货币的本质，揭示经济关系的本质具有重要的意义，马克思在分析价值的本质后，开始对价值的现实运动形式进行了深入而全面探讨。

首先，马克思指出，价值规律是商品经济的基本规律。马克思认为，价值是商品的本质属性，是商品交换的基础。在商品交换中，隐藏在商品内部的价值不能够直接表现自己，它要通过外在形式——价格表现出来。然而，由于现实各种因素，尤其是供求关系的影响，价格与价值并不完全相等。价值和价格的矛盾运动使得商品经济呈现出一种客观规律，即价值规律。恩格斯说："价值规律正是商品生产的基本规律，从而也就是商品生产的最高形式即资本主义生产的基本规律。"① 它不仅制约着商品的生产、分配、交换和消费，而且调节商品经济的一切主要方面和主要过程，决定着商品经济的产生和发展，直接关系到商品能否得到实现。可以说，只要存在商品生产和商品交换，存在着商品经济条件，价值规律就必然发挥作用。

其次，马克思揭示了价值规律的基本内容和客观要求。马克思认为，商品的价值是由生产商品的社会必要劳动时间决定的，商品交换依据其价值来进行，遵循等价交换的原则。价值规律实现其基本内容和客观要求的过程，也就是价值规律对商品经济运行发挥其调节作用的过程。

由于价值是商品的社会属性，它不能表现自身的价值，货币出现之后，价值就通过货币表现出来。因此，价值规律的作用表现形式就是：在以货币为交换媒介的商品经济中，商品的价格以价值为中心，依据市场供求状况的变化而围绕价值上下波动。当商品供大于求，商品价格下降，导致该商品生产的减少，供给减少，价格上升，而这又会引起供给增加，如此循环，反复不已。

价值规律还表明，尽管价值是价格是基础，但是并不意味着在每次交换中，价格和价值都是一致的，由于供求变动和其他因素的影响，价值和价格相一致是个别的、偶然的，两者不一致是经常的。然而，这并不意味着违背了价值规律，更不表明价值规律失去作用，相反，这是价值规律发生作用的惟一可能的表现形式。从长远看，价格与价值在总量上是一致的，价格总是以价值为轴心，在一定的范围内上下波动，而永远不会超过价值所限定的范围。价格正是在依据供求情况围绕价值上下波动的长期运动中，作为一种趋势得到实现的。

在商品生产的全部历史中，价值规律总是起着支配商品生产和流通的作用。但是，在商品经济的不同时期，价值规律的作用的大小和形式不尽相同。只有在最发达的商品经济——资本主义生产时期，它才发挥着压倒一切的作用，而且采取一种转化形式。在私有制商品经济中，价值规律自发地调节着社会劳动在社会生产各部门之间按比例分配；自发地刺激着社会生产力的发展；促使商品生产者两极分化；它导致了资本主义的产生、发展，也决定着资本主义必然灭亡。

当资本主义发展到一定阶段，由于部门之间的竞争，资本有机构成不同的部门的利润在整个社会范围内实现了平均化，价值发展成为生产价格，生产价

---

① 《马克思恩格斯全集》第 26 卷Ⅲ，人民出版社 1974 年版，第 104 页。

格成为价值的普遍转化形式，价格围绕价值上下波动的价值规律发生了改变，变成了价格围绕生产价格上下波动，从而进一步掩盖了价值的实质。可见生产价格规律与价值规律并不是矛盾的，而是互相一致，前者从后者演化而来，并进一步深化了前者。

最后，马克思归纳了价值规律的作用。马克思认为，价值规律普遍适用于商品经济社会，但是，在简单商品经济条件下和在资本主义商品经济条件下，价值规律发挥的作用是不一致的，它们在深度和广度上都显示出差异。如果说，在简单商品经济条件下，生产价格与价值趋于一致的话，那么，在资本主义商品经济条件下，价格严重背离价值就成为经常的事情。马克思指出，在资本主义社会，价值通过调节价格发挥着三大作用：第一，提高劳动社会生产力。为了实现价值和获得最大的剩余价值，资本家总是力图最大限度降低成本价格，这种作用是通过同一部门内部的竞争来实现的。但是，这种作用的发挥受到资本主义生产制度的限制，只有当某种新的生产方式既能够使商品的价值降低，又能够增加商品中的剩余价值时，它才能被采用。第二，调节劳动和社会资源在社会中的分配。任何社会的生产都需要对劳动和资源按照一定的比例进行配置，但是，资本主义配置劳动和资源是通过特殊的方式进行的，它以利润为原则，并由部门之间的竞争实现的，这种竞争导致资本在各社会生产部门之间不断转移，在商品的供求起伏波动中实现动态的平衡，危机本身成为平衡的一种形式。正如马克思所说的那样："……内在规律只有通过他们之间的竞争，他们互相施加的压力来实现，正是通过这种竞争和压力，各种偏离得以互相抵消。在这里，价值规律不过作为内在规律，对单个当事人作为盲目的自然规律起作用，并且是在生产的各种偶然变动中，维持着生产的社会平衡。"①第三，调节收入分配。价值规律调节收入分配，促进商品生产者之间的分化，实现优胜劣汰。在降低商品个别价值的竞争中，一部分人资金雄厚、生产技术和设备好、劳动熟练程度高、劳动生产率高、善于发现和开拓市场，其个别价值低于社会价值，获利较多，在竞争中处于有利位置；另一部分人则相反，他们生产的商品个别价值大于社会价值，获利少甚至亏损破产。这种分化作用一方面使得资源向竞争优胜者集中，有利于社会资源的有效利用和社会生产效率的提高；另一方面，加大社会成员的差距，造成两极分化。如果说两极分化是资本主义生产关系产生的前提，那么，两极分化反过来促进资本主义生产的集

---

① 马克思：《资本论》第3卷，《马克思恩格斯全集》第25卷，人民出版社1974年版，第995页。

中和资本主义生产关系的发展。

总之，马克思价值规律从理论上解决了商品怎样成为货币、为什么成为货币和通过什么成为货币的问题，揭示了价格和价值的矛盾运动，阐述了价值规律的作用形式，从而在商品交换的现象形态上完成了劳动价值论。

八、劳动力商品论

劳动力商品论是马克思主义劳动价值论的重要组成部分，也是价值理论向剩余价值理论过渡的中介，它进一步揭示了价值和剩余价值的真正来源，揭示了资本主义生产的实质。

马克思以前的经济学家，包括亚当·斯密和大卫·李嘉图，对劳动力的认识是模糊的，他们往往将劳动力和劳动混在一起，而没有将它们区分开来。斯密认为，商品的价值由购买到的劳动量决定，而这种购买到的劳动量可以分解为工资、利润和地租三种收入，因此，他就从劳动决定价值转到三种收入决定价值。李嘉图虽然发现了斯密的矛盾，并对他的三种收入决定价值的观点进行了批评，但是他仍然没有区分劳动和劳动力。他说："劳动的价值是由在一定社会中为维持工人生活并延续后代通常所必需的生活资料决定的。"显然，他把购得劳动和耗费掉的劳动混为一谈，走上了斯密的老路。由于资产阶级古典政治经济学家没有区分劳动力和劳动，因此，在讨论价值时就面临着两难选择：按他们的理论，资本家拥有资本，劳动者拥有劳动，生产过程要进行，必须实现资本和劳动的结合，这样，资本就和劳动相交换，资本家获得利润，劳动者付出劳动，得到工资。但是，根据资本主义等价交换原则，如果资本和劳动相交换，那么就不存在剩余价值的问题，价值的来源就不是劳动；如果承认劳动是价值的来源，那么，这就与等价交换这个价值规律相矛盾。这无疑是资产阶级古典政治经济学家面临的一大难题，李嘉图学派就是因为没有正确解决这个矛盾而在与其他学派的论战中败下阵来。以后许多学者试图解决这个难题，但是由于他们往往把资本当做永恒的范畴，因此，不能揭示劳动在资本主义社会的独特性质，也就没有最终解决它。

马克思的辩证唯物主义和历史唯物主义的世界观和方法论的确立给这个难题的解决带来了希望。马克思从历史发展的规律出发，指出，资本是资本主义特有的现象，资本主义的生产方式是雇佣奴隶制。正是从这个前提出发，马克思把劳动力从劳动中抽象出来，并在此基础上划分不变资本和可变资本，从而得出剩余价值的源泉在于工人创造的剩余价值。

马克思认为，劳动力和劳动是两个不同的概念，劳动力是凝结在人体内的劳动能力，即"理解为人的身体即活的人体中存在的、每当人生产某种使用价值时就运用的体力和智力的总和"①。劳动力的使用价值是劳动，劳动是劳动力的使用过程。由于资本主义生产以雇佣劳动为前提，雇佣劳动的特点是一无所有的劳动者出卖他们的劳动力，这样，劳动力就成为商品。"对工人本身来说，劳动力是归他所有的一种商品的形式……"② 劳动力是一种特殊的商品。既是商品，它也就具有价值。同任何其他商品价值一样，劳动力的价值也是由生产和再生产这种特殊物品所必需的社会必要劳动时间决定的。劳动力价值的最低限度就是维持工人本身和其家庭所不可少的生活资料的价值。工人出卖的是劳动力不是劳动。

马克思进一步指出，在劳动市场上，劳动力的价值转化为工资。这种转化形式掩盖了真实关系，把劳动力价值反过来转化为劳动价值。它似乎证明被支付的不是劳动力的价值，而是它的职能即劳动本身的价值。马克思写道："工资的形式消灭了工作日分为必要劳动和剩余劳动、分为有酬劳动和无酬劳动的一切痕迹。全部劳动都表现为有酬劳动。"③ 劳动者，在出卖劳动力之后，似乎认为他的全部劳动都让出去了；工资构成了他应该完成的工作的全部报酬。而资本家则认为他以工资买到的是他所支配的全部劳动。货币关系掩盖了雇佣工人的无酬劳动。实际上，资本家所关心的是劳动力的价值和劳动在执行职能时所创造的价值之间的差额。这个差额就是剩余价值。

马克思还论证了在资本主义生产条件下，一方面劳动力转化为商品，另一方面，劳动力的价值转化为工资，使它更具有劳动价值的形式，从而揭露了在资本生产方式下货币"产生"货币的秘密。

可见，能否正确区分劳动与劳动力是揭示剩余价值来源的关键所在，资产阶级古典政治经济学家之所以没有解决这个难题，是因为他们没有正确区分两者，而马克思正是在科学认识两者的辩证关系的基础上，揭示了资本主义生产的秘密，从而解决了资产阶级古典政治经济学面临的第一个难题，实现了劳动价值论的科学变革。因此，恩格斯后来指出，马克思"以劳动力这一创造价值的属性代替了劳动，因而一下子就解决了使李嘉图学派破产的一个难题，也就解决了资本和劳动的相互交换与李嘉图的劳动决定价值这一规律无法相容这

---

① 马克思：《资本论》第 1 卷，人民出版社 1975 年版，第 190 页。
② 同上书，第 193 页注（41）。
③ 同上书，第 590 页。

个难题"①。

九、劳动论

劳动以及衡量劳动或价值的尺度即劳动时间范畴在劳动价值论中具有始基性和普遍性的特殊意义，确立科学的劳动概念是揭示"劳动是惟一的价值源泉"的关键和决定性步骤。古典政治经济学的一个根本缺陷，就在于没有提出科学的劳动概念，从而导致理论体系内在的逻辑矛盾和最后的破产。马克思在前人的基础上，对劳动的概念、本质、内涵进行了深刻的分析，创造了科学的劳动理论。

首先，马克思对劳动的本质进行了深刻的揭示。马克思认为，劳动是人的特有的活动，也是人类基本实践活动，劳动不仅创造了人本身，还创造人类社会，人类是在劳动的起源中起源的。劳动的存在标志着人类社会的一切的存在。而动物只有本能的活动，它不能劳动，也就没有意识，因而，劳动是人与动物的本质区别。

马克思还认为，"劳动是工人本身的生命活动，是工人本身的生命的表现"，即"工人的生产活动"②。也就是说，劳动是人的"类本质"，是人的设定目的自我实现的能动的创造性的实践活动。劳动是时时更新的，今天的劳动本身已经历史地发展得更加丰富、复杂，人类随更新的劳动而发展，在劳动的延续中存在，劳动发展过程就是人类的发展过程。同时，劳动是社会经济生活的实质内容。在人类历史上，曾经出现过两种经济形式：一种是自然经济，一种是商品经济。每一种经济形式都反映着社会经济生活内容的决定性要求。自然经济形式反映的是劳动产品自给自足的社会经济生活内容。商品经济形式反映的是劳动产品交换使用的社会经济生活内容。劳动的发展引起了经济形式从自然经济到商品经济的变化。正是从劳动的发展史中，马克思找到了理解人类历史的钥匙，并且，他从劳动本体论出发，对古典学派劳动价值论进行改造，重建了崭新的劳动价值论。

其次，马克思对劳动的类型和内涵进行了深入分析。比如说，马克思区分和考察了劳动的一般形式和劳动的历史形式（如异化劳动、雇佣劳动），并把劳动分为生产劳动和非生产劳动、简单劳动与复杂劳动、科学劳动及管理劳动（指挥劳动）、直接劳动（活劳动）和间接劳动（物化劳动）、具体劳动和抽象劳动、私人劳动和社会劳动，并区分了必要劳动时间、剩余劳动时间和自由

---

① 《马克思恩格斯全集》第24卷，人民出版社1972年版，第22页。
② 《马克思恩格斯全集》第6卷，人民出版社1961年版，第477、489页。

时间（使个人得到充分发展的时间），揭示了价值与劳动之间的关系。马克思还设想，直接劳动的具体形式、范围和地位在未来社会会发生变化，"表现为生产和财富的宏大基石的，既不是人本身完成的直接劳动，也不是人从事劳动的时间，而是对人本身的一般生产力的占有……总之是社会个人的发展"①。因此，财富的创造较少地取决于直接劳动，而是取决于复杂劳动、科学劳动、管理劳动和总体劳动。随之而来的是，财富的尺度决不是劳动时间，而是可以自由支配的用于人的全面发展的"自由时间"。一般意义上的剩余劳动时间除了一部分划入必要劳动时间，另一部分转化为从事其他活动的自由时间；时间节约——分配时间规律在更加高得多的程度上成为规律，即"通过社会对自己的劳动时间所进行的自觉的控制"②。总之，马克思的劳动和劳动时间学说从总体上体现了劳动价值论的社会历史性质和劳动本体论特征，这为我们继续分析劳动提供了坚实的理论基石。

第三节　理论的基石和实践的指南

马克思主义劳动价值论的提出是一个重大的理论创造，也是我们社会主义革命和建设的理论指导。它的出现，无论是对于理论本身的发展还是对于人类社会实践活动的推进都具有深刻的意义。

一、劳动价值论是马克思主义的理论基石

特定的经济学思想体系总是以特定的价值理论为基础的。特定的价值理论不仅限定了它所从属的经济学思想体系的思维视角和研究方法，而且价值范畴本身就构成了经济学理论演绎的逻辑起点。正如奥地利经济学家维塞尔所说的那样，一个人对经济学作怎样的判断归根结底必须看他对价值作怎样的判断。价值是经济学所涉及的问题的精髓。价值定律之于政治经济学正像引力定律之于机械学一样。资产阶级庸俗政治经济学家约翰·穆勒也认为："几乎一切有关经济利害关系的思考，都包含某种价值理论。在这个问题上的错误即使是极小的，也会使我们的其他一切结论产生相应的错误；我们的价值概念中存在任何模糊不清之处，都会使其他的一切概念产生混乱和含糊。"③ 历代经济学家苦心孤诣钻研价值问题的原因也在此。以此类推，我们不难想象马克思主义劳

---

① 《马克思恩格斯全集》第 46 卷（下），人民出版社 1980 年版，第 218 页。
② 《马克思恩格斯全集》第 32 卷，人民出版社 1974 年版，第 12 页。
③ ［英］约翰·穆勒：《政治经济学原理》上卷，商务印书馆 1991 年版，第 491 页。

动价值论的地位和作用。

在马克思主义经济理论中，马克思主义的剩余价值论是核心，它反映了资本主义经济的本质特征。但是，马克思主义的剩余价值论就是奠定在劳动价值论的基础上，科学的劳动价值论，是真正"理解当代生产方式的钥匙"。只有阐明了价值是怎样创造的，才能进一步阐明剩余价值是怎么生产出来的，才能揭示资本主义生产关系的本质及其发展规律。没有劳动价值论这个基础，剩余价值理论就不可能建立起来。因此，在马克思的诸多经济理论中，劳动价值论占有非常重要的地位，马克思花了毕生的精力研究了价值和价值规律，凡是人类思想对价值问题有所建树的一切著作，马克思都认真钻研过。马克思的经济学著作，没有一本不论述劳动价值论，可以说，没有劳动价值论，就没有剩余价值学说，没有劳动价值论，马克思的资本学说、利润学说、利息学说、地租学说、再生产学说和经济危机学说就成了无源之水，无本之木。因此，马克思的劳动价值论是马克思主义"政治经济学的整个基础"[①]。

同时，以劳动价值论——剩余价值论为基石的政治经济学在马克思主义体系中占有特殊的地位。而作为马克思主义三大组成部分之一的科学社会主义或共产主义是马克思主义的根本问题、实质和目的。无产阶级哲学及政治经济学是科学社会主义的基础。哲学又是政治经济学的基础，后者又为科学社会主义直接奠定了基石。资本主义必然转变为社会主义的结论是根据政治经济学所揭示的资本主义经济发展规律所得出的。从这个意义上讲，"使马克思的理论得到最深刻、最全面、最详尽的证明和运用的是他的经济学说"，也是马克思主义的"主要内容"[②]。而劳动价值论则是起"基石"作用的马克思主义经济学的"精髓"或"硬核"。因此，任何否定或取消劳动价值论就是否定或取消马克思主义经济学，就是对马克思主义理论体系的否定和反动；反之，要坚持马克思主义，就要坚持马克思主义劳动价值论，并根据鲜活的社会实践深化和发展马克思主义劳动价值论。

二、科学的劳动价值论是以往价值学说的科学总结

在马克思之前，资产阶级古典政治经济学家就已经提出过有关劳动价值理论的一些思想，经过 17 世纪中叶到 19 世纪的发展，劳动价值论在资产阶级古典政治经济学中逐步形成了一个比较独立、比较完整的理论体系，并在资产阶级古典政治经济学中占有十分重要的地位，成为资产阶级古典政治经济学家研

---

① 《马克思恩格斯全集》第 26 卷 Ⅱ，人民出版社 1972 年版，第 269 页。

② 列宁：《卡尔·马克思》，《列宁全集》第 26 卷，人民出版社 1988 年版，第 62、52 页。

究资本主义经济现象和经济活动的基本出发点，成为人们同重商主义进行斗争的理论武器。由于时代和阶级的限制，他们的劳动价值理论有不少的错误和糟粕。马克思采用辩证唯物主义和历史唯物主义的方法，对以前的价值学说进行了系统的清算，吸收其精华，去其糟粕，使之成为一门体系完整、内容丰富、观点正确的理论体系，实现了价值理论的科学变革，可以说，马克思主义劳动价值论是以往各种价值理论和学说的科学概括和总结，是价值理论的集大成，也是马克思、恩格斯个人智慧的结晶，更是人类聪明才智的集中体现。

三、当代社会实践需要劳动价值论的继续指导

从产生的角度讲，劳动价值论目的在于揭示资本主义特殊经济规律，分析资本主义的本质，从而找到推翻资本主义制度的方法。然而时至今日，资本主义仍然存在，从世界范围看，苏联东欧社会主义阵营解体以后，除了中国等少数社会主义国家以外，资本主义基本上实现了一统天下的局面，资本主义仍然占有相当的优势。并且在知识经济的推动下，资本主义社会各方面发生了很大的变化，呈现一派勃勃生机。如失业率下降，经济增长迅速，经济全球化等。如何解释资本主义的新变化，如何认识资本主义的过渡性，如何认识资本主义的本质，如何揭示和分析资本主义经济规律，从目前来看，除了继续以劳动价值论为理论武器外，还没有其他更有效的方法。

从另一个角度看，劳动价值论反映商品经济的一般特征，只要商品存在劳动价值论就发挥作用。因而劳动价值论是揭示小商品生产、资本主义商品经济和社会主义市场经济内在机理和运行规律的重要的分析工具。今天，我们处于社会主义初级阶段，社会主义远远没有到达成熟阶段，商品仍然广泛存在，市场调节仍是基本的手段，因此，劳动价值论仍然发挥着作用，这不仅体现在生产领域，而且体现在流通领域，它影响着社会主义经济发展，也制约和影响着价值规律和经济规律的发挥作用。如果不了解和掌握劳动价值论，就不可能对社会主义经济规律有深刻的了解，不可能有效地参与世界经济激烈的竞争，也就不能指导和调节我国经济的健康快速地发展。从历史的角度看，马克思主义劳动价值论是实践的产物，而不是死的教条和什么终极真理，它的延续和发展靠的是自身的科学性和真理性，靠的是随着时代变化而变化的实事求是的根本原则，靠的是只承认实践的权威性而坚持解放思想的创新精神。只有密切结合时代的变化和时代的要求，结合时代不断提出的新课题和新任务，结合劳动价值论所面临的新形势和新挑战，才能赋予马克思主义劳动价值论以新的生机和活力。

第二章

马克思主义劳动价值论在迎接挑战中与时俱进

马克思主义劳动价值论是科学的理论体系，也是马克思主义经济学的基石。要想否定马克思主义，就要否定马克思主义经济理论，而要否定马克思主义经济理论，就必须否定马克思主义劳动价值论。正如庞巴维克所说：我的任务不是批判马克思的一切原理，只要推翻马克思关于劳动决定价值这一出发点就够了。这就是长期以来资产阶级经济学家集中火力批评马克思的劳动价值论原因之所在。但是，真理是不怕考验的，相反，马克思主义劳动价值论总是在迎接实践和理论的挑战中不断丰富发展并与时俱进的。

第一节　国外学者关于马克思主义劳动价值论的论战

马克思主义劳动价值论诞生一百多年来，劳动价值论在西方一直就受到广泛的关注。有的表示热烈支持并积极宣传，而有的则公开诋毁和挑战。有公开的指责，也有隐蔽的中伤；有"缄默抵制"的，也有公然发难的；有资产阶级的，也有小资产阶级的；既有全部否定的，也有部分否定的，还有打着发展的旗号进行篡改、否定的。这些挑战引起了经济学界几次大论战，其持续时间之长，次数之多，在经济学说史上实属罕见。

一、19 世纪 20—30 年代的大论战

19 世纪 20—30 年代，资本主义经济得到了很大的发展。随着资本主义政权的建立和巩固，资本主义社会中无产阶级和资产阶级的矛盾开始尖锐起来，无产阶级迫切需要科学的理论武器。正如马克思所说的那样，"阶级斗争在实践方面和理论方面采取了日益鲜明的和带有威胁性的形式。它敲响了科学的资产阶级经济学的丧钟。"[1] "现在的问题不再是这个或那个原理是否正确，而是它对资本有利还是有害，方便还是不方便，违背警章还是不违背警章。不偏不倚的研究让位于豢养的文丐的争斗，公正无私的科学探讨让位于辩护士的坏心

---

① 马克思：《资本论》第 1 卷，人民出版社 1975 年版，第 17 页。

恶意。"① 作为资产阶级意识形态的古典政治经济学由盛转衰，进入了庸俗经济学独立化时期。

这个转变过程是以 19 世纪 20—30 年代英国经济学界展开的一场关于拥护或反对李嘉图学说的理论斗争为开端的。马尔萨斯、罗伯特·托伦斯、萨米尔·贝利以及《评政治经济学上若干用语的争论》的匿名作者，抓住了李嘉图不能在价值规律的基础上说明资本和雇佣劳动的交换和等量资本获得等量利润的规律，力图推翻李嘉图的价值学说和剩余价值学说。而李嘉图学派的詹姆斯·穆勒和麦克库洛赫则以浅薄的捏造用语及诡辩的手法来掩盖李嘉图体系的矛盾。前者炮制所谓包括机器在内的积蓄劳动创造价值的观点，后者进而认为畜力和自然力能够劳动和创造价值，从而彻底背叛李嘉图关于人的劳动创造价值而机器和自然力不能创造价值的观点，其结果是比反对者的一切攻击要严重得多地促成李嘉图体系的解体。"在这种情况下，资产阶级政治经济学的代表人物分成了两派。一派是精明的、贪利的实践家，他们聚集在庸俗经济学辩护论的最浅薄的因而也是最成功的代表巴师夏的旗帜下。另一派是以经济学教授资望自负的人，他们追随约·斯·穆勒，企图调和不能调和的东西。"② 从此以后，绝大多数西方经济学家不再继续推进劳动价值论，并拒绝以劳动为基础来揭示资本主义生产方式的内在联系和运作机理。萨米尔·李德在 1929 年不无根据地宣称：人们几乎普遍地拒绝把劳动作为标准了。从这个意义上讲，19 世纪 30 年代，西方经济学已基本完成了从带有科学因素的古典经济学向庸俗经济学的转化，后者已取代前者的主流派地位。西方经济学家从此用形形色色的理论（如生产费用论、边际效用论、均衡价格论）取代劳动价值理论，并且把从生产中探求价值决定的理论统称为生产费用论。这样就便于他们在流通领域大做文章，便于用工资来取代劳动，并以资本和资本家职能以及土地等各种费用作为生产费用的补充因素。约翰·穆勒（西方经济学第一次大综合的完成者）则是以大混合的形式完成了这一背离劳动价值论的演变过程。马歇尔（第二次大综合的完成者）则把价值这个范畴完全驱逐出西方经济学的理论体系框架。

二、19 世纪末 20 世纪初的大论战

第二次产业革命推动了生产力的迅速发展，也推进分工的进步发展。分工的细化使得资产阶级迫切要求对社会生产进行具体详尽的系统的管理，以提高

---

① 马克思：《资本论》第 1 卷，人民出版社 1975 年版，第 17 页。

② 同上书，第 18 页。

企业的劳动效率，因而，研究企业的管理和核算成了当时经济学界的新动向。当时心理学、生物学、数学以及物理学的发展，尤其是微积分和概率论的发现和应用，为边际主义的产生提供了分析问题的方法；而19世纪70年代，无产阶级经济学的产生和发展，尤其是马克思主义劳动价值论的产生和广泛传播，使得西方经济学陷入危机之中，作为马克思主义劳动价值论的对立物的边际主义应运而生，它代替失效的旧庸俗经济学在理论上同马克思的劳动价值论进行斗争。

边际学派作为反对马克思的劳动价值论的产物，从一开始就对劳动价值论进行了恶毒的攻击。瓦尔拉斯说："把价值溯源于劳动，这种理论与其说无意义，不如说太狭隘了一些；与其说没理由，不如说不可接受。"① 门格尔对劳动价值论的斥责比瓦尔拉斯更严重，他说："在我们的科学以往的发展中，已经出现的那些带来了最为严重后果的极为愚蠢的若干基本谬误中，就有这个观点：认为物品得以有价值，是因为物品被用于生产，而生产对我们是有价值的。"② 杰文斯也明确地拒绝劳动价值论，他说："事实上，劳动一旦投下，便对任何物品的未来价值不再发生影响；它已经过去了，永远丧失了。在商业上，过去的永远是过去的；我们总是明确地在每一瞬间开始，以未来效用的眼光来判断各种物品的价值。产业实际上是预期的，而不是回顾的；任何事业的结果，也难与其创始者的初衷恰好吻合。"③ 在边际学派中，最出名的人物是庞巴维克，他将该边际效用理论系统地加以发挥，同时全面地攻击马克思的劳动价值论，挑起了对劳动价值论的一次大论战。在《资本与利息》一书中，庞巴维克用了几乎一章的篇幅来反对《资本论》第一卷中的劳动价值论和剩余价值论。他指出，马克思的劳动价值论只是从学说的叙述中找证据，而不是从经验中找证据。而且马克思的演绎论证法是失败的。庞巴维克还认为，马克思回避了很多与劳动价值论相矛盾的例外情况，也没有或不能解决剩余价值与等量资本获得等量利润的矛盾④。当马克思的《资本论》第三卷用劳动价值论解决了价值与生产价格的背离问题后，庞巴维克发表了《马克思体系的终结》一文，继续攻击劳动价值论，他污蔑道，马克思有两种价值论，《资本论》第一卷论述了第一种价值论，而第三卷论述了第二种价值论，这两者是矛盾的，

① ［法］莱昂·瓦尔拉斯：《纯粹经济学要义》，商务印书馆1989年版，第202页。
② ［奥］卡尔·门格尔：《国民经济学原理》，上海人民出版社1962年版，第149页。
③ ［英］威廉·斯坦利·杰文斯：《政治经济学理论》，商务印书馆1984年版，第159页。
④ ［奥］庞巴维克：《资本与利息》，商务印书馆1959年版，第312—321页。

因此，"马克思的第三卷否定了第一卷。平均利润率和生产价格理论同价值论是不可调和的。"① 并指出，"马克思的体系同事实毫不相干，他的体系是建立在比形式辩证法还不稳固的基础上。"② 庞巴维克还认为，与边际效用论相比，劳动价值论有三个方面的缺陷：第一，它只是重视供给，忽视了需求；第二，它不承认资本的使用应该得到的报酬；第三，它否定了价格之间的关系。他主张用边际效用价值论来代替马克思的劳动价值论和萨伊的效用论。

由于边际效用价值论对资产阶级经济学有着广泛而深远的影响以及它对马克思的劳动价值论的公开诋毁，恩格斯在《资本论》第三卷增补与跋一文中（1895 年）就对和庞巴维克持相同观点的洛里亚进行了毁灭性的批判，从而进一步捍卫和宣传了马克思的劳动价值论。

19 世纪末 20 世纪初，资本主义开始向帝国主义过渡，经济条件的变化使得一些资产阶级经济学家开始用新的理论来否定马克思的劳动价值论，其中熊彼特最为典型。他口头上奉承马克思是"学识渊博的经济理论家"，承认马克思对 19 世纪和 20 世纪经济科学的发展起了巨大的推动作用，但是却借口时代的变化证明马克思的劳动价值论"没有实际的重要意义"。熊彼特指出，马克思的劳动价值论只适应自由资本主义的情况，而在自由竞争受限制时，它就完全不起作用。他说："首先，（劳动价值论）在不是完全竞争的情况下它就不适用了。其次，即使在完全竞争的情况下它也不能有效地发挥作用，除非劳动是生产的惟一因素，而且劳动只能有一种形式。"③ 熊彼特还认为，边际效用价值论"一方面，在垄断和不完全竞争的条件下适用；另一方面，出现其他因素和其他不同类型、不同性质的劳动时也都适用"④。因此，它已经"代替了"并且"在许多方面要胜过"劳动价值论。实际上，熊彼特只注意到了马克思和李嘉图价值理论的共同点，而忽视了他们之间的原则区别，没有注意到马克思正是在李嘉图的基础上发现了劳动的二重性，并从社会关系的角度考察了价值和价格。因而熊彼特仍旧把两人的不同含义的概念混淆在一起。更荒谬的是熊彼特根本不懂马克思的科学抽象法，因而强行断定马克思忽视完全竞争以外的情况，从而歪曲了马克思的劳动价值论。

同时，由于资本主义新变化，无产阶级议会斗争的胜利以及资产阶级实施

---

① ［美］P. M. Sweezy edited, Karl Marx and the close of his system, Augustus M. Kelly Publisher, New York, 1949, p. 29.

② 同上书，page 101.

③ ［美］J. A. 熊彼特：《从马克思到凯恩斯》，江苏人民出版社 1999 年版，第 23 页。

④ 同上。

的收买政策，第二国际内部也产生了修正主义，他们以发展马克思主义的名目来篡改和否定马克思的劳动价值论。其中一个代表性的人物是伯恩施坦。他在《劳动价值还是效用价值》（载于《新时代》第 17 卷）和 1899 年发表的《社会主义的前提和社会民主党的任务》第三章中对马克思主义劳动价值论进行了彻底的否定。他断然认为，马克思的劳动价值论存在着四个严重"失误"：一是马克思的劳动价值学说是建立在作了"一系列的抽象和还原"的基础之上的，运用这一方法分析问题，"价值就失去了任何可衡量性，成了纯粹的思维的构想"①。二是马克思的劳动价值论只是一种"更为系统的规范的"劳动价值论，因为经济思想史上早就有了论述充分的劳动价值论，而这一早已存在的劳动价值论，"在马克思的体系中原则上也没有什么不同"②。三是马克思的劳动价值论是"思维的公式或科学的假设"，缺乏现实的可行性，它"仅仅在一定限度内才能够生效"，因而马克思的劳动价值论和资产阶级经济学中的边际效用学派的价值论是一致的，两者都是以现实的关系为基础的，都是通过抽象产生的，都是纯粹思维的产物。四是恩格斯在编辑《资本论》遗稿时对马克思劳动价值论的缺憾所作的弥补，即在《资本论》第三卷增补的《价值规律和利润率》中对劳动价值论所作的历史的和逻辑的说明，同样是"缺乏令人信服的证明力"的。在伯恩施坦看来，马克思的劳动价值论既然成了一把在揭示和说明资本主义经济机制问题上的"失灵的钥匙"，那么，以劳动价值作为衡量资本家剥削工人的尺度，以剩余价值率作为衡量资本家对工人的剥削率就是错误的，剩余价值在马克思那里就只是一种"道德的命题"，并不能从理论上说明资本主义的剥削。因此，伯恩施坦主张把边际效用价值论和劳动价值论调和起来。

考茨基在早期是一个马克思主义者。他对伯恩施坦进行了温和的批评，他认为，伯恩施坦并没有宣告马克思的劳动价值论的破产。他只是表示对马克思的劳动价值论不知怎么办，他感到它尚未完成，需要继续发展；但是他不打算按照他的创始人的精神去发展它，而只想掺入一些同这个理论的本质不相干的、甚至是敌对的观点来弥补他的缺陷。实际上，他们这些观点是为了克服这个理论缺陷构思出来的，而且无法与这个理论有机地相结合。考茨基还在《伯恩斯坦和德国社会民主党纲领》（1899 年）一书中指出，伯恩斯坦比马克思的"进步"，仅仅表现为以折衷主义二元论取代马克思的观点一致性。希法

① ［德］伯恩施坦：《社会主义的前提和社会民主党的任务》，三联书店 1965 年版，第 89 页。
② 同上书，第 91 页。

亭是第一个对边际效用学派进行系统批评的马克思主义者。他在《驳庞巴维克对马克思的批评》（1904 年）一书中，对边际效用价值论作了系统的批判，并将其视为一种主观主义的价值理论。针对伯恩斯坦关于马克思把商品使用价值排除在考察对象之外的指责，他强调指出，作为社会联系产物的商品不是自然科学研究的对象，而是政治经济学的研究对象，政治经济学在一定限度内还是研究使用价值的，价值只是使用价值在经济学上的"变体"。希法亭在驳斥过程中，还深入阐述了马克思关于熟练劳动向非熟练劳动的转化、价值到生产价格的转化（即《资本论》第一卷中的价值范畴在第三卷中"变形"为生产价格范畴）的观点。在经济学说史上，这是第一次关于"价值转形问题"的争论。而另一个系统批判庞巴维克主观主义价值论的人物是布哈林。他在《食利者政治经济学》（1914 年）一书中，着重从方法论角度，揭示庞巴维克理论的逻辑矛盾和阶级实质。在他看来，以庞巴维克为代表的奥地利学派所主张的效用价值论，是以个人经济行为的动机作为出发点，宣扬非历史主义，而且，它把对消费和需求分析而不是把对生产的分析置于首位，因此效用价值论就不仅与现实完全矛盾，而且存在逻辑上的混乱。

这场大论战的主战场虽然发生在第二国际工人运动内部，但是它在 20 世纪初演变为具有国际性和政治性的大论战，并导致了第二国际的解体。在这场论战中，列宁表现得十分突出，他在揭露修正主义价值论的实质时写道，在价值理论的问题上要说明的只有一点，就是除了一些庞巴维克式的异常模糊的暗示和叹息，修正主义在这方面绝对没有拿出什么东西来，所以他们也就没有在科学思想的发展史上留下任何痕迹。尤其是在对修正主义在俄国的变种经济派、社会民粹派和孟什维克的批判中，马克思的劳动价值论不仅得到了巩固和更为广泛的传播，而且，在新的形势和社会环境下，得到了丰富和发展，尤其是帝国主义论、地租理论和垄断价格理论的诞生，标志着马克思的劳动价值论进入了一个崭新的发展阶段。

三、20 世纪上半期的大论战

马克思主义经济学说在西方的"第一次复兴"始于 20 世纪 20—30 年代。当时，西欧短暂的经济繁荣消逝了，新古典经济学已经驱散不了笼罩整个资本主义世界经济的阴影，与此相对的是，马克思主义在西欧、美国、中国和日本却广泛地传播和发展开来，并且在西方出现一批激进经济学家，他们力图从马克思主义经济学里面寻找摆脱资本主义危机的出路。

这一阶段较有影响的与劳动价值论紧密相关的大论战，主要有以下几次：

一是 20 世纪 20—30 年代在西欧围绕社会主义经济核算、社会主义计划的可行性及资源配置的有效性的论战，这场争论对以后计划经济和商品经济即计划和市场相互关系理论的发展产生了重大影响；二是 1922—1930 年间在日本展开的关于劳动价值论的论战；三是 20 世纪 30 年代末 40 年代初一直延续到 50 年代欧洲关于劳动价值论的论战，以及 40 年代末 50 年代初围绕鲍特基维茨联立方程组展开的关于"转形理论"的争论等。

英国著名经济学家琼·罗宾逊认为，马克思理论中任何一个实质性的论点都不是建立在劳动价值论基础之上的，劳动价值论充斥着虚构、神秘化、教条主义和形而上学，是荒诞的咒文。她说，有学问的经济学家们……就会得到这样一个印象：马克思的思想方法是完全无用的，把他的（有关价值理论的）全部分析像一团乱麻一样撇开——这是不值得去花费心思解开理开的，但是，她认为，沟通马克思主义和凯恩斯主义则可以解决问题，因为，"马克思的理论，或至少是马克思在所讨论到的问题上的某些理论，同样是凯恩斯所必须用来补充的，正如凯恩斯的理论是马克思所需要用来补充的一样"①。而米尔达尔则干脆否定任何价值理论，主张仅用价格理论来分析经济现象。对此，英国"老左派"多布和米克在 30—50 年代对他们的反劳动价值论的观点进行了系统深入的批判和清算，并力图"恢复"马克思的劳动价值——剩余价值——危机理论"传统"，他们的著述反映了马克思经济学说第一次复兴时期以来西方马克思主义经济学家对劳动价值论认识所达到的最高水平。

多布在《政治经济学和资本主义》（1937 年）一书中，比较中肯地阐述了马克思劳动价值论在政治经济学体系和结构中无可争议的重要地位。在他看来，任何科学知识研究的历史，都是从对一种在比较模糊的、未加区分的领域内的事物的描述和分类开始的，进而在此基础上通过进一步的分析才能够得出某种有限的普遍原则。这种普遍原则虽然具有局限性，却能使人们决定整个体系的构造。因此，这种普遍原则不仅要达到一定的综合的程度，而且要达到一定的精确的程度。他认为，包括价值理论在内的某些经济理论，在政治经济学这门科学知识体系中，能够取得这种普遍原则的地位，这就意味着价值理论在政治经济学体系中具有描述和分类的功能。

多布进而探讨和阐释了具有描述和分类功能的"充分的"价值理论所应具备的若干条件。在他看来，首先从形式上看，一种充分的价值理论必须在政

---

① 琼·罗宾逊：《马克思、马歇尔和凯恩斯》，商务印书馆 1963 年版，第 5 页。

治经济学体系的"方程组"中处于起关键作用的所谓"自变量"的地位。多布针对经济学说史上某些价值理论滞留在循环论证的"怪圈"而无法自拔的现象，强调价值这种"自变量"是一种独立的、在因果关系上起决定作用的"自变量"，即它不仅在任何特殊情况下都能不依靠其他的"自变量"而得出自己的数值，而且它所体现的某种数量关系不能是价值本身。他认为，马克思的抽象劳动理论解决了构成价值"自变量"的实体问题，因而就可以从价值这一"自变量"出发解开整个政治经济学的"方程组"。

其次从内容上看，多布从多种角度论证了"充分的"价值理论所应具有的能预测"现实世界"的"实在性"。在他看来，价值必须转化为在事实上能够加以理解和认识的"实际的维度"，即劳动因素，而不是主观价值论者所倚重的非实在性的心理或欲望因素。在他看来，价值理论的正确性不仅体现在抽象层次上，而且它在通过"适当的修正"返回现实世界时，也应正确无误。他针对劳动价值理论反对者所宣扬的关于《资本论》第一卷和第三卷的矛盾问题，提出了著名的"近似法"规律，即利润在《资本论》第一卷中表现为"第一近似规律"所决定的量，取决于剩余价值量亦即劳动力价值和制成品价值之间的差额；"第二近似规律"是以第一近似规律为基础，并且在本质上同第一近似规律并不矛盾。因此，马克思在《资本论》第三卷中所阐述的平均利润和生产价格，作为第二近似规律作用的结果，不仅没有违背价值规定性，而且还赋予价值以"实在性"的品性。多布还认为，由于价值理论通过劳动和人们获取生活资料的方式相联系，因此它存在于不同的历史阶段，存在于人们为取得自身的生存条件而同自然进行斗争的不同生产方式之中。

作为西方马克思主义经济学家，米克有力地批判了对马克思价值学说的歪曲和非难。在他的《劳动价值学说的研究》（1956年）一书中，米克以马克思的劳动价值论为核心，详尽地考察了劳动价值学说的发展史，力图澄清西方经济学界长期以来对马克思价值理论的误解。该书共六章，前三章主要考察马克思以前的圣典学派、重农学派和斯密、李嘉图古典学派的劳动价值学说。第四、五章主要研究马克思劳动价值论的发展。

米克认为，劳动价值学说是分析资本主义现实的科学工具，但是它不是伦理或政治观点，如果认为它只是一种道德的辩护，那就是把经济学和伦理学混为一谈了。米克还指出，马克思价值学说的重大特点就是实现了劳动价值论和唯物史观的结合，理解这点对发展和掌握劳动价值论有着重要意义。该书第六章评述了马克思逝世后围绕着劳动价值论所展开的批判和反批判的论争，批驳了帕累托、伯恩斯坦（宣扬价值和价格的矛盾把马克思的价值概念变成了"抽象的影像"）、林赛、克罗齐（劳动价值学说不是分析资本主义现实的科学工具）、兰格（马克思主义经济学在分析资本主义方面所体现的优越性并非源于劳动价值理论，后者是造成前者在许多方面蹩脚的原因）、施勒辛格（劳动价值论重质而轻视量的分析）、琼·罗宾逊等人对马克思劳动价值论的曲解。指出，这些人的目的与其说是从马克思主义体系中消除掉劳动价值学说，倒不如说是从工人运动的意识形态中消除掉马克思主义。在该书的第七章中，米克对"边际革命"也提出了严肃的批评，他认为边际理论并不能对经济现实进行更有意义的理解。米克还探讨了价值规律在社会主义制度下和在垄断资本主义制度下的作用问题。

尽管多布和晚年的米克推崇斯拉法主义，但是，由于他们对许多否定马克思主义劳动价值论的观点进行了有力的批判，因此仍被许多西方马克思主义经济学家视为坚定的并有较大影响力的代表人物。

四、20 世纪 70—80 年代的大论战

自 20 世纪 60 年代末以来，世界资本主义经受着持续的通货膨胀和周期性的萧条，资本主义世界面临着"世纪末日的不安"，形形色色的资产阶级经济学因无法解决现实问题而纷纷宣告破产，经济学面临着巨大的危机。再加上第三次科技革命的兴起，经济现实与传统的理论方式发生了巨大的冲突。于是乎，一些学者便突然想到要从久违的马克思的经济理论中寻找摆脱困境的工具，进而掀起了一股重新研究和解释马克思理论的高潮。他们从各个角度分析马克思的劳动价值理论，提出了许多新问题。一些人甚至试图沟通马克思经济学和各种其他经济学说，比如凯恩斯经济学、新古典经济学，从而引起了对马克思主义劳动价值论的第四次大论战。

这一阶段关于劳动价值论以及作为其延伸的"价值转形问题"大论战在70—80 年代最为激烈。70 年代初的价值论大论战是由萨缪尔森挑起来的，其同盟者有伊恩·斯蒂德曼和杰弗·霍吉森等，而其对立面则是英籍印度学者梅格纳德·德赛、美国经济学家安沃·赛克，他们力图捍卫马克思的劳动价值论。而 70 年代末 80 年代初的大论战，则主要是围绕新斯拉法主义和新李嘉图主义而展开的。其论战圈子大多局限于新左派或激进经济学派之内。这些争论虽然不完全赞同马克思的劳动价值论，但是有些观点和某些另辟蹊径的解释在一定的程度上推进和丰富了马克思的劳动价值论。

在这次挑战中，萨缪尔森是其中比较突出而且影响较大的一位，他在

1971 年发表的《理解马克思的剥削概念：马克思的价值与竞争价格问题即所谓价值转形问题的概述》一文则是第四次价值论论战的导火索。萨缪尔森认为，"马克思经济学的内部的逻辑在核心上是错误的"①。因为，马克思以劳动价值论为基础的生产价格理论，只是在整个社会资本有机构成都相等的情况下才有效，而在资本有机构成不等的条件下难以成立。因此，生产价格理论就不能解释资本主义各生产部门有机构成不同这一现实，它的基本命题也就失去意义，并缺乏一般性。在萨缪尔森看来，《资本论》第一卷和第三卷是矛盾的，价格可以直接由技术的生产函数引出，因而价值向生产价格的转化是一个多余的步骤或者是一种不必要的迂回过程。为了解决矛盾，萨缪尔森还提出了摆脱劳动价值论的剥削模型，把资本主义剥削仅仅归结为一种流通中存在的现象。另外，萨缪尔森还指出了马克思的劳动价值论的三大缺陷：（1）不能说明资本主义社会通过竞争形成价格，"价格比率都和物化劳动互相背离"；（2）无法确立商品的社会必要劳动量；（3）不能说明生产中耗费的劳动量相等，而生产时间不等的两种商品价格不同的原因。

英国曼彻斯特大学教授斯蒂德曼是一个力图"整个地甩掉劳动价值论"的新斯拉法主义者。他在 1977 年出版的《按照斯拉法思想研究马克思》一书中集中地攻击了马克思的劳动价值论。斯蒂德曼用斯拉法理论为武器，力图用关于实物数量关系的"价值的非劳动理论"，即着眼于具体生产过程中的自然物质要素意义上的实际的劳动投入而抹煞体现社会生产关系的价值关系的物质技术价值论，用以取代马克思的劳动价值理论体系。他在书中探讨了联合生产及固定资本存在条件下的负价值问题，异质劳动的还原问题以及价值转形问题和负剩余价值等问题，并指出："强调以下一点决不过分，即对资本主义社会的唯物主义研究依赖于马克思的价值数量分析这个论断，只应从反面去加以理解，也就是说对后者的继续坚持只能构成对前者发展的桎梏。"② 他甚至公然声称，"与其让劳动价值论绕着脖子妨碍思考，不如干脆将它丢在一边而集中精力发展一种内部连贯一致的资本主义发展理论"③。并指出，生产的物质条件不仅决定了商品价格，而且连劳动时间也必须由生产的实物条件来决定。价格可以直接由技术的生产函数导出，劳动时间，从而劳动价值论是"多余

---

① ［英］萨缪尔森：《经济学》下册，商务印书馆 1982 年版，第 311 页注。
② ［美］伊恩·斯蒂德曼：《按照斯拉法思想研究马克思》，商务印书馆 1991 年版，第 51 页。
③ ［美］伊恩·斯蒂德曼等：《价值问题的论战》，商务印书馆 1990 年版，第 10 页。

的"，因而马克思的从价值向生产价格的转化是一个完全不必要的步骤①。

日本经济学家森岛通夫提出了一种改良主义的观点。他认为，根据传统的马克思的价值定义所列出的方程等式，在有联合生产、固定资本以及多种生产方式并存的一般经济体系中，可能存在负数解，要克服这个问题，只有修改价值定义，即规定价值不是由生产商品的平均劳动耗费决定，而是由最少劳动决定（即"真正价值"），相应地，应该放弃剩余价值概念，而代之以剩余劳动概念。J. E. 金和米契尔·霍伍德也持相同看法，并认为这是避免在多种技术选用和联合生产条件下产生负价值的好办法。斯潘塞·配克、阿伦·鲍斯和杰弗·霍吉森等则认为，商品的价值量由生产出各种商品时所需的全部商品投入来决定，因此，价值的源泉不是一个，而是多个，主张用商品价值论来代替劳动价值论。由于这种观点与斯拉法的主张相似，因而他们被西方庸俗经济学家称为以斯拉法马克思主义者。

伦敦经济学院的德赛是西方马克思主义经济学家。他在驳斥对马克思主义劳动价值论的挑战、维护马克思劳动价值论方面享有盛名。他在其主要著作《马克思的经济理论》（1974 年）中指出，马克思的价值理论是有关社会生产关系的理论，它的任务是解释和揭示交换关系所掩盖的剥削关系，而不是一种关于相对价格或资源——分配的理论。他还指出，斯威齐和巴兰提出所谓的"经济剩余"理论的本质是要抛弃劳动价值论。但是，德赛在价值转形问题上却默认萨缪尔森和斯拉法的观点，并且还认为，马克思的劳动价值论的主要错误在于把价值关系视为可以观察到的并可直接加以度量的物。

80 年代前后关于马克思主义劳动价值论的论战不仅范围大，而且参加的人数多，讨论激烈，成为名副其实的世界性大论战。英国、美国、加拿大、比利时、日本等国家一大批经济学家包括许多激进经济学家也卷入其中。《新左派评论》编辑部、《剑桥经济学报》编辑部、社会主义经济学家联合会在伦敦甚至联合发起了关于马克思劳动价值论的讨论会。

这场论战是围绕斯拉法的《用商品生产商品》和斯蒂德曼的《依照斯拉法来看马克思》而展开的。美国纽约新社会研究院教授安沃·赛克认为，价值、剩余价值是本质范畴，价格、利润是现象范畴，价值决定价格，剩余价值支配或调节利润。他以《代数学的贫困》为题，对以斯蒂德曼为代表的"新李嘉图主义者"关于利润率的决定先于价值决定的观点提出了反批评。他认

---

① 参见［美］伊恩·斯蒂德曼等：《价值问题的论战》，商务印书馆 1990 年版。

为，新李嘉图主义者以生产过程中多种技术的选用和多种生产方式的并存为由得出价值概念冗余和劳动价值论自相矛盾的观点在论证上存在错误。首先，它具有唯心主义性质，混淆了实际过程和它在思想中的反映；其次，"他们总是倾向于把生产看作一种技术过程，当作实物数据，而不是人类劳动对象化在使用价值上的劳动过程。"① 另外，赛克还对苏珊·希梅尔魏特和西蒙·莫恩合著的论文《价值论和当代分析》中所宣扬的折衷主义观点进行了抨击。苏珊·希梅尔魏特和西蒙·莫恩认为，尽管以斯蒂德曼为代表的新李嘉图主义对马克思的劳动价值论进行了重新解释和扩展，但是它实质上是一种整个地抛弃了价值范畴的庸俗经济学和成本价格论。但是，他认为斯蒂德曼提出的"展开使用价值和价值之间矛盾的处理方法"和解决所谓李嘉图的"凝结劳动价值论"，新李嘉图主义者的"价格的成本总合论"和马克思的"抽象劳动价值论"之间的矛盾的方法，给有关价值论的性质和意义的大多数争论提供一个归类的框架。而赛克则认为，他们这样做实际上接受了新李嘉图主义的关于价值概念冗余和自相矛盾的观点，是"最终还是向新李嘉图主义的声讨全盘投降"②。

作为马克思主义劳动价值论的反对者，霍吉森把其论战对手分成好几派。一派是信奉传统的马克思主义劳动价值论的"原教旨主义者"，另一派是具有创造精神的高明的马克思主义劳动价值论的捍卫者。霍吉森认为，埃里克·赖特属于后者，他"选择的是重新改造马克思主义价值论而不是从根本上将其抛弃"③。赖特先后在《关于价值的争论和价值研究》、《反思》这两篇论战性文章中与霍吉森、普瑞迪普·班德约帕德海亚展开激烈的争论。霍吉森在《反赖特论之一——劳动的利润》一文中指斥赖特企图把当今资本主义现实纳入劳动价值论的陈旧框架之中。班德约帕德海亚则在《反赖特论之二——为后一种斯拉法的观点辩护》一文中为后斯拉法主义辩解。他认为，马克思主义劳动价值论对于研究社会主义经济来说只能是一种拖累而无用的工具。针对赖特关于斯拉法模型只是中等抽象层次上马克思主义模型的特例的论点，班德约帕德海亚主张"传统的马克思主义模型作为一个受到限制的特例被包容在斯拉法模型之中"④。赖特在论战中一方面认为劳动价值论是马克思主义理论

---

① 　[美] 伊恩·斯蒂德曼等：《价值问题的论战》，商务印书馆1990年版，第264—265页。
② 　同上书，第282页。
③ 　同上书，第65页。
④ 　同上书，第116页。

概念框架之中的实质性要素之一和研究的出发点，并强调，"劳动价值论之所以经受得起攻击并继续成为大多数马克思主义思想的出发点，恰恰就在于它集中了作为政治、科学、意识形态的马克思主义的特征于一身。除非确定无疑地证明它的科学性理论性内容是不适当的，否则劳动价值论就会继续理直气壮地发挥它的这种作用。"① 另一方面，他又主张坚持、完善和改造劳动价值论，重建传统的马克思主义模型，并将有关劳动价值论的辩论中的各种不同的立场归结到一个共同的概念和框架之中。

70—80 年代关于劳动价值论的争论是以往争论的继续，其特点是凯恩斯主义者如萨缪尔森、琼·罗宾逊是公开反对马克思主义劳动价值论的典型；而斯拉法主义者、新（后）斯拉法主义者即广义的激进经济学派，如配克、霍吉森、斯蒂德曼等则主张用斯拉法的理论来重新建设没有劳动价值理论的马克思理论体系。而劳动价值论的支持者中则主张用西方经济理论改写或改造劳动价值论，他们中的一些人，如斯威齐，主张将把关于马克思主义劳动价值论的新的热点和难题归纳起来，并结合新的情况、新的现实问题进行新研究，得出新的研究成果，以之来发展马克思的经济理论。

此外，在前苏联和东欧经济学界开展了关于在过渡时期和社会主义时期劳动价值论（其中涉及商品货币关系、价值规律、市场经济、市场与计划关系和相关经济政策）的适用性、变化、地位和作用的讨论。但这些争论更多的是在中央集权社会主义计划经济条件下展开的。

总而言之，关于劳动价值论的论战史表明了马克思主义劳动价值论的原创性和生命力，同时也给我们在当代全球化和社会主义市场经济新条件下如何坚持和发展马克思主义劳动价值论提供了富于启迪的思想材料。

第二节　国外学者关于马克思主义劳动价值论论战的几大问题

近几十年以来，西方经济学界对马克思主义劳动价值理论提出许多新的理论问题，概括起来主要有如下五个方面：

一、复杂劳动向简单劳动还原的问题

复杂劳动向简单劳动还原的问题，即复杂劳动的化简倍数问题。这个问题早在庞巴维克攻击马克思主义劳动价值论时就已经提出来过，但是，由于庞巴

---

① ［美］伊恩·斯蒂德曼等：《价值问题的论战》，商务印书馆 1990 年版，第 149 页。

维克没有有力地论证它，故没有引起很大的反响，人们一般还是倾向于接受马克思的化简方法。然而，随着资本主义社会生产力和科学技术的发展，各个部门的劳动者在受教育和培训的程度上、在工作的难易程度和熟练程度以及先天的禀赋等因素上存在很大的不同，因而他们的劳动复杂程度也越来越不同，也就是说，存在大量的异质劳动的问题，而在比较不同部门的产品价值时，按马克思的做法，又必须将复杂程度不同的劳动化简为同一标准的简单劳动，这样，复杂劳动还原问题就变得突出起来。

1. 西方学者的几种观点

在有些西方学者看来，马克思主义劳动价值论没有解决复杂劳动还原这个首先需要解决的问题，或者解决得不完善，甚至自相矛盾，就连被人称为马克思主义者的英国经济学家米克也认为，马克思对复杂劳动向简单劳动还原的问题的处理是零碎的、不完整的。他们在这个问题上对马克思的挑战主要体现在如下几个方面：

第一，一些西方学者认为，马克思的简单劳动和复杂劳动的概念是自相矛盾的。因为，在《资本论》第一卷第 58 页中，马克思提出两者的不同，但是，在第 224 页的脚注下，马克思又否定了这两者的区别。马克思指出，简单劳动和复杂劳动的这种区分只不过是单纯的幻想，或者是历史上传下来的在目前毫无现实意义的惯例，有时偶然的因素会将它们对换。马克思还指出，随着资本主义的深入，两者的差别越来越小，机器使劳动操作简单化，使复杂劳动变成小孩和女子就能掌握的劳动。据此，一些学者就提出疑问：到底是否存在简单劳动和复杂劳动的区分，有没有必要去计算还原时的倍加系数？他们还指出，马克思对复杂劳动向简单劳动的转化也是简单含混的。马克思曾经在《资本论》第一卷第 1 章第 2 节曾经讲过："比较复杂的劳动是自乘的或不如说多倍的简单劳动，因此，少量的复杂劳动等于多量的简单劳动。经验证明，这种简化是经常进行的。……各种劳动化为当做它们的计量单位的简单劳动的不同比例，是在生产者背后由社会过程决定的，因而在他们看来，似乎是由习惯确定的。"[①] 在他们看来，马克思在这里的叙述既简单又含混，既没有明确地提出化简系数和转化过程，又没有明确指出是否有必要明确地计算化简系数，相反，马克思把这种化简当作生产者无法决定的社会过程，似乎是由习惯决定的，这样的过程对劳动者来讲既虚幻又无意义。

---

① 马克思：《资本论》第 1 卷，人民出版社 1975 年版，第 58 页。

第二，马克思的化简理论与剥削理论是互相矛盾的。这个问题的提出比较早，早在庞巴维克与希法亭论战中，庞巴维克就曾经指出，一旦引进异质劳动，马克思的劳动价值论就与他的剥削率到处一致互相矛盾，除非这些异质的劳动按工资率还原为同质的抽象劳动，但是，庞巴维克没有对这个观点进行进一步明确的论证。森岛通夫也指出，根据马克思的化简理论推导，马克思的劳动化简理论存在着两难选择。他说："一旦考虑异质劳动，除非不同种类的劳动能够按它们的工资率的比例，来化简为同类的抽象人类劳动，否则就会发现价值理论与马克思关于全社会剥削率相等的规律相矛盾。根据马克思主义经济学者的观点，这是一个难以自拔的困境。因为一方面，不同类别的劳动者中有不同的剥削率，显然与马克思关于社会分化为两个阶级，即资本家和劳动者是不相容的；另一方面，如果不同种类的劳动按它们的工资比例转换为抽象的人类劳动，由此产生的价值体系将依赖于相对工资，马克思想得到完全独立于市场的价值体系这一意图没能实现。"① 也就是说，不采用工资差别原理，马克思的化简原理就会与马克思的剥削率全社会一致的假设相矛盾；而采用工资差别原理，那么，商品的价值就变成由工资决定而非由劳动决定，这违背了马克思的价值决定价格的原理。无论采用哪一种方法，实际上都否定掉马克思的劳动价值理论。对此困境，森岛通夫通过数学论证确认了按工资率确定折算率以维护剥削率在各个部门一致的假设，放弃了马克思的劳动创造价值的论断，主张建立没有劳动价值论的马克思经济学。

第三，工资差别原理也不能解决化简问题。英国经济学家布劳格认为，即便按照森岛通夫的解法，马克思的复杂劳动化简问题仍然存在着难以逾越的困难，因为，工资差别也无法解决如下三个困难：

（1）如果把复杂劳动看做是数倍的简单劳动，这个倍数应该是纯粹技术上的转换系数，而不能简单地归结为不同类型劳动的收入差别。价格和价值从逻辑上先于工资，用工资来解释价格和价值的做法是荒谬的不符合社会现实的。

（2）劳动的不同熟练程度不仅来自于教育培训（这可以通过技术进行化简），而且还有许多无法培训的技术因素，即自然能力的差别，如天赋、智慧差别、家庭的因素和秘不外传的某种技艺，这才是真正的异质劳动。一些人认为，马克思不仅忽视了这种自然能力的差别，而且认为它们会随着机械化的发展而消除。但是现代人力资源理论的研究却证明，这些因素，如年龄、学历、

①　参见《马克思的经济学》，剑桥大学出版社 1973 年版英文版，第 191—193 页。

工作经验、母校的名气、职业与职务、智商对工资的差别是至关重要的，因此，仅用工资差别来解释转化系数无疑是不全面的，而且也做不到。

（3）工资的差别并非来自技术而是来自工作性质的异质劳动。也就是说，各种工作的差别并不仅仅体现在金钱上，还体现在劳动者对工作的不同认识和评价上，个人对工作的金钱偏好和非金钱偏好决定了工资不能完全反映技艺的高低，因而工资高低与劳动技术的复杂程序并不一定存在固定的比率。一些学者认为，虽然马克思用劳动的无限供给的"产业后备军"理论来回避这个问题，但是，马克思的解释与今天的劳动力市场的现实并不完全相符，有些时候劳动供给存在短缺现象而在某些领域某些环节，劳动供给存在结构性短缺甚至经常出现，因此谈及工资差别，不得不考虑劳动供需结构和劳动者个人意愿，而马克思化简理论似乎忽视这点。

正是由于对劳动化简问题的诸多疑问，一些人认为，干脆不要劳动化简这个理论。如斯蒂德曼就认为，工资、利润和价格可以从商品中直接计算出来，因而，劳动化简是多余的步骤，主张用商品价值论代替劳动价值论。

2. 对西方学者有关观点的评述

严格地说，对复杂劳动的化简问题，马克思的确没有详细论证，西方学者对一些问题的质疑在一定程度上无疑值得借鉴。但是，总的来讲，他们的观点从本质上看是站不住脚的。

首先，按工资率折算化简倍加序数的方法违背了马克思的劳动价值论。按照马克思的劳动价值论，工资是劳动力的价值或价格的转化形式，要想确定工资，首先得计算出维持劳动力生存和发展的商品的价值量，这无疑是一个没有意义的循环论证。实际上，价值从逻辑上先于工资，只能从价值推出工资，而不能倒过来以工资差别推导价值。再说，工资和复杂劳动的价值计算两者在量上是不等的，因为，复杂劳动化简问题涉及到的不仅仅是劳动力的价值，而是劳动的价值，按照马克思的劳动价值论，劳动创造的价值远远大于劳动力的价值，如果以工资差别去估算劳动化简倍数，就会人为缩小劳动的价值量。还有，工资大小还受劳动力市场供求状况、工人斗争状况的影响，工资经常偏离劳动力的价值的影响，因而从工资差别很难计算劳动力的价值，更不能以之作为劳动化简系数的根据。正如布劳格所说的那样，工资差异的确很难解决因天赋和非技术差异的异质劳动问题。因此，用工资差别解释劳动化简问题从理论上讲是荒谬的从实践上讲是行不通的。

其次，斯蒂德曼的用商品价值论代替劳动价值论的主张也存在问题。因为，劳动化简并不是要说明剩余劳动的存在，而是要分析商品的价值量，而要做到这点，就离不开把异质劳动同化问题，如果仅仅是说明剩余劳动的存在，计算利润率，就可以像斯蒂德曼一样把商品的生产成本和销售价格进行比较而无须分析商品的价值量。另外，马克思研究劳动化简问题的目的不是分析利润和价格这些现象形态，而是揭示价格的基础是什么，利润的本质是什么，利润的来源是什么，马克思正是通过分析资本主义的经济现象，才揭示出资本主义经济的本质和运动规律。实际上，化简问题是揭示资本主义生产特殊本质的关键点，它是潜伏在资本主义经济中内在的规律性的东西，如不揭示它就无法真正认清资本主义生产本质。由于认识不到这一点，斯蒂德曼才认为劳动化简是一个多余的过程，把现象当做本质，在现象上兜圈子，从而犯了资产阶级经济学家经常犯的错误。

最后，所谓劳动化简同剥削率一致的假设相矛盾的观点也是站不住脚的，因为，马克思为了分析的简洁，常常对一些不影响大局的因素进行了科学抽象，而假设剥削率一致就是其中的一个，但是，我们知道，在实际生活中，剥削率并不完全一致。然而，剥削率一致与否并不对马克思分析事物的本质产生很大的影响，因此，我们完全可以假设它们一致。显然，马克思的这个假设是一个弱假设，而决不能把它当做是马克思理论中不可动摇的东西，更不能把这作为否定马克思的劳动价值论的依据。

客观上讲，马克思对劳动化简问题虽然论证得不多，但是他的认识是很清楚的，因为，复杂劳动和简单劳动的区分是一个理论问题而不是现实问题，在现实生产中，两者的区分是相对的，而且，随着机器大生产和自动化，生产越来越标准化，劳动的确变得简单，更趋于一致。因此，复杂劳动与其说是复杂，不如说是在一定程度上技术更先进的劳动、熟练程度更高的劳动或需求量更大的劳动。对简单劳动和复杂劳动的认识，我们只需要认识到它们创造的价值不同就行了，至于它们的转化，的确是在生产背后自动地进行的，但是它们的转化系数，我们可以通过两种不同劳动的生产效率进行比较、换算就可以得出。具体步骤如下：第一，按不变价格计算各个生产部门的产值，以扣除货币因素的变动对产值的影响。第二，从各个生产部门的产值中扣除固定资本的折旧费用，得到以不变价格表示的新创造的价值。第三，用各生产部门的总就业人数乘以年平均工作日，求出各个生产部门的总工作日。第四，用各个生产部门新创造的价值与总工作日相比，得到一个工作日内平均创造的价值。第五，以某一个生产部门的劳动作为标准劳动，例如，以每个工作日平均创造的价值最少的生产部门为标准，把其他生产部门每个工作日平均新创造的价值分别与之相比，就得到各个部门劳动的化简倍数。在实际的计算中，由于各个生产部门的产值都是按同一个物价指数转换为以不变价格表示的产值，所以第一个步骤可以省略。

可见，马克思的劳动化简理论不仅在理论上是基本正确的，就是在实践上也有一定的操作性。不过，由于马克思在转化系数和转化过程上的论述过于简略，因此，西方一些学者就以此为由攻击马克思的劳动价值论，为了反击资产阶级学者的攻击，也为了深化对马克思的劳动价值论的认识，我们有必要把马克思没有来得及处理的或认为当时没有必要深入讨论的转化过程具体化，这无疑是当今理论界面临的重大任务。

二、多种技术条件下商品价值决定问题

当代一些西方经济学者认为，马克思创立劳动价值论时，是以每个生产过程只生产一种产品，而且，生产每一种产品只使用一种方法这个假设为前提的。但是，在现代生产过程中，这种情况已经很少见，而一种产品有多种生产方法、一个生产过程生产多种产品的现象已经非常普遍，因此，理论界就提出了多种技术生产条件下价值如何决定问题（alternative process or choice of technique）和联合生产的问题（joint production）。那么，如何解决这个问题就引起了当前西方经济学界的普遍关注。

1. 西方学者的几种观点

日本学者森岛通夫用图表和计算方法率先对马克思提出了质疑①。他假定，生产某一种产品有两种生产方法，即方法 1 和方法 2，具体如下表：

生产方法　产值　劳动　投入　产出　生产方法	生产方法 1		生产方法 2	
	投入	产出	投入	产出
商品	0.25	1	0.5	1
劳动	0.5	—	0.25	—

森岛通夫假设商品和劳动用统一的价值单位来表示，λ 为商品的价值，一个单位劳动的价值为 1，如果按第一种方法生产，则 $\lambda = 0.25\lambda + 0.5$，而按第二种方法生产，则 $\lambda = 0.5\lambda + 0.25$，解这个方程组，得 $\lambda_1 = 2/3$，$\lambda_2 = 1/2$。很

---

① 参见森岛通夫：《马克思的经济学》，剑桥大学出版社 1973 年英文版，第 189—190 页。

显然，同一商品在不同的技术条件下有不同的价值，而且同时具有不同的价值，那么依马克思的理论，商品到底以什么样的价值出售，第一种、第二种，还是平均数？因此，森岛通夫认为马克思的价值理论存在错误，至少是模糊不清的。

而霍伍德和金在森岛通夫的基础上作了进一步分析。他们对利润率相等、不等和各国工资不等这三种情况进行了分析、计算，然后得出结论：不管采取哪一种条件，都使人无法察觉，两种不同的生产方法所生产出的同一商品的不同价值量，对商品的价格还有哪些决定作用。因而，多种技术选用使得价值非但失去惟一性，而且，连价值决定也变得模糊不清。他们还认为，即使当价值转化为生产价格时，商品的价值决定仍然存在难以解决的矛盾和不确定性。

另外，霍伍德和金还指出，尽管马克思已经非常清醒地认识到不同的生产技术在资本主义经济生活中的实际存在是一个非常普遍的现象，但是马克思在《资本论》第三卷第 10 章中的论述是矛盾的，至少是不清楚的。因为，马克思在那里既提出了该生产部门的个别价值的平均值决定该商品的价值，又提出了在最有利或最不利条件下生产出来的商品决定市场价值。据此，霍伍德和金推断马克思有两个不同的价值量决定的概念：一方面平均值决定价值量（不管这种平均值是加权的还是不加权的）；另一方面主流值来决定价值量。由于平均值和主流值的价值决定显然并不相同，因此，霍伍德与金就在曲解马克思原意的基础上，得出了两种价值决定不相容的结论来。他们还主张，为了避免出现负的价值和剩余价值这种反常现象，可以采取森岛通夫提出的关于价值量取决于所消耗的最小劳动量的定义①。

有些西方经济学家还认为，多种生产方法的并存对马克思价值决定理论所带来的难题，远远不止于价值量上的不确定性，而且还会出现利润率的决定先于价值量的决定现象。例如，金认为，多种技术的选用还会在价值决定问题上得出一个和马克思的逻辑分析顺序相反的结果来，即价值不是如马克思所说的那样先于利润率的决定，而是利润率和某种生产技术的选定先于价值量的决定。主张在分析价值决定时，应该像李嘉图在级差地租分析中那样引进"边际"的概念，以保持价值的惟一性。金认为，虽然这种边际分析是以最不利条件下某种商品例如谷物生产中最大劳动耗费来决定价值，而不是最少劳动耗费，但还是比马克思的平均劳动耗费来得明确。当利润率相等时，价值就难以

---

① 参见霍伍德、金：《马克思的政治经济学》，伦敦和纽约 1985 年英文版。

保持惟一性，因为不同的生产方法虽然造成商品有不同的价值，但追求利润的资本家对各种生产方法无所偏爱（因为利润率到处都一样）。各个资本家选用哪种生产方法多少有些随意性。价值量的决定就在生产方法这种随意选择的基础上进行。而在利润率不等时，资本家当然会选择利润高的生产方法，在利润率相等时也存在上述随意的选择。无论是哪种情况，从整个社会来看，都会得出生产技术的选用和利润率的决定先于商品价值决定这个与马克思相反的逻辑顺序来！

2. 对西方学者有关观点的评析

多种技术选用条件下的价值决定问题实际上是一个并不存在的问题，马克思早就圆满地解决了。他在《资本论》第一卷中，就对价值量下了一个明确的定义："社会必要劳动时间是在现有的社会正常的生产条件下，在社会平均的劳动熟练程度和劳动强度下制造某种使用价值所需要的劳动时间。……只是社会必要的劳动量，或生产使用价值的社会必要劳动时间，决定该使用价值的价值量。"① 即社会必要劳动时间决定商品的价值。

至于社会必要劳动时间是怎样形成的，马克思认为主要是通过部门内的竞争，"竞争首先在一个部门内实现的，是使商品的各个不同的个别价值形成一个相同的市场价值和市场价格。"② 很显然，商品的个别价值不同，但是商品的社会价值相同，个别价值向社会价值的转化是通过社会平均化来实现的。那么这个平均化怎么计算？马克思写下了下面容易引起别人误解的一段话，即"市场价值，一方面，应看做是一个部门所生产的商品的平均价值，另一方面，又应看做是在这个部门的平均条件下生产的、构成该部门的产品很大数量的那种商品的个别价值。只有在特殊的组合下，那些在最坏条件下或在最好条件下生产的商品才会调节市场价值，而这种市场价值又成为市场价格波动的中心，不过市场价格对同类商品来说是相同的。"③ 实际上，马克思在这里谈论的是不同时点上的价值决定问题，即时间、地点、条件不同，商品的价值就不同，平均值、主流值、最坏和最好条件决定价值只是在不同条件下价值决定的具体方式，它们之间是一种非此即彼的关系，西方一些学者就是看不到马克思内在的逻辑关系，就断章取义，认为马克思价值理论存在着多种价值决定的矛盾，这其实也是西方学者经常犯的错误。

---

① 马克思：《资本论》第 1 卷，人民出版社 1975 年版，第 52 页。
② 马克思：《资本论》第 3 卷，人民出版社 1975 年版，第 201 页。
③ 同上书，第 199 页。

从社会整体上看，主流值和平均值也并不矛盾，因为，按主流值计算，商品的社会价值取决于在本部门占很大比例的商品的个别价值；根据平均值计算，虽然商品的价值取决于所有个别价值加权平均，但是，如果某一种技术生产的产品占很大比例，那么，两者的计算结果会很接近，因此，前一种可以看做后一种的简单表述，后一种更精确，前一种更容易懂，便于操作，后一种更容易进行数量分析，两者是一致的。正因如此，马克思严格地说，每一单个商品或商品总量中每一相应部分的平均价格或市场价值，在这里是由哪些在不同条件下生产的商品价值相加而成的这个总量的总价值，以及每一单个商品从这个总价值中分摊到的部分决定的。

森岛通夫之所以得出商品的不同价值决定，根本原因在于他没有分清个别价值和社会价值的关系。由于生产条件的不同，生产方法 1 和生产方法 2 生产出来的商品的个别价值当然不同，而商品的社会价值既不取决于方法 1 的2/3，也不取决于方法 2 的1/2，而是两者的加权平均数，即 $(2/3 \times 1 + 1/2 \times 1) / (1+1) = 7/12$。由于两者的资本有机构成不一致，两者的获利是不一致的。而西方一些学者认为利润先于价值，其错误在于混淆了现象和本质的关系，重视价格和利润率而忽视价值和剩余价值率，把头脑中的逻辑当做社会现实的逻辑，这样就从根本上歪曲了马克思的劳动价值论。

三、联合生产条件下商品的价值量如何决定的问题

所谓联合生产，也称为复合产品的生产（joint production），它是指在一个生产过程中同时生产出两种或两种以上的产品。今天，联合生产已经十分普遍，比如，加工石油可以生产煤油、汽油和沥青，那么，各种产品的价值量到底怎么计算，西方学者普遍认为，马克思劳动价值理论无法解答这个问题，因为，马克思的劳动价值理论是建立在生产单一产品的前提下，它的价值可以直接由生产这种产品的社会必要劳动时间决定。并且，如果按照马克思的理论进行推导，就会出现许多荒谬，因此，他们主张抛弃马克思的劳动价值理论，而代之以新的理论。

1. 西方学者的几种观点

斯蒂德曼认为，按照马克思的价值理论，在联合生产条件下，价值和剩余价值可能是负数。为简便起见，他假设没有固定资本存在（即纯的联合生产），没有技术进步，工人的储蓄率为零，资本家的储蓄率为 1，它只生产两种产品，而在生产过程中也仅仅使用这两种产品。具体情况见下表：

生产过程	投入			产出	
	商品 1	商品 2	劳动	商品 1	商品 2
生产过程 1	5	0	1	6	1
生产过程 2	0	10	1	3	12

斯蒂德曼假设 l_1 和 l_2 分别是商品 1 和商品 2 的价值，两种生产过程的利润率相同，均为 r，而每单位劳动的实际工资为 1/2 单位商品 1 和 5/6 单位商品 2，那么

$(1 + r) \ 5l_1 + 1 = 6l_1 + l_2$ \hfill (1)

$(1 + r) \ 10l_2 + 1 = 3l_1 + 12l_2$ \hfill (2)

$1/2l_1 + 5/6l_2 = 1$ \hfill (3)

解方程组得：r = 20%，$l_1 = 1/3$，$l_2 = 1$。

在这里，投入、产出、利润率都是正数，一切正常。

但是，如果要计算产品的价值，情况将变得很荒谬，根据以上的表格，斯蒂德曼列出以下方程组：

$5l_1 + 1 = 6l_1 + l_2$ \hfill (1)

$10l_2 + 1 = 3l_1 + 12l_2$ \hfill (2)

解方程组得：$l_1 = -1$，$l_2 = 2$

商品 1 的价值为负价值，而生产商品的不变资本为 -5，也是负价值，从剩余价值来看，每单位劳动的实际工资等于 $1/2 \times (-1) + 5/6 \times 2 = 7/6$，则 m = 1 - 7/7 = -1/6，剩余价值也为负数[①]。

很显然，在这里，正的利润率和负的剩余价值并存，因而斯蒂德曼得出结论："我们的结论是，在复合生产条件下，当我们采用马克思关于价值可以相加的定义时，正数剩余价值既不是利润为正数的必要条件，也不是充分条件。"[②] 尽管后来，霍伍德和金用边际方法对负价值和正利润率进行了解释，但是，在西方许多学者的眼里，这并没有消除负价值和负剩余价值的出现对劳动价值论的动摇，特别是当利润率为正值时，负剩余价值与正利润率的并存，动摇了马克思主义者所说的剩余价值是利润的来源这一基本定理。

[①] 参见［英］伊恩·斯蒂德曼著，吴剑敏、史晋川译：《按照斯拉法思想研究马克思》，商务印书馆 1991 年版。

[②] ［英］伊恩·斯蒂德曼著，吴剑敏、史晋川译：《按照斯拉法思想研究马克思》，商务印书馆 1991 年版，第 154—155 页。

　　森岛通夫和英国学者卡特福斯则认为，斯蒂德曼从"数学练习"中所得到的负价值和剩余价值是虚假的，它们与马克思的价值和剩余价值完全无关，为了从数学上解决这个问题，他们认为，必须对价值进行重新定义：一、商品的价值不应该由生产它所耗费的平均劳动量来决定，而应该由生产它的最小劳动量来决定。二、商品的价值量不再是可以相加的。但是，这样就根本改变了马克思的劳动价值理论，而不是发展它。

　　2. 对西方学者有关观点的评析

　　在联合生产问题上，西方学者在某些方法上并非没有可取之处，但是，总的看起来，他们的论点、论证都存在错误。斯拉法、斯蒂德曼之所以提出了负价值问题，根本原因在于用纯粹数学方法分析经济中的数量关系，但是，我们知道，任何数量分析都必须从现实存在的经济关系出发，如果脱离现实数据，用数学进行抽象，那么，从形式上就无法保证所得的结果都是正数，而负价值在现实经济学中毫无意义，也不可能存在。另外，斯拉法和斯蒂德曼所求得的商品价值量并不是社会价值，而是个别价值，这样，在他们的公式中，就不能用 l_1 和 l_2 来表示商品 1 和商品 2 的价值，方程组也就不成立，而求得的商品价值既不是生产方法 1 的个别价值，也不是生产方法 2 的个别价值，而是两者的加权平均。

　　森岛通夫的解释则走入另外一个极端。马克思认为，商品的价值量由生产它的部门的平均劳动量决定，（或商品主流量的个别价值决定），而只有在特殊的组合下，才由该部门的最好和最坏生产条件决定，很显然，后两者只是特例，而森岛通夫把马克思所说的最小劳动耗费这个特例中的一个上升为普遍，这样就从根本上抛弃了马克思劳动价值论的核心内容。如果按照他的思路进行下去，那么超额剩余价值和超额利润都不存在，这不仅不符合资本主义现实，而且，马克思的剩余价值理论和价值规律理论也不能成立，那马克思经济学还有什么需要捍卫的呢？进一步看，如果按照森岛通夫的价值定义，商品的价值不能相加，那么，价值如何由平均劳动量来决定？产品的价值量如何理解为不变资本和可变资本之和？那么马克思也就没有必要创造性地提出具体劳动和抽象劳动这两个不同的概念，马克思劳动价值理论也就谈不上是科学的变革。可见，森岛通夫的做法实际上是改变马克思的劳动价值论来适应斯蒂德曼的错误结果，这样反而从根本上否定了马克思劳动价值理论。

　　严格地讲，马克思没有专门论述生产复合产品条件下的价值决定问题，但是，这并不意味着马克思的劳动价值论不适用于复合产品的生产。恰恰相反，马克思的劳动价值论是对生产一般的科学概括和分析，它无疑适合于所有生产条件。实际上，商品一生产出来，价值就凝结在其中，无论如何，它只有大小之分，没有正负差别。但是，商品的价值要实现，必须通过交换，价值在交换中得到实现。而且，这个价值的衡量不是由个别劳动时间决定而是由社会必要劳动时间决定。如果要准确知道复合产品各自的价值，可以把该生产过程中的各个商品拿到市场上进行交换就可以得到证明。或者根据若干具有平均生产条件的复合产品的生产建立一个联立方程式，求解后就可以得到。西方有些学者所讨论的问题实际上不是复合产品的社会价值决定问题，而是个别价值的决定问题。而这样做既没有必要，也不可能达到目的，相反，有可能引起对马克思的价值的误解。

四、非线性折旧条件下商品价值量如何决定的问题

按照马克思的劳动价值理论，总资本按其在价值增值中的作用看，可以分为不变资本和可变资本；而按照其周转方式划分，又可以分为流动资本和固定资本。固定资本是指参与多个生产过程，而每一次只转移其部分价值到新产品中去的资本，而流动资本是指其价值一次就转移完毕的资本。一般说来，生产资料中有一部分属于固定资本，如机器设备等，而可变资本和不变资本的原料、燃料等一般属于流动资本。商品的价值就等于流动资本的价值加上固定资本的折旧部分的价值再加上剩余价值。西方一些学者认为，马克思的劳动价值论是建立在线性折旧的假设基础上，每年的折旧额是相等的或确定的，因此，价值就是可以明确计算的；但是由于科学技术的发展、市场的变化以及其他因素的影响，今天的实践已经证明了固定准备的折旧是非线性的，年折旧额是非固定的和不确定的（包括有形损耗和无形损耗），那么，商品的价值是否是确定的？如果能够确定，它的价值如何计算？这是当代西方学者提出的又一个新问题。

1. 西方学者的几种观点

西方学者普遍认为，古典学派、新古典学派、马克思在固定资本折旧上都采用存量（stock）计算方法，即根据固定资产的使用年限，按一定的比例把其价值转移到新产品价值中去，剩下的就是存量。但是，由于实践证明固定资本的折旧是非线性的，那么这种方法就不适用。因而美国著名的数理经济学家冯·诺伊曼在 1930 年就提出了取代存量计算方法的流量簿记法（flows），即在每一个生产期间，固定资本作为投入，当一个生产期间完成后，固定资产的未转移的部分作为这个生产时期的产出（或副产品）。在下

一个生产期间开始时，又作为固定资产投入下一个生产时期。这种方法实际上是把存量当做生产的复合产品，因而折旧问题在一定程度上就变成了联合生产的问题。这种方法被称为"冯·诺伊曼革命"据说，这种方法有几个好处：一、老方法仅仅根据物质寿命定折旧，而新方法则根据经济寿命定折旧，因而更能准确反映现在新技术条件下无形损耗和固定资产的状况；二、新方法能够反映固定资产在时空上的差异和不同的生产效率，而老方法则不能反映非线性生产效率问题，并且还会生产负价值或负折旧；三、新方法能够反映资本存量的年龄构成，而老方法不能。由于这种方法具有一些特点，因此，它为西方一些学者所推崇。

英国学者斯蒂德曼则更进一步。他认为，马克思的线性折旧理论存在着问题。他说，如果依据马克思的理论，通过数理分析，就会得到两个后果，一是价值不确定，二是负价值。他在《斯拉法以后的马克思》一书中提出如下例子。他假设社会生产是简单再生产，机器的使用寿命为 3 年，产品为玉米和机器，见下表：

	玉米	新机器	旧机器	劳动	产出	玉米	新机器	旧机器
第一年	1	0	0	5		0	5	0
第二年	9	5	0	10		10	0	5
第三年	15	0	5	25		25	0	0
总计	25	5	5	40		35	5	5

从表上可以看出，第三年的效率比第二年高，因为从玉米的投入产出和机器与玉米的投入产出比可以知道（因为 15/25 小于 9/10，而 5/25 小于 5/10）。

从社会来看，两年的净产出量为 $35 - 25 = 10$ 个单位玉米，劳动量为 40 个单位，假设 l_c、l_n 和 l_o 分别为玉米、新机器和旧机器的价值，则，$10l_c = 40$，$l_c = 4$。

那么，第一年 $l_c + 5 = 5l_n$，则 $l_n = 1.8$

如果机器的使用寿命为 3 年。

如果按照马克思理论，机器的折旧率为 50%，则 $l_o = 1/2 l_n = 0.9$

那么，

$$9l_c + 5 \times 0.5 + 10 = 10l_c$$

解得 $l_c = 14.5$　　　　　　　　　　　　　　　　　　　　(1)

$$15l_c + 5 \times 0.9 + 25 = 25l_c$$

解得 $l_c = 2.95$　　　　　　　　　　　　　　　　　　　　　(2)

这样就出现了三个玉米价格，马克思的价值惟一性就不存在了。

另外，斯蒂德曼还指出，如果依马克思的观点，$l_n = 0.9$，而依冯·诺伊曼方法，则 $l_o = 3$，l_o 大于 l_n，即新机器价值小于旧机器价值，因而折旧就为负值。

斯蒂德曼还指出，如果换一些数据，假设机器的生产效率下降，那么，计算的结果仍然存在负价值的问题[①]。

当然，除了斯蒂德曼以外，森岛通夫、霍伍德和金也对马克思的折旧理论进行了质疑，他们大多认为马克思的线性折旧既不符合现实，又不能解释非线性折旧条件下价值决定问题，主张修改或抛弃马克思的折旧理论。

2. 对西方学者有关观点的评析

首先，西方学者认为马克思否定非线性折旧的观点并不符合马克思的原意。的确，马克思在论述折旧时都是假设它是线性的，但是，这并不意味着马克思认为折旧就一定的线性折旧，相反，马克思在多处承认非线性折旧的存在。比如，马克思在他的《资本论》中曾考虑过固定资本存在不同的使用寿命和不同的折旧率，并且探讨过它们在使用期限内的生产效率的变化，马克思甚至探讨了有形损耗和无形损耗的问题（无形损耗一般属于非线性折旧）。他曾经指出："首先是不断实行的改良，这会相对地减低现有机器、工厂设备等等的使用价值，从而减少它们的价值。这个过程，特别是采用新机器的初期，具有强烈的作用，那时机器尚未到达一定的成熟程度，因而在它还没来得及把它们的价值再生产出来以前，就不断变得陈旧了。……当机器、建筑设备、一般固定资本达到一定的成熟程度，至少它们的基本结构可以在较长时期内保持不变时，由于这些固定资本再生产方法上的改进，类似的贬值现象也会出现。"[②] 对此，斯蒂德曼也是承认的。只是由于折旧的情形十分复杂，为了便于揭示价值的本质，马克思把折旧抽象为线性折旧，即把每年转移到新产品中去的固定资本的价值看做是一定的和相同的。而且，从当时的现实来看，马克思的做法也无可厚非，因为，厂商一般是按照固定资本的价值和估计的使用寿命，逐年平均提取折旧费用的，而且，在第二次世界大战以前，美国等主要资本主义国家的税法也规定采用直线折旧法（straight-line depreciation）。直到1954年，为了提高利润刺激投资，美国才改变税制，要求在机器不同使用时

---

① I. Steedman, Marx after Sraffa, London, 1977.

② 《马克思恩格斯全集》第 25 卷，人民出版社 1974 年版，第 130—131 页。

期提取不同的折旧费，一般来说，初期多提折旧费，以后逐渐减少。

其次，无论是线性折旧还是非线性折旧，对劳动价值论并没有太大的影响，因为，商品的价值是由 c + v + m 三部分组成的，线性折旧与否只是涉及到 c 的一部分，也就是固定资本转移的大小问题，并不涉及到 m 来自于劳动，不管怎么折旧法，都没有改变劳动是价值和剩余价值的惟一源泉这个结论，那么，马克思的目标也就实现了。

最后，我们必须承认，冯·诺伊曼的方法对于估算固定资本价值折旧有重大的参考价值，马克思以前在评价托伦斯上校时就肯定过该方法，并曾经使用过该方法。但是，这个方法与马克思的劳动价值论并不矛盾，它只是一种计算商品价值量的方法，而马克思的理论是揭示价值的本质，如果用这个方法去否定马克思的理论，显然没有对上号。而斯蒂德曼的论证则更加错误。第一，斯蒂德曼的结论不符合现实。一般来说，某一个生产过程中从固定资本中转移过来的价值只能大于或等于零，而不能是负数，而且，旧机器无论怎么折旧，其价值总是大于或等于零，而不可能为负数。第二，斯蒂德曼提出的方程组不能成立。因为，商品的价值取决于社会必要劳动时间，而不是个别劳动时间，而斯蒂德曼的三年生产条件并不相同，因此，求得的仅仅是个别价值，而非社会价值，三者不同属于正常现象。由于斯蒂德曼不能正确理解马克思的劳动价值论，不能区分个别价值与社会价值，因而，导致出现价值不确定和负价值的问题，斯蒂德曼不从自己的前提中找问题，而把错误归结到马克思，这毫无疑问没有真正批判倒马克思，他所列举的例子中玉米具有三个价值也就不能构成对马克思劳动价值论的批判根据。

五、价值向生产价格转化问题

价值向生产价格的转化问题又称为价值转形问题（transformation problem），它是马克思劳动价值论中引起争议最大、持续时间最长的一个话题。早在马克思《资本论》第一卷发表之后，庞巴维克就对它进行了质疑，马克思的《资本论》第三卷发表后，资产阶级经济学家就群起而攻之，掀起了理论界争议的第一次大高潮。争论的焦点是：商品是按照价值还是生产价格进行交换？价值和生产价格是否背离？价值规律与生产价格规律是否存在矛盾？不过，就当时的争论来看，无论是马克思主义经济学者还是资产阶级经济学者都没有对总剩余价值和总利润相等、总价值和总生产价格相等提出质疑。20 世纪四五十年代，经济学界出现了争议的第二次高潮，这个问题就突出出来了。斯威齐在他的《资本主义发展理论》一文中指出："马克思在价值转化为价格的路上只走了一半。"并且，斯威齐全面地介绍了鲍特基维茨的解法，从而引起许多学者的反响，其中比较突出的有温特尼茨、米克、塞顿以及日本学者置盐信雄等。他们试图以更加完善的方式解释这个问题，但是似乎没有成功。第三次高潮发生在 20 世纪 70 年代，萨缪尔森率先挑起论战，多布、米克、斯蒂德曼、伊滕诚等参与了争论，他们侧重于论证和批判马克思的论证是否完整，两个等式是否成立。这个阶段的高潮虽然已经过去，但是，争论还没有结束。

对价值向生产价格转化的问题其实可以归结到两个方面：一、按照价值规律，商品的价值量由不变资本、可变资本和剩余价值三部分构成，商品以价值为基础，进行等价交换；而依照生产价格规律，商品的生产价格由成本价格和平均利润构成，商品以生产价格为基础，进行交换，如果生产价格和价值不等，那么，商品交换以什么为基础，是否存在生产价格规律与价值规律的矛盾？二、从马克思的转化过程看，作为生产资料和劳动力的商品是以它们的价值购买的，因此，总价值与总生产价格、总利润与总剩余价值是相等的，但是如果严格地计算，生产资料和劳动力应以生产价格来购买，那么，这两个等式是否依然成立？如果不成立，马克思的价值转形理论是否正确？不过，从争议的实际情况看，这两个问题往往是合二为一的。

1. 萨缪尔森、斯蒂德曼等在价值转形问题上对马克思主义劳动价值论的挑战

利用转化问题来反对马克思劳动价值论的现代资产阶级学者中，萨缪尔森和斯蒂德曼是其中比较有影响的人物。1971 年萨缪尔森发表了《理解马克思的剥削概念：马克思的价值与竞争价格之间所谓转化问题的概述》一文，系统地攻击马克思的转化理论。在该文中，他提出四个问题：第一，马克思关于价值转化为生产价格的分析在逻辑上是不一致的。萨缪尔森认为，在第一卷中，马克思把不变资本既按价值计算，而在第三卷中同时又按价格计算，并且在转形时，马克思仍旧把不变资本以价值来计算而没有把它转化为价格。第二，价值转化为生产价格的惟一可行的条件在现实中是不存在的。萨缪尔森认为，在各个部门资本有机构成相等的情况下，价值和竞争价格没有矛盾，而且，就是在不变资本和可变资本具有相同的内部构成，即各个生产部门不变资本和可变资本分别又同样比例的商品构成的情况下，价格与价值也一致，那么，价值转形问题就是一个多余的问题。第三，与其说生产价格是从价值转化而来，不如说价值是从生产价格转化而来的。萨缪尔森指出，根据马克思关于价值转化为价格的表格，很容易从价格逆转到价值，从利润逆转到剩余价值，

然后根据总剩余价值和总可变资本求出剩余价值率。第四，从对生产价格的分析来说，价值的分析是多余的。萨缪尔森还认为，由于在马克思的转化理论不能得出总剩余价值和总利润、总价值和总生产价格相等的结论，因此他主张直接分析利润和价格得出生产价格。

严格地讲，萨缪尔森的观点不值得一驳，但是由于其在学术界的影响，因此，我们有必要仔细分析其错误之处。实际上，萨缪尔森的根本错误在于，他没有掌握和理解马克思的科学抽象方法，因而不能区分劳动的价值和劳动力的价值。马克思曾经说过，"分析经济形式，既不能用显微镜，也不能用化学试剂。二者都必须用抽象力来代替。"① 马克思正是从具体的经济现象出发，通过科学的抽象再回到具体的经济现象，从而实现了经济学的革命性变革，而萨缪尔森数量分析恰恰是停留在经济数量关系等表象，因此，不能得出价值等实质东西。马克思还说过，如果事物的表现形式和事物的本质直接合二为一，一切科学都成为多余的了。萨缪尔森之所以认为价值分析是多余的原因大概就在此。

斯蒂德曼以斯拉法的理论为根据，对价值转形问题进行了分析，他指出，马克思的转形理论存在三个问题：第一，马克思的利润率不是现实的利润率。因为，马克思在分析不变资本、可变资本、剩余价值时多用价值来表示，由于价格常常偏离价值，因此，利润率在现实和理论中也存在差距。但是，在现实生活中，人们考虑问题的出发点是以价格出现的利润率，平均化的利润率是看不见的。马克思的利润分析在现实经济中并非有意义。第二，从价值中不能求得利润和生产价格。因为，按照马克思的转化理论推导，价值利润率和货币利润率是不同的，价值是一个本质的东西，利润和生产价格是用价格来表示的，两者不属于同一个系列。第三，不必通过价值分析就可以决定利润率和生产价格。斯蒂德曼认为，可以像斯拉法一样通过对实物生产条件和实物工资进行分析得到利润率和货币价格，而不涉及劳动价值论，因而主张用商品价值量来代替劳动价值论。在这里，斯蒂德曼犯了萨缪尔森同样的错误，把经济分析拘泥于描述经济现象、为资产阶级服务。如果以这种标准来分析经济现象，显然不可能揭示经济规律的，也很难理解马克思的劳动价值理论。

2. 鲍特基维茨的解法及对其评析

对价值转形问题提出质疑和指出解决方案的除了以上两个代表性的人物

---

① 马克思：《资本论》第 1 卷，人民出版社 1975 年版，第 8 页。

外，还有其他许多学者。其中比较出名的是鲍特基维茨，他提出的解法经过温特尼茨和塞顿的补充后达到高峰。下面我们首先讨论鲍特基维茨的解法。

鲍特基维茨在《马克思体系中的价值计算和价格计算》以及《论〈资本论〉第三卷中马克思的基本理论体系的改正问题》文章中系统地阐述了他的解法[①]。他把社会生产划分为三个部门，Ⅰ是生产资料的生产部门，Ⅱ是工人的消费资料生产部门，Ⅲ是资本家的奢侈品生产部门，并假设社会生产是简单再生产，生产资料一次转移完毕，那么得到如下方程组：

$$\begin{cases} Ⅰ\ c_1 + v_1 + s_1 = c_1 + c_2 + c_3 \\ Ⅱ\ c_2 + v_2 + s_2 = v_1 + v_2 + v_3 \\ Ⅲ\ c_3 + v_3 + s_3 = s_1 + s_2 + s_3 \end{cases}$$

如果把不变资本和可变资本的价值转化为生产价格，那么两者的偏离可以一个转换系数来转换，假设 X、Y、Z 分别为生产资料、消费资料和奢侈品的转换系数，r 表示平均利润率率，三则方程组变为：

$$\begin{cases} Ⅰ\ (c_1X + v_1Y)\ (1+r) = (c_1 + c_2 + c_3)\ X \\ Ⅱ\ (c_2X + v_2Y)\ (1+r) = (v_1 + v_2 + v_3)\ Y \\ Ⅲ\ (c_3X + v_3Y)\ (1+r) = (s_1 + s_2 + s_3)\ Z \end{cases}$$

由于有四个未知数，鲍特基维茨就假设部门Ⅲ生产黄金，黄金作为货币转化为商品后价格和价值不变，即 $Z = 1$，那么，只要代入 c_1、c_2、c_3，v_1、v_2、v_3，s_1、s_2、s_3，就可以得出 X、Y 和 r 值。

为了验证转化是否能够进行，鲍特基维茨列举了按价值计算的表（1）。

表（1）

	不变资本	可变资本	剩余价值	产品价值
Ⅰ	225	90	60	375
Ⅱ	100	120	80	300
Ⅲ	50	90	60	200
合计	375	300	200	875

把表（1）的数据代入方程组，得 $X = 32/25$，$Y = 16/15$，$r = 1/4$，如果把价值转化为生产价格，就得出以生产价格体系计算的表（2）。

---

① 参见 L . V. Bortkiewicz, on the correction of Marx's Fundamental Theory Construction in the Third Volume of Capital.

表（2）

	不变资本	可变资本	剩余价值	产品价格
Ⅰ	288	96	96	480
Ⅱ	128	128	64	320
Ⅲ	64	96	40	200
合计	480	320	200	1000

通过对比两表，我们发现，总利润等于总剩余价值，但是总价格大于总价值。对此，鲍特基维茨的解释是由于生产黄金的部门Ⅲ的资本有机构成较低，在黄金的价值转化为价格之后，它的价格低于价值，而在假设中，$z=1$，这样就提高了以黄金表示的商品的总价格，使得总价格大于总价值。

应该说，鲍特基维茨用数学方法论证价值转形问题是具有一定的借鉴意义，他的论证仍然存在一定的问题，第一，他假设社会生产部门只有三个，而且生产属于简单再生产，这种抽象在方法论上是可行的，但是，如果要具体论证价值转形问题似乎太简单，应该考虑扩大再生产和多个生产部门才具有普遍意义。第二，鲍特基维茨假设部门Ⅲ的资本有机构成与整个社会平均有机构成一致的假设不仅不符合现实，而且可能导致数值的不准确，更重要的是，如果用这种特例分析价值转形问题是难以让人信服的。第三，鲍特基维茨的计算并没有证明马克思的两个相等，相反，就是在假设黄金生产的资本有机构成等于社会平均的资本有机构成这个特例下，鲍特基维茨只能得到总利润等于总剩余价值这样一个等式。这表明，鲍特基维茨的解法并没有从根本上解决问题。最后，也是最重要的一点是，鲍特基维茨完全误解了马克思的转形理论，因为，马克思在分析时抽象掉了货币因素，而假设商品供求平衡。然而鲍特基维茨在论证时却引入了货币，这样，他论证的就不是价值向生产价格的转形，而是价值向价格的转化。显然，这种做法割断了价值体系和价格体系的经济学联系，而纯粹追求两者之间数学关系，因而不能真正解决问题。

以后温特尼茨为完善鲍特基维茨的解法，提出了一些补充意见，主要是他把简单再生产扩大到扩大再生产，撤销了 $z=1$ 的假设，增加了总价值等于总价格这个等式。尽管这样做比鲍特基维茨前进一步，但是他仍把价格和生产价格混为一谈，而且，温特尼茨在论证时，把要证明的结果当做前提，因而论证的就不再是价值转形问题。后来塞顿进一步把生产部门扩大到三大部类 n 个部门，尽管他的解法在形式上更加完美，但是，由于他的解法需要的条件同鲍特基维茨一样不具有普遍性，因此，这个问题仍然没有能够解决。可见，鲍特基维茨等人的解法存在着一定的问题，我们可以借鉴，但是不能照搬，必须结合经济实际，进行科学的抽象和论证，只有这样，才有可能真正解决价值转形问题。

3. 对价值转形问题的几点看法

首先，价值转形问题是马克思劳动价值理论中重要的一环，也是价值发展的必然阶段，古典政治经济学之所以破产，其中一个重要原因就是没有解决价值规律和等量资本获得等量利润之间的矛盾。马克思在创造性地划分了不变资本和可变资本的基础上，分析了剩余价值转化为利润、利润转化为平均利润、价值转化为生产价格等一系列过程，终于解开了古典政治经济学的死结，实现了价值理论的科学变革。从揭示利润、平均利润的本质这个目标看，马克思基本完成了，因而他的价值转形问题也基本上是完整的。

其次，马克思对价值转形问题中存在的问题认识得十分清楚。他一再强调："必须记住，如果在一个特殊生产部门把商品的成本价格看做和生产该商品时所消费的生产资料的价值相等，那就总可能有误差。"[1] 由于马克思主要关心的是价值和生产价格之间的内在联系和逻辑关系，因此，对转化的量的关系以及生产成本没有生产价格化没有进行深入的分析，但是，他明确指出："对我们现在的研究来说，这一点没有进一步考察的必要。"[2] 可见，一些学者攻击马克思转形理论忽视生产成本生产价格化是不符合马克思的原意的，也是没有任何根据的。

最后，我们应该重视数量关系的研究。由于我们所处的社会背景和环境与马克思的不同，马克思抽象掉的东西在我们今天看来已经无法回避：一方面，西方学者对它已经提出了质疑，我们不能视而不见；另一方面，经济学研究越来越倚重于定量分析，如果不使马克思的理论在性质和数量、形式和内容上更加精确和完善，我们不仅不能揭示生产价格和价值之间真正联系和本质，而且即使揭示了也难以让人信服。只有对马克思的理论进行准确的定性定量分析，我们才能把马克思的理论向前推进一步，这也符合马克思分析问题的方法。

第三节　我国学者关于马克思主义劳动价值论的探讨

我国学者关于马克思主义劳动价值论的研究始于解放前，他们在译介马克思的理论同时也加入了自己的理解和看法，但是，对其进行大规模的研究却是

---

[1] 《马克思恩格斯全集》第 25 卷，人民出版社 1974 年版，第 185 页。
[2] 同上。

出现在解放以后，并在研究中形成了四次大的讨论高潮。在研究的过程中，一些学者提出了许多有创造性观点，加深了我们对马克思主义劳动价值论的认识和理解。但是，在讨论中，也流露出某些不太正确或科学的论点和倾向，值得我们关注和反思。

一、1956 年的大讨论

关于马克思的劳动价值论的讨论的第一次高潮出现在 1956 年。当时我国正在进行三大社会主义改造，对于社会主义制度是否存在商品生产和价值规律，学术界存在着一些分歧，许多学者著文进行讨论。一部分人认为，社会主义不存在商品和价值，因而也就不存在商品生产和价值规律；另一部分人则认为，社会主义阶段同样存在商品和价值，价值规律仍然起作用，并主张利用价值规律为社会主义经济建设服务。

但是，如何认识和利用价值规律，学术界争议仍然很大，争论焦点主要集中于如下几点：（1）价值规律的含义。对这个问题，学术界有三种看法：第一种是价值规律是价值决定的规律，它不包含等价交换原则，因为任何社会都有计算劳动的问题，因而价值规律在任何社会都存在并发挥作用；第二种看法是价值规律是商品交换的规律，商品交换是按社会必要劳动时间进行的，因此只有商品社会才存在价值规律，原始社会和未来的社会主义社会和共产主义社会自然就没有价值规律存在；第三种看法是价值规律是商品生产和商品交换的规律，它贯穿于生产和交换两个过程。（2）对价值规律作用本性的不同理解。一些人认为，价值规律作用有积极方面和消极方面两重性，一方面它通过竞争提高了劳动生产率，另一方面它引起了商品生产者的两极分化；另一些人则认为价值规律不存在两重性，它是客观的，只能说在什么条件下对我们有利或不利；还有人认为规律本身没有自觉或自发作用的问题，它永远发挥作用，关键在于人是否认识到它。还有人认为价值规律有具体和抽象之分，抽象是指社会必要劳动时间决定价值，但在不同社会，由于经济条件不同，价值规律也有不同的作用，其具体表现形式也不一样。（3）对价值规律调节作用和影响作用的不同理解。一些人认为调节作用与影响作用不一样，另一些人则认为这两种作用是一样的。另外学术界对价值规律的作用范围也有不同看法，一些人主张价值规律只在流通领域起作用，而另一些人认为价值规律在生产与流通领域都起作用；一些人认为价值规律只在生活资料的生产和交换中起作用，而另一些人则主张价值规律在社会主义生活资料和生产资料的生产和流通都起调节作用。（4）价值规律与国民经济有计划按比例发展规律的关系。一些人认为，两种规律是互相排斥的，社会主义只存在国民经济有计划按比例发展规律而不存在价值规律；而另一些人认为，两种规律共同发挥作用，但不表现为此消彼长；还有人认为，两个规律是对立统一的关系。（5）关于价值规律的命运问题。一些学者认为，价值规律是商品生产和商品交换的经济规律，它要求商品交换是按社会必要劳动时间进行的，因此，只要存在商品经济，价值规律就存在并发挥作用。另一些学者则认为，价值规律是价值生产的规律，只要社会存在着核算问题，就存在价值规律，无论是社会主义还是共产主义，价值规律都存在并发挥作用。

这次讨论，学术界还对我国价格构成与价格政策问题也进行了热烈的探讨。孙冶方发表的"把计划和统计放在价值规律的基础上"一文在某种程度上对该次争议进行了总结，有力地推动和深化对劳动价值论的认识。这次讨论一直持续到1965年，不过，后期讨论的话题已经从单纯的经济规律转到关于经济核算和经济效果问题的讨论，但是它们无疑是价值规律作用问题讨论的具体化，这次讨论鲜明地提出首先按价值规律办事以及利润是经济核算指标体系的中心指标的观点，它是对前一阶段讨论的深化和发展。

二、50年代中期的大讨论

第二次讨论是50年代中期关于两种含义的社会必要劳动时间的争论，这次讨论已延续了半个世纪，直到今天仍然有零星的反响。学者们对社会必要劳动时间的内涵、社会必要劳动时间的分类以及哪种社会必要劳动时间决定价值进行了探讨，并形成了各种不同的意见。

首先，学术界对社会必要劳动时间的含义进行了讨论，一些学者认为，社会必要劳动时间是劳动时间在该部门内的算术平均化，即把该部门的所有的产品总量加起来同该部门的劳动时间总量进行平均，这就形成了单位产品的社会必要劳动时间。另一些学者则不赞同这种观点，他们认为，平均化不是绝对平均，而是根据社会大多数产品的生产条件来决定，因此，这种平均化可以分为三类，即平均的、低位的和高位的三种形态。在不同的市场情况下，采取不同的平均方式。

其次，他们对是否存在两种社会必要劳动时间和社会必要劳动时间与价值的关系进行了热烈的讨论，这次讨论一直持续到八九十年代，并形成了三种主要观点。

第一种观点认为，不存在两种含义的社会必要劳动时间，价值只能由第一种含义的社会必要劳动时间决定，而不能同时或只是由第二种含义的社会必要劳动时间决定。这种观点的主要论据有：（1）马克思从来没有把社会必要劳动时间区分为两种含义，这种区分是学术界为行文的方便而提出来的。（2）所谓第二种含义的社会必要劳动时间实际上是指马克思所说的另一种意义上的社会必要劳动时间，它只是与价值的实现有关，而与价值决定无关。（3）所谓第二种含义社会必要劳动时间价值论，是把供给与需求引进来，是十足的流通决定论，主张两种社会必要劳动时间决定价值，理论上很容易走到否定劳动价值论的境地。（4）所谓第二含义的社会必要劳动时间，也就是所谓第一含义的社会必要劳动时间。两者具有同一含义，都是指在现有的社会平均生产条件下，某种商品的生产与社会需求总量一致时生产商品的社会必要劳动时间。因此，不是两种含义的社会必要劳动时间共同决定商品价值，而只有一种含义的社会必要劳动时间决定商品价值。马克思在《资本论》第三卷中明确地点明了商品供求总量一致这个前提，而在第一卷中只是隐含着这个前提而已①。

第二种观点认为，存在两种社会必要劳动时间。但是，马克思的两个社会必要劳动时间是矛盾的，第一种是供给决定论，而第二种的需求决定论。两者之间会"发生不可解的逻辑矛盾"，使自己陷入绝境②。

第三种观点认为，马克思理论中存在两种社会必要劳动时间，并且价值由两种含义的社会必要劳动共同决定。这种观点的论据主要有如下几点：（1）这种观点既符合恩格斯关于"价值是生产费用对效用的关系"的论述，也符合马克思关于价值的本质规定。否定两者的共同作用，就会自觉不自觉地陷入了供给决定论或需求决定论。（2）在商品经济条件下，由于供求之间不存在必然联系，两种社会必要劳动量往往不一致，价值规律的作用就使二者相适应，从而成为按比例分配社会劳动的实现形式。（3）社会必要劳动Ⅰ不只是关系到价值的实现，它同时也是社会必要劳动Ⅱ调整的基础，从而是该商品价值总量赖以确定的基础。社会必要劳动Ⅰ反映同一部门内部商品生产者之间的竞争关系，社会必要劳动Ⅱ反映不同部门商品生产者之间的交换关系。两种含义的社会必要劳动时间是统一于商品交换和商品生产过程之中的。在两者的统一中，第二种含义的社会必要劳动时间处于主导地位。（4）两种社会必要劳动时间实际上是同一概念的两方面形式规定，是同一个社会必要劳动时间在单位产品和该产品社会总量上所取得的两方面形式规定。它们之间的区别是

①　宋则行：《对"两种含义的社会必要劳动时间"的再认识》，《当代经济研究》1996 年第 5 期。
②　樊纲：《"苏联范式"批判》，《经济研究》1995 年第 10 期。

相对的。第一种形式是以生产的产品供求相等为前提，而第二种形式则是以社会劳动生产力作为既定的前在条件。

　　三、60 年代、70 年代的大讨论

　　60 年代、70 年代的大讨论主要集中于生产劳动和非生产劳动的讨论，也就是说哪个部门或产业是否属于生产性劳动，是否创造价值的问题。在讨论过程中，形成了宽派、窄派和中派三种不同的意见。

　　窄派认为只有从事物质产品生产活动，并创造出物质财富的劳动才是生产劳动，不从事物质产品生产的劳动就不是生产劳动，它的范畴仅仅相当于宽派的第一个层次。

　　中派认为，生产劳动不能只以物质产品生产为限，应该扩大其外延。非物质生产部门的劳动应该和物质生产部门的劳动一样，都是社会总劳动的一部分，都为人类所需要，都能够创造价值。其范围主要包括：（1）生产物质财富的劳动。（2）生产能够直接满足社会消费需要的劳动。（3）从事教育的劳动。（4）生产能满足生产和人的消费需要的精神财富的劳动。（5）为保护环境改善环境而进行的劳动。（6）为了使上述各类生产劳动得以进行和人的消费得以实现而从事产品分配和交换所进行的劳动，但是国家机关的公共管理活动不属于生产劳动。

　　宽派认为所有形式的劳动都创造价值，都是生产劳动，包括国家机关的管理活动。

　　这次讨论并没有形成什么明确的共识，但是，对这些问题的仔细分析加深了人们对马克思理论的了解，为以后进一步探讨打下了坚实的基础。在 20 世纪 80 年代初，该问题再次掀起讨论的热潮，发表于 1981 年《中国经济问题》第一、三期上的"社会主义制度下的生产劳动与非生产劳动"一文和读书笔记"马克思论生产劳动和非生产劳动"是其导火索。这次大讨论，提出了许多种新的观点。比如说，有的学者提出，生产劳动一般限于物质生产领域的劳动，但是，也包括提供不具有物质实在形态的某种能量，提供某种物质性服务和生产性服务的劳动以及体现在物质产品中的一部分精神劳动。有的学者则认为，生产劳动不应该以是否创造物质产品作为判断标准，也不应该以价值为实现方式或产品的购买方式作为判断标准，而应以是否为社会创造具有国民经济统计意义上的社会有效劳动为标准。还有的学者干脆把创造价值的劳动和生产劳动分开，否认它们之间的必然联系，他们认为，生产劳动的第一种定义是从简单劳动过程中得出的，体现人与自然的关系，而第二种定义则是从生产的社会形式中得出的，反映的是资本主义特殊的经济关系。若将创造价值的劳动等同于生产劳动，不仅缺乏合理的根据，而且会造成重大的理论混乱。

四、70年代末到90年代初的大讨论

这个阶段的讨论主要集中于劳动价值论与社会主义经济建设的结合上，它包括两个阶段，第一个阶段出现在20世纪70年代末，其主要的话题是关于社会主义经济中价值规律作用问题。这次讨论着重讨论了计划和市场的关系问题，首次提出了社会主义市场经济的概念。另外，学术界还对社会主义条件下劳动价值论适用性进行了热烈的讨论，从此学术界的讨论开始转向，不再抽象地学术性地探讨商品生产和价值规律作用，而更注重于讨论接近于经济现象层次的市场经济问题。第二个阶段出现在80年代末90年代初，当时学术界展开了计划取向派和市场取向派的论战，由于党的十四大宣告建立社会主义市场经济体制，从而使得长达十几年关于市场和计划问题的论争，从政策意义上讲，终于画上了句号。

20世纪90年代以来，关于劳动价值论的讨论掀起新热潮。随着经济全球化和社会主义市场经济体制的建立所带来的大量的新问题、新现象，极大地推动关于劳动和劳动价值的讨论。其讨论的内容主要集中于怎样看待马克思主义劳动价值论，如何坚持和发展劳动价值论，价值的源泉是一元抑或多元，物化劳动、第三产业是否创造价值，自动化和科学技术与价值的关系，如何理解社会必要劳动时间的含义，等等。与以往的各次讨论相比较，这次讨论不仅涉及的范围广，新观点多，而且具备与以往历次学术讨论不同的鲜明的时代特征，以及理论和实践紧密结合的品性。在这次讨论中，尽管有人出于不同的目的否定或歪曲马克思主义劳动价值论，但是，从总体上看，学术界关于劳动价值论研究和讨论的主流是正确的，即既要坚持劳动价值论，又要在新情况、新条件下深化和发展对劳动和劳动价值论的认识。

第三章

知识经济与马克思主义劳动价值论面临的挑战

第一节 知识经济的兴起

随着第三次科学技术革命的发展，人类社会出现了一种崭新的社会经济方式的萌芽。对这种即将来临的新的社会经济方式，社会各界一直叫法不一，有的叫"知识经济"，有的叫"数字经济"，有的叫"网络经济"，有的叫"智能经济"、"虚拟经济"，还有的叫"后工业经济"，但是，"知识经济"这一称谓曾经一度占主流地位，并在我国和世界各地曾被炒得火热，现在人们一般称这种社会经济方式为"新经济"。随着世界经济危机的爆发，人们现在不再讨论"新经济"，但是，这并不意味着"新经济"的消失，也并不意味着社会变化的消失，我们要想正确理解马克思主义劳动的价值论，必须认清新经济对其带来什么样的挑战和机遇。

一、知识经济的含义

对知识经济的界定，学者们意见不一。最早的正式的定义见诸 1996 年世界经济合作与发展组织（OECD）有关科技和产业发展的报告，该报告认为："知识经济是以知识为基础的经济，知识经济是建立在知识的生产、分配和使用之上的经济。"[①] 该报告把知识分为四大类，即知道是什么（know-what）、知道为什么（know-why）、知道怎样做（know-how）和知道谁有（know-who）。个别学者还认为，知识应包括"在哪里（know-where）和在什么时候（know-when)"[②]。不过，知识经济所讲的知识虽然也包含人类迄今为止所创造的所有知识，但主要是指能够作为一种资源和生产要素并能转化为直接生产力的计算机软件知识、管理和行为知识、科学技术知识等，核心是能够成为经济增长动力、能够带来巨大社会财富的知识。当前学术界普遍认同世界经济合作与发展组织对知识经济概念的界定。各国政要及各界人士也大多持相同看法，如美国

---

① OECD：《以知识为基础的经济》，机械工业出版社 1998 年版，第 16 页。
② 吴季松：《21 世纪的新趋势——知识经济》，北京科学技术出版社 1998 年版，第 16 页。

作家达尔·尼夫在其所著的《知识经济》① 一书中就采用了知识经济一词。但不管其定义如何，其内涵总是一致的，即以知识创新、科技创新、制度创新为基础，社会生产力和生产方式产生某种程度的革命性变革，经济形态出现阶段性质变的社会经济发展阶段。

当前，一些人认为，知识经济就是指知识产业部门，对知识经济的研究就是对知识含量很高的产业经济的研究。这其实是人们认识的一个误区。马克思曾经说过，"各种经济时代的区别，不在于生产什么，而在于怎样生产，用什么劳动资料生产。劳动资料不仅是人类劳动力发展的测量器，而且是劳动借以进行的社会关系的指示器。"② 知识经济从量上看，是指科学技术对经济增长和社会发展的贡献率达到一定的基本水准，即知识和科学技术渗入整个社会经济生活达到这样一种程度，以至于整个经济的发展和社会的进步以知识所起的作用为基本标志，知识改变了传统的资本和劳动力要素，成为经济增长的主要动力源泉和首要因素；从质上看，是指知识经济的出现将会引起经济结构、社会就业、财富分配、管理科学、文化教育、生活方式等方面的一系列变革，因此，考察判断一个社会是否进入知识经济时代，不仅要考察科学技术知识对社会的影响，还要考察知识经济时代社会的基本特征。总之，人类社会正在加速进入的知识经济时代，是一种相对于农业经济时代、工业经济时代而言的崭新的社会经济方式，它不是从社会意识形态的角度划分的，而主要是从生产力和经济的发展程度的角度划分的，它覆盖的范围更宽更广，不仅包含知识产业，而且是指一个统一的全新的包含现代社会各种产业在内的社会经济结构，它的广度和深度远远超越传统的农业经济和工业经济。

二、知识经济思想的形成与发展

1. 马克思等经典作家对知识经济的预测和探索

知识经济就是以一种迄今最发达的生产力即知识生产力为基础的新型生产方式或经济形式。马克思主义、毛泽东思想、邓小平理论一贯重视生产力的革命作用。马克思等经典作家称之为最高意义上的革命力量，并十分关注生产力创新和社会化问题，从这个意义上讲，知识经济理论的渊源可上溯到马克思及其《资本论》第一稿。早在 19 世纪 50 年代，马克思在科学地预见未来共产主义经济形态的基本特征时，就包含着关于知识经济的最早阐述。不过由于时

---

① ［美］达尔·尼夫主编（Dale Neef），樊春良、冷民等译：《知识经济》，珠海出版社 1998 年版。

② 马克思：《资本论》第 1 卷，人民出版社 1975 年版，第 204 页。

代的局限，马克思当时还不可能明确地提出知识经济的概念，只是粗线条地勾勒和天才地预测了与知识经济社会某些特征相类似的一些基本特征。

马克思当时强调精神生产力尤其是知识、智力和科学技术在未来共产主义社会生产力系统的主导地位。这里讲的精神生产力，就是马克思多次强调的"知识形式的社会生产力"、"社会智慧的一般生产力"、"一般智力"和"观念的财富"。

在马克思看来，未来社会是生产力全面发展的社会。这种发展的全面性不仅仅理解为直接生产力、物质生产力的发展，而且还应理解为非直接生产力、精神生产力的发展；不仅仅理解为生产力三要素即劳动者、劳动对象和劳动资料的发展，而且应理解为人口的增长、劳动协作、分工和结合、科学技术、由多数人的头脑进行的全面观察、尽量多的交换中心、生产的多样化、教育，等等。马克思进而指出，精神生产力（或者说，社会生产力获得了知识的形式）在未来社会生产力系统中居于主导和统治地位，而在这以前，自然条件、活劳动、物化劳动等要素曾先后占据过主导或领先地位，而这种知识形态的社会生产力是生产力发展的最可靠最发达的形式，而且是一种特殊的形式。精神生产力作为"观念的财富"，是一般社会生产力、非直接的生产力或潜在的生产力；作为"实际的财富"，则是指知识或科学合并或渗入物质生产过程，从而转化为直接的生产力、物化的智力，也就是说，表现为物化的知识力量、知识和技能的积累、社会智慧的一般生产力的积累，从而使社会生产力获得了知识的形式。马克思甚至科学地预见：共产主义社会的直接生产过程就是"〔知识的〕运用，实验科学，有物质创造力的和物化中的科学"①。毋庸置疑，马克思的这些论述粗略地描述了知识经济社会的基本特征，为以后知识经济理论的提出奠定了理论基础。

知识经济强调人力资本、人的培训和教育的作用。而马克思在《资本论》第一卷中则强调人的全面发展，即个人关系和个人能力的普遍性和全面性，并把它提到未来社会的社会生产方式基本特征的高度。

在马克思看来，社会生产方式即生产力和生产关系这两者是社会的个人发展的不同方面。他反复强调，人是"主要生产力"，"生产力的最高发展"和社会个人的"最丰富的发展相一致"，"表现为生产的财富的宏大基石"的是"社会个人的发展"，而个人意义的发展又作为最大的生产力反作用于劳动生

---

① 《马克思恩格斯全集》第 46 卷（下），人民出版社 1980 年版，第 226 页。

产力，其结果是"创造出社会成员对自然界和社会联系本身的普遍占有"，以及"由此而来的才能总和的发挥"。并且在生产力和生产关系的辩证结合上，马克思得出一个经典的论断：共产主义社会是"以每个人的全面而自由的发展为基本原则的社会形式"①，它消除了生产力和生产关系的对抗性质，而代之以内在的根本适应性。而这时候的人也已完成了从人的依赖性、以物的依赖性为基础的人的独立性到人的全面性的历史性转变。在这个转变中，表现为生产和财富的宏大基石的，既不是人本身完成的直接劳动，也不是人从事劳动的时间，而是日益缩减劳动时间从而相应腾出供个人全面发展的自由时间——这也是人全面发展的物质保证。毋庸置疑，这种人的全面发展理论，其中包括人的发展三阶段论、劳动时间论、自由时间论、时间节约——分配规律，在更高层次和宏大的历史背景上阐发知识经济的又一基本特征。

最后，马克思在《资本论》第一卷和第二卷中，还阐述了社会经济形态和社会生产力发展的普遍规律："新的生产力和生产关系不是从无中发展起来的，也不是从空中，又不是从自己产生自己的那种观念的母胎中发展起来的。而是在现有的生产发展过程内部和流传下来的、传统的所有制关系内部，并且与它们相对立而发展起来的……而它向总体的发展过程就在于：使社会的一切要素从属于自己，或者把自己还缺乏的器官从社会中创造出来。"② 又说，"后一个［生产］形式的物质可能性——不论是工艺条件，还是与其相适应的企业经济结构——都是在前一个形式的范围内创造出来的。"③ 这就为我们研究如何从工业经济中孕育出知识经济提供了方法论原则。

以后的马克思主义者如列宁、斯大林、毛泽东、邓小平也都十分重视生产力和科学技术的发展，并把它们作为社会主义建设的主要任务。列宁曾经指出："必须取得全部科学、技术、知识和艺术。否则，我们就不能建设共产主义社会的生活。"④ 斯大林甚至认为，经济增长的源泉是现代技术，并号召革命青年向科学大进军。我国老一辈无产阶级革命家毛泽东同志也高度重视科学技术和文化知识的作用，他在很多场合都提到科学技术和生产力的问题，1963年毛泽东指出：科学技术这一仗一定要打，而且必须打好；不搞科学技术，生产力就无法提高。邓小平除了继续重申马克思主义关于科学技术是生产力的观

① 马克思：《资本论》第 1 卷，人民出版社 1975 年版，第 649 页。
② 《马克思恩格斯全集》第 46 卷（上），人民出版社 1979 年版，第 235—236 页。
③ 《马克思恩格斯全集》第 47 卷，人民出版社 1979 年版，第 472 页。
④ 《列宁全集》第 36 卷，人民出版社 1985 年版，第 48 页。

点外，还总结了第二次世界大战以来，尤其是 20 世纪七八十年代以来世界经济发展的趋势和新经验，创造性地提出了"科学技术是生产力，而且是第一生产力"的科学论断，把我们对科学技术的认识推进到一个新的阶段。

2. 国外对知识经济的研究

作为一种崭新的社会经济方式，"知识经济"方兴未艾，但是，作为比较系统的理论体系，知识经济的形成和发展却经历了漫长的时期。这一方面是社会经济化、网络化和知识化发展的反映，另一方面是经济学家对知识在经济过程中的作用进行长期研究的结果。

从现有的材料来看，与此有关的经济思想的产生与发展大体经历了三个阶段：第一阶段，从 1912 年熊彼特、1921 年奈特分别提出自己的理论到 20 世纪 60 年代初。在这个阶段，一些经济学家，如凡勃伦、熊彼特、奈特、哈耶克、鲍莫尔和马尔萨克等，在论述自己的经济理论时，都在一定的程度上揭示了知识在经济行为中的作用。第二阶段是 20 世纪 60 年代初至 80 年代中后期，这个阶段为知识经济思想初步形成时期。马克卢普、丹尼森、波拉特和鲁宾等学者从实证角度出发，具体论证和发展了有关知识经济的思想；而西蒙、施蒂格勒、阿罗、罗默和卢卡斯等学者则从规范理论角度出发，探讨了知识经济的一些基本问题，推动着知识经济思想的发展。第三阶段是 20 世纪 80 年代中后期以后，特别是 1996 年以来，在经济合作与发展组织的有关报告以及澳大利亚和加拿大等国有关知识经济研究成果的推动下，知识经济思想开始系统化，这一个阶段属于知识经济思想的正式形成阶段。

英国古典经济学家亚当·斯密在他的代表作《国民财富的性质和原因的研究》①中指出，新的专家阶层对经济作出了贡献，因为他们创造的知识对生产有用。弗里德里克·李斯特则强调基础设施和公共机构的创造和传播知识对提高生产力有重要作用。但他们只是提及到知识作用，但是对知识为什么对经济起作用，并没有进行深入的分析。索尔斯坦·凡勃伦则进一步，在《资本的性质》中明确提出知识的增长是国民财富的主要来源，然而他的论述却十分粗糙和简单没有揭示其内在的作用机制。熊彼特对知识经济的最大贡献在于他的"创新理论"。在他看来，经济活动中存在着一种"循环流"的均衡状态，在这种状态下，没有利润，没有扩大再生产，资本家只获得"管理工资"。但是经济要发展，就要打破经济系统内部的均衡进入另一个均衡，这个

---

① ［英］亚当·斯密：《国民财富的性质和原因的研究》，商务印书馆 1974 年版。

打破均衡的因素就是生产方式的某个领域的创新。它包括五个方面：第一，新产品的生产；第二，使用新型技术；第三，开拓新的市场；第四，寻找新的原材料供应方式和途径并发展新的控制方法；第五，构建新的产业组织形式，即进行制度和组织的创新。其中制度创新和技术创新构成创新的两个主要方面。通常创新活动被其他模仿者仿效而形成创新的扩散，当创新扩散到一定的程度后，形成全社会推动经济发展的一种动力，从而形成经济的周期性波动。尽管熊彼特所说的技术创新含义与当代我们所说的含义大相径庭，但是他的理论强调了知识创新与经济增长的关系，为以后知识创新和国家创新观点的形成奠定了理论基础①。

　　与熊彼特所主张的利润是企业家创新风险的报酬理论不同，奈特认为，利润是在不确定性环境中做出决策的企业家承担不可保风险而获得的相应代价，不可保风险或不确定性是企业家利润的源泉。要想利润最大化，只有降低不确定性，而这主要的途径就是尽可能获取最多的知识。尽管奈特并未清楚地解剖不确定性与知识之间的内在联系，也没有将知识在减少不确定性的过程中发挥作用机制阐述清楚，但他无疑是最早的知识经济学启蒙思想家之一②。在奈特之后，弗里德里希·哈耶克和威廉·鲍莫尔分别从价格体系和福利角度探索了知识和信息在经济中的作用，发展了知识经济的有关思想。哈耶克认为知识是分散在市场之中的，每个人所获得的知识都不是完全的，这种现实要求相应的分散计划和决策来适应，而使这些分散的知识有效地得到传播的惟一机构，就是市场的价格体系。人们可以利用价格和知识进行科学决策，从而实现利润最大化③。鲍莫尔则系统地把信息分为完全和不完全两类，处于不同层次的人掌握的信息量是不同的，人们可以通过不同的传输和处理渠道调整行为（指计划和市场），优化决策，提高利润率和增强竞争力，从而使全社会的资源配置变得富有效率和灵活性④。1959年雅各布·马尔萨克以《经济学评论》为题，讨论了信息对经济学的意义、经济系统的成本与价值、知识与最优化等问题，首次提出"信息经济学"这个概念，它标志着信息经济学的正式诞生。

　　20世纪60年代初，知识经济理论进入第二个发展阶段。美国的赫伯特·西蒙从组织管理的角度分析了经济现象，提出了有限理性假说。西蒙认为，人

---

①　［美］约瑟夫·熊彼特：《经济发展理论》，商务印书馆1990年版。
②　knight, F. H. Risk, Uncertainty and Profit: Houghton Mifflin, 1933.
③　［英］弗里德里希·奥古斯特·哈耶克："社会中知识的利用"，载于《美国经济评论》1945年9月。
④　［英］威廉·鲍莫尔：《福利经济与国家理论》，1952年版。

的处理能力是有限的，真正的稀有资源不是资本，而是人的处理能力①。在他的《组织》一书中，西蒙将信息处理过程划分为四阶段：收集和存储、处理和加工、利用、反馈和控制。西蒙十分强调信息的作用，并对组织中的集权和分权进行了比较。另外，西蒙还对技术对失业和资源的限制进行了分析，并对未来"技术革命"时代的情形进行了简单的描述。美国经济学家弗里兹·马克卢普则根据美国从二战以来至50年代末的社会生产发展和产业结构变化，提出了"知识产业"（knowledge industry）的概念。其外延包括：（1）教育；（2）R&D（研究开发）；（3）传播业；（4）设备；（5）服务。他的代表作《美国的知识生产和分配》客观上成为西方学术界持续长达二十余年的所谓"知识社会"、"信息社会"、"后工业社会"和"电子社会"等各种各样思潮的先导。以保罗·罗默发表于1986年的论文《递增收益与长期增长》和卢卡斯发表于1988年的论文《论经济发展机制》为代表的新增长理论则从规范的角度论述了内生的技术进步是经济实现持续增长的决定因素。自此，大多数新增长模型都着重考察技术进步得以实现的各种机制，考察技术进步的各种具体表现形式：产品品种增加、产品质量升级、边干边学、人力资本积累、知识积累、技术模仿等。对技术进步实现机制的分析是新增长理论的又一大特色。

　　1973年，哈佛大学社会学家丹尼尔·贝尔《后工业社会的来临》一书的出版引起了社会的巨大反响。贝尔认为，前工业社会依靠原始的劳动力并从自然界提取初级资源；工业社会是围绕着生产和机器这个轴心并为了制造商品而组织起来的；后工业社会是围绕着知识组织起来的，其目的在于进行社会管理和指导革新与变革，这反过来又产生新的社会关系和新的结构。

　　1980年，未来学家阿尔温·托夫勒发表了代表作《第三次浪潮》。在这本书中，托夫勒提出了"超工业社会"的概念，并指出："我相信我们已处在一个新的综合时代的边缘。"他甚至预言：随着西方社会进入知识时代，社会的主宰力量将由金钱转向知识。同年，法国名记者和作家让－雅克·塞尔旺－施莱贝尔也发表《世界面临挑战》一书。书中写道，知识是当今世界最重要而又取之不尽的资源，而自然资源与能源在地球上却日趋枯竭。施莱贝尔主张直接运用"知识社会"概念取代"后工业社会"和其他提法。1982年，未来学家约翰·奈斯比特发表《大趋势》一书，从10个方面论述了美国社会发展趋势。他指出："知识是我们经济社会的驱动力"，"经济社会是真实的存在，是

---

① 〔美〕赫伯特·西蒙：《管理决策新科学》，中国社会科学出版社1982年版。

创造生产和分配的经济社会"。1985 年，日本学者界屋太一出版了《知识价值革命》一书，主张以"知识价值社会"取代"后工业社会"。他写道："进入80 年代后，各种技术得到很大的发展，实现了商品的多样化和信息化，因而出现多品种、小批量生产的趋势。这是变革的一种预兆。"① 同年，美国政府授权 Calagary 大学成立"知识科学研究所"（KSI），该所把知识作为体系加以全面地考察，研究知识对社会和经济等各方面的作用过程与转化机制。尽管这个研究所尚未提出"知识经济"这个概念，但在实际上已对知识经济的几乎所有方面作了富有成果的研究，这表明，知识经济的思想已经基本形成。

进入 90 年代以来，以国际互联网等为代表的技术取得重大突破。同时，旨在发挥人的积极性和创造性的"企业重建"运动方兴未艾，这就提出了探索"知识经济"的制度基础的迫切要求。知识经济的发展进入一个新阶段。一批有国际影响的著作相继出台。1990 年 10 月托夫勒出版《权力的转移》一书。该书提出了"知识经济"概念和"以知识为基础的经济"的概念，并对这两个概念进行了解释与说明。美国管理学大师彼得·德鲁克的《后资本主义社会》一书格外引人注目，被列为美国 1993 年度最佳畅销书。德鲁克认为，"知识社会"（他喜欢用比"知识经济"更广义的"知识社会"一词）本质上是"后资本主义社会"，因为经济增长的动力不是传统的投资，而是"知识的运用者与创造者"，知识生产力已成为生产力、竞争力和经济成就的关键，知识已成为首要产业，这种产业为经济提供必要的和重要的生产资源。从目前发现的资料来看，早在 1957 年，美国麻省理工学院经济学家索洛就发现资本投资对美国生产率增长的贡献率只有 1/8，而知识与技术进步是经济增长的主要动力，索洛为此获得了 1987 年诺贝尔经济学奖。90 年代初，美国阿斯奔研究所等单位联合组建探索研究所，在它出版的《1993—1994 年鉴》中，以《知识经济：二十一世纪时代的本质》为总标题，发表了 6 篇论文，审视了"明天社会"的特征和本质，再一次提出了"知识经济"的概念。这些论文明确提出：信息和知识正在取代资本和能源而成为能创造财富的主要资产，正如资本和能源在 300 年前取代土地和劳动力一样。而且，本世纪技术的发展，使劳动由体力变为智力。产生这种现象的原因，是由于世界经济已变成密集型的经济，科学和技术具有独特的经济属性。

1994 年，C. 温斯洛和 W. 布拉马共同出版了《未来工作：在知识经济中

---

① ［日］界屋太一：《知识价值革命》，东方出版社 1986 年版，第 54 页。

把知识投入生产》一书，书中明确提出了"知识经济"和"知识工人"的概念，并对其内涵和外延作了较完整的论述，并指出，"管理智力"是获取和利用高价值的关键，是企业在市场取胜的基本条件和要求。1996 年，世界经济合作与发展组织（OECD）首次在国际组织文件中正式使用了"知识经济"这个概念，并对其内涵进行了界定，至此知识经济的概念及其制度基础才正式确立。1997 年美国总统克林顿在一份报告中正式采纳了"知识经济"一词，并为迎接知识经济采取了一系列举措：如"信息高速公路"，实施 NII 计划、GII计划，颁布电信法，建设网络"免税区"等，这些努力，极大地推动了美国经济的发展，促进了知识经济的早日到来。这表明知识经济已超越了学术探讨的领域而进入到政府决策层面，成为全社会的共识。正是在各国政府的大力推动下，一股知识经济的浪潮迅速扩展到全世界。

3. 我国对知识经济的研究

现在大多数人认为，"知识经济"的概念最早出现在 OECD 的《以知识为基础的经济》的报告中，但是这种认识并不正确。追溯中国自身对知识经济的研究，从目前已掌握的资料来看，最早可能是 1984 年 11 月 26 日段纪宪提出了"知识经济"这个概念。1984 年 11 月 26 日和 1984 年 12 月 3 日，段纪宪在《世界经济导报》上发表了"产业结构·知识与中国现代化"一文，该文多处提到"知识经济"这个概念，并指出：以知识为组织经济生活的主要手段时，社会就从工业经济蜕变为知识经济，而以知识经济为特点的社会，就是知识社会。该文还指出，"在知识经济下，社会劳动者从事以知识为主的脑力劳动，他们是一种知识工人"。1986 年 5 月 17 日，《光明日报》刊登了"论知识劳动的价值观"一文，该文第一次给"知识经济"以明确定义，并指出了知识经济所具有的一些基本特征，可以算得上是一篇较早的也较系统的研究知识经济的学术论文。1989 年 2 月郭强和石倬英在《宁夏大学学报》上发表"现代知识学探微"一文。该文又一次明确提出"知识经济"这个概念，并把"知识经济"看做是"现代知识学"研究的重要内容。1996 年 10 月出版的《知识革命论》中也多次提到"知识经济"，并对它进行了比较深入的研究和论述。

尽管我国较早提出知识经济的概念，但是并没有形成比较完善的理论体系，相反，它的理论和内容通常是以信息经济学的形式出现的。《经济资料译丛》1978 年第 1 期登载了 1976 年美国经济协会《经济文献分类法》中的译文，提出了"不确定性与经济学"概念，自此以后，有关这方面的论文和书籍就陆陆续续地出现，信息经济学的研究如火如荼地开展起来，并出现了两大阶段。第一个阶段是 1978 年至 1989 年，这是我国信息经济学发展的探索阶段，或者说奠基阶段。该阶段的特点：（1）不断翻译和引进吸收国外信息经济学研究成果；（2）传播西方微观信息经济学和宏观信息经济学概念和方法。这个阶段，宏观信息经济学研究受到重视，而微观信息经济学发展缓慢。1989年 8 月，中国信息经济学会在北京成立，标志着我国信息经济学进入第二个发展阶段，中国信息经济学开始突破原有的理论领域，并大力开展与国外信息经济学理论体系接轨的探索工作。中国信息经济学一般理论研究议题主要集中于以下十个方面，即信息经济学的研究对象、内容与学科体系、与其他学科的关系、学科性质、理论出发点、学科任务、基本思路、研究方向、核心问题和一般历史理论；微观信息经济学研究主题则集中于价值、价格、成本、完备与不完备的经济研究、产品消费等六个方面；而宏观信息经济学的研究则注重于经济概念与测度、产业理论、经济测度理论与方法、市场理论以及通信、教育、研究与发展等行业或部门的投入—产出测度与方法。在信息经济学研究的基础上，知识经济研究发展起来了。

90 年代以来，受当代新经济增长理论观念的影响，国内开始将知识作为经济发展要素进行系统的研究。但是，明确地对"知识经济"进行探讨，大约兴起于 1996 年末 1997 年初，1996 年，卢继传发表了"论知识是经济增长的动力"一文，这是我国较早专门研究有关知识经济思想的论文之一[①]，汪丁丁发表的"知识沿时间和空间的互补性以及相关的经济学"[②] 一文则从经济学的角度对知识经济进行广泛的研究和讨论。随后，各大报刊、电台、电视台等新闻媒体及各种期刊、杂志、出版社也纷纷发布有关知识经济的内容和消息，在全国形成一股"知识经济热"。1998 年 2 月 4 日江泽民同志在中国科学院"迎接知识经济时代，建设国家创新体系"报告上批示："知识经济、创新意识对于我们 21 世纪的发展至关重要。"[③] 同年 5 月 4 日，江泽民在庆祝北京大学建校 100 周年大会的讲话中指出："当今世界，科学技术突飞猛进，知识经济已初现端倪，国力竞争日趋激烈。"[④] 同年 6 月 1 日，江泽民在会见中国科学院第九次院士大会、中国工程院第四次院士大会部分院士时又强调："世界

[①] 卢继传："论知识是经济增长的动力"，《人民日报》1996 年 3 月 12 日。
[②] 汪丁丁："知识沿时间和空间的互补性以及相关的经济学"，《经济研究》1997 年第 6 期。
[③] 江泽民："迎接知识经济时代，建设国家创新体系"，《人民日报》1998 年 6 月 10 日。
[④] 参见《人民日报》1998 年 5 月 5 日。

科学技术的发展日新月异，知识经济已初现端倪。知识经济的基本特征，就是知识不断创新，高新技术迅速产业化。"① 国务院前副总理李岚清也指出，知识经济时代的根本任务，首先是知识的创新和传播，对此，高等院校和科研院所发挥着不可替代的作用。中国科学技术部前部长朱丽兰 1998 年 6 月 2 日在中宣部等五部委举办的报告会上作了"知识经济的兴起与挑战"报告，对于知识经济的内涵及其历史地位、作用进行了阐述。为了推进知识经济的发展，中国科学院起草了"迎接知识经济时代，建设国家创新体系"的报告，准备将知识经济付诸实际。这些都标志着知识经济已经在我国达成共识，标志着知识经济在我国方兴未艾。

　　三、知识经济是新科技革命的必然结果

　　所谓新科技革命是对现代科学革命、现代技术革命与现代产业革命的合称，也就是说，新科技革命包括技术的科学化、科学的技术化、科学技术的产业化和商品化。这之所以称为新科技革命，是相对于此前的两次科技革命而言的。这次科技革命最大的特点在于以前的三种革命是分开的，尤其是技术革命通常建立在经验基础上，而现在，则直接建立在科学基础上，三者之间转化时滞缩短，形成了一个科学、技术、产业在时间上连续空间上并存的良性循环。

　　知识经济是社会生产方式的重大变革，也是科学技术和生产力的阶段性质变。在人类历史上，曾经出现过三次大的科学技术革命：第一次科技革命出现在 17 世纪中后期，它的主要标志是蒸汽机的发明和使用，其直接后果就是机器大工业代替了工场手工业，大大提高了劳动生产率，资本主义社会得到巩固和发展，人类进入工业时代。第二次科技革命出现在 19 世纪中后期，它以电动机的发明为标志。这次革命催生了许多新兴产业，也带来了现代大工业生产，资本主义发展进入垄断阶段，人类社会进入了电气时代。出现在 20 世纪五六十年代而现在仍在持续进行的新科技革命则是第三次科技革命。这次科技革命以电子计算机技术、通讯技术、生物技术、海洋技术、航天技术等高新技术为标志，在它的推动下，核工业、电子工业、生物工程、新材料、新能源、航天航空工业、光通讯技术、海洋技术等新产业群迅速建立和发展起来，社会生产力、社会结构、生产方式、社会政治经济格局发生了革命性的变革，科学技术呈现综合化的趋势，这突出地表现在两方面：（1）科学综合化。一些综合学科、横断学科和边缘学科如雨后春笋般涌现，如"三论"（信息论、系统

---

　　① 参见《人民日报》1998 年 6 月 2 日。

论、控制论）、环境科学、能源科学、生命科学、材料科学、空间科学和海洋科学等等。（2）技术综合化。这表现在需求型技术的增加和技术转移上，比如向台式计算机、数控机床等复合型产品转移；又比如，计算机中的生产管理系统在零售业中的运用，等等。科学技术综合化趋势，使科技向现实生产力转化的步伐急速加快。在当代，科技转化为技术、技术转化为现实生产力已经不需要十几年或几十年，有的仅需要几个月内就能完成，如微电子技术、电子计算机的更新周期就是这样。如果说农业时代是农业技术发展和扩展的必然结果，工业经济是以蒸汽技术为代表的第一次科技革命的必然归宿，那么，第三次科技革命则直接导致知识经济的到来，它为知识经济的诞生奠定了坚实的物质技术基础，离开现代科学技术，就无所谓知识产业和知识经济时代的产生和发展。

第二节　知识经济的新特征

一、经济增长知识化

随着知识经济的不断推进，科学技术知识的作用逐渐凸现出来，它不仅极大地提高了劳动生产率，也促进了社会经济的迅速发展。据统计，在20世纪初一些发达国家的经济增长中，科技进步的贡献率占10%—15%左右，而到20世纪中期则上升到40%左右，到70年代更上升到60%以上[1]。在21世纪初，一些发达国家的科技进步对经济的贡献甚至达到70%，正如邓小平所说的那样"当代的自然科学正以空前的规模和速度，应用于生产，使社会物质生产的各个领域面貌一新。特别是由于电子计算机、控制论和自动化技术的发展，正在迅速提高生产自动化的程度。同样数量的劳动力，在同样的劳动时间里，可以产生出比过去多几十倍几百倍的产品。社会生产力有这样巨大的发展，劳动生产率有这样大幅度的提高，靠的是什么？最主要的是靠科学的力量、技术的力量。"[2] 科学技术已经成了名副其实的第一生产力，成为现代经济发展的决定性因素。

科技进步对经济增长的贡献已明显超过了资本和劳动的作用，正在逐渐成为社会主导性资源。如果说，农业经济基本的生产要素是土地、劳动力，工业经济时代是资本与能源的话，那么知识经济时代的基本的生产要

---

① 孙敬水："科技进步：中国的差距在哪里"，《中国国情国力》1998年第4期。
② 《邓小平文选》第2卷，人民出版社1994年版，第87页。

素则是科学技术、知识，它在生产要素中发挥着重要的其他生产要素不能替代的作用。正如世界经济合作与发展组织的专家指出的那样，体现于人力资本和科学技术中的知识已成为经济发展的核心。知识经济时代已不是货币资本带动整个资源配置，而是知识，具有知识资源的个人和组织调动着整个资源配置。今天，拥有最多财富的人并不是钢铁大王、汽车大王、石油大王，而是拥有最先进的科学知识、技术、发明和专利的知识大亨，他们在世界拥有举足轻重的地位。在美国硅谷和硅谷的周围，有几百家风险资本投资公司在等待着技术上的发明和突破，就充分说明了这一点。今天的社会，货币资本相对说来是比较容易得到的，真正稀缺的生产要素是科学技术知识，它们成为最为短缺的资源，因而也是最有价值的资源，因此，对科学技术知识的追求已经成为企业和国家竞争的关键环节，谁拥有最先进的科学技术知识，谁就拥有最强大的核心竞争力。

随着现代科技成果应用于生产的周期大为缩短，以技术创新及其扩散为主要内容的技术进步，已成为当代经济发展和国际竞争的核心要素。竞争的标的已经不是自然资源和其他有形资本竞争，而是拥有知识和技术多少的竞争、知识创新的竞争、掌握创新知识的人才的竞争，以及管理决策部门在应用先进的管理方式、决策思想，把科技知识如何转化为生产力的方式的竞争。由于知识才是真正占主导地位的资源和生产要素，对知识拥有、创新和使用的竞争，实质上仍然是资源和生产要素的竞争。知识和科技的创新成为企业竞争最集中的表现，这种倾向无疑实质性地改变着发达国家内部、发达国家与发展中国家和发达国家之间的经济关系。正因如此，发达国家高度重视科学和教育，重视人力资源的开发和利用，注重高新技术产业的发展和人才的引进，增加对知识产业的投资。如 1996 年世界经济合作与发展组织成员国平均 R&D 费用占其 GDP 的 2.3%，美国早在 1994 年就达 2.61%。而在 1996 年，日本的 R&D/GDP 的比例已高达 3%。正是在科学技术、教育领域的巨大投入，这些国家综合国力在世界处于领先位置，傲视全球。为了迎接知识经济的挑战，我国也开始制订了"科技兴国"方略，在 1998 年 6 月召开的全国两院院士大会上，江泽民同志强调指出："迎接未来科学技术的挑战，最重要的是要坚持创新，勇于创新"，"科技创新已越来越成为当今社会生产力的解放和发展的重要基础和标志。"并号召全国大力弘扬中华民族的伟大创新精神，加快建立当代中国的科技创新体系，全面增强我们的科技创新能力。党的十七大则更进一步，提出了创新型国家和学习型政府，强调自主创新，大幅度提高科技进步对经济增长的贡献率，加大科技投入，优化科技资源配置，培养创新型人才，促进科技成果向现实生产力转化这些科学论断充分表明我国已经充分认识到了科学技术在知识经济中的地位，并力图在中国现代化进程中充分发挥科技的战略性作用。

二、产业结构服务化

作为崭新的社会经济方式，知识经济无论从产业结构、社会结构、人员素质结构还是工作方式都与以前的农业经济、工业经济迥异。

从产业结构看，知识经济时代，随着高新技术产业的不断涌现，人类社会开始出现了一大批以生产服务和生活服务为目的的新兴产业群，如信息产业、智能机械产业、软件产业、生物工程产业、超导体产业、太阳能产业、空间产业、海洋产业等。知识密集型和资本密集型的产业（这种产业我们统称为高新技术产业）逐渐取代劳动密集型产业和资本劳动密集型产业，成为社会的主要产业。以知识产业为核心内容的第三产业（有的叫服务业）开始取代第一、第二产业在社会经济结构中占据主导地位。有关产业结构的变化我们可以从下面的表 3-1 和表 3-2 中得到反映。

表 3-1　　　　主要资本主义国家三次产业国内生产总值构成变化　　　　（单位:%）

年　份	产　业	美　国	英　国	日　本	联邦德国	法　国
1950	一	7.0	5.7	26.0	10.7	15.5
	二	35.0	28.0	50.1	48.0	54.5
	三	55.6	47.4[①]	39.6	46.3	30.5
1960	一	4.3	4.0	13.0	7.6	10.5
	二	38.0	45.0	54.0	47.0	54.8
	三	60.2	44.0	40.9	48.5	34.7
1970	一	3.1	2.8	6.3	4.3	6.9
	二	34.0	46.3	50.0	42.7	54.4
	三	64.9	47.4	45.0	54.5	38.7
1980	一	3.1	2.1	3.6	3.1	4.1[②]
	二	34.0	42.5	44.8[③]	40.2	36.1[②]
	三	66.2	53.0	53.0	57.6	61.0
1991	一	2.0	1.7	2.0	2.0	3.0
	二	27.5	62.0	39.0	31.7	29.0
	三	70.5	56.0	60.0	66.6	68.0

注：① 为 1955 年的比重；② 为 1984 年的比重；③ 为 1976 年的比重。

资料来源：何荣天著《产业技术进步论》，经济科学出版社 2000 年版，第 248 页。

表3-2　　　部分发展中国家（地区）三次产业国内生产总值构成变化　　（单位:%）

年份	产业	巴西	韩国	台湾地区	印度
1950	一	26.0	—	25.2[①]	58.8
	二	26.2	—	17.6[①]	15.2
	三	47.8	—	43.8	25.9
1960	一	20.2	40.1[②]	30.3	54.2
	二	30.1	16.5	25.2	18.2
	三	51.6[③]	44.7[②]	40.0	27.6
1970	一	11.7	26.0	17.9	47.5
	二	35.4	22.8	34.7	21.7
	三	52.9	48.3	47.4	30.8
1980	一	11.0	14.2	19.5	40.3
	二	34.1	35.9	43.0	22.9
	三	52.8	59.9	38.5	36.8
1991	一	11.0	8.0	3.5	32.0
	二	37.0	45.0	40.5	27.0
	三	52.0	47.0	56.0	40.0

注：①为1953年的比重；②为1962年的比重；③为1965年的比重。

资料来源：《亚洲发展中国家和地区经济和社会统计资料汇编》，中国统计出版社1992年版。

从上面两个表格我们可以看到，第二次世界大战以来，无论是发达资本主义国家还是发展中国家，第一、第二产业都呈现下降趋势，第三产业则上升得比较快。第三产业中，知识产业发展得最为迅速，世界经济合作与发展组织的一份研究报告估计，在发达国家中以知识为基础的产业的产值已占到其国内生产总值的50%以上，对该产业的投资也超过总投资的50%，而且在制造业产值中，高技术产业的产值已占25%，比20年前增长了一倍。不少经济学家预测，到2010年，全世界的软件产业、生命科技产业、新能源和可再生能源科技产业、新材料科技产业、海洋科技产业和有益于环境的高新技术产业的产值，有可能全面超过汽车、建筑、石油、钢铁、运输和纺织等传统产业。在国际贸易中，服务业占的比重越来越大，全球化趋势越来越强，1975年，服务业在世界贸易中占1/4，1993年就增加到1/3，而且有越来越大的趋势。这些知识产业不仅给社会创造了巨大的财富，也给传统的产业带来了生机。比如说，由于高新技术的广泛渗透，社会主要的物质生产部门、工业部门迅速得到改造，产品结构不断升级，产品附加值和科技含量大大增加，传统产业迅速实现了现代化。新兴城镇不断兴起，产业的时间和空间布局更趋合理化、科学化。而这些产业结构的变化，都是建立在第三次科技革命的基础上，严格地说，就是建立在电子技术、计算技术、通讯技术、生物技术、航天技术和海洋技术等技术基础上。所以邓小平说："近一二十年来，世界科学技术发展得多快啊！高科技领域的一个突破，带动一批产业的发展。"① 现代科技革命带动了高新技术产业的崛起，成为经济发展的火车头。

表 3-3　　　　主要资本主义国家三次产业就业人口构成变化　　　（单位：%）

年　份	产　业	美　国	英　国	日　本	联邦德国	法　国
1950	一	7.6①	5.6	42.6③	24.0	29.1
	二	38.0②	50.6	42.0	35.0	22.6②
	三	46.2②	43.8	23.2②	32.7	35.8②
1960	一	8.1	4.1	32.6	13.8	21.3
	二	30.6	48.6	47.8	38.1	29.2
	三	50.7	47.0	38.2	38.5	40.6
1970	一	2.5	3.2	19.3	8.5	13.1
	二	30.0	46.6	48.8	37.6	33.9
	三	59.9	31.3	46.8	42.7	49.3
1980	一	2.4	1.6	10.9	5.9	7.8④
	二	29.3	38.8	44.9	35.1	33.5
	三	67.1	59.6	55.6	49.2	57.1
1992	一	2.8	2.1	6.1	8.2	5.7
	二	24.6	26.6	44.8	29.1	34.4
	三	71.3	70.6	59.5	47.0	65.2

注：①为 1947 年的比重；②为 1948 年的比重；③为 1955 年的比重；④1984 年的比重。

资料来源：《国际经济和社会统计资料》，中国财政经济出版社 1985 年版。

伴随着产业结构的变化，社会结构、就业人数以及劳动者素质结构也发生了重大变化。在生产中，由于电气化和自动化生产的发展，劳动对体力的依赖越来越小，对脑力的依赖越来越大，相应地，以体力劳动为主的蓝领工人急剧减少，以脑力劳动和服务为主的白领阶层大大增加，物质生产领域的就业人数大大减少，第三产业的就业人数增多。表 3-3 和表 3-4 从不同角度反映了当代就业变化情况。据统计，20 世纪 80 年代，OECD 净增的 6500 万个工作岗位

---

① 《邓小平文选》第 3 卷，人民出版社 1993 年版，第 377 页。

中，劳动力就业的95%是由服务业提供的。90年代末，欧盟服务业创造的产值已占其 GDP 的64%，其从业人数占总就业人数的66%。因此，我们要衡量一个社会是否进入知识经济，就要分析该社会知识产业在社会经济中占有多大比重，知识工人在总就业人数中占多大比例。

表3－4　　　　　　部分发展中国家（地区）三次产业就业人口构成变化　　　（单位:%）

年　份	产　业	巴　西	韩　国	台湾地区	印度
1950	一	56.6	–	61.0①	71.0
	二	14.2	–	9.3①	11.9
	三	48.8	–	43.8	25.9
1960	一	50.3	72.1	50.2②	71.8
	二	12.9	7.5②	20.5	8.1
	三	37.6	20.4②	29.3	16.0
1970	一	40.0	50.6	44.5	72.1
	二	17.9	17.2	15.9	11.2
	三	43.9	32.3	39.6	16.7
1980	一	25.0	34.0	19.5	65.5
	二	24.9	35.9	43.0	22.9
	三	55.0	49.9	38.5	16.5
1991	一	23.7	16.7	12.8	66.0
	二	23.7	35.6	40.1	12.1
	三	52.6	47.7	47.1	21.9

注：①为1952年的比重；②为1963年的比重。

资料来源：《亚洲发展中国家和地区经济和社会统计资料汇编》，中国统计出版社1992年版。

三、管理科学化、知识化

知识经济的出现，导致政府以及企业的管理职能发生了重大转变，其主要表现在：

第一，由于网络技术和办公自动化技术的发展，信息情报的搜集、处理、传输和反馈的模式发生了重大变化，信息的分布更加均衡，信息量更大，信息传输更加便捷，信息处理更加科学和精确，行政性经验性决策已经不适应社会发展的需要，建立在充分知识、信息基础上的科学决策的优势凸现出来；集中决策已经失去其应有的功效，分散化、多层次决策高效率开始占据重要位置。决策和管理机构的权力逐步分散，垂直关系不断被削弱和减少，平行的协作关系日益增加，管理机构的行政性命令大大减少，而协调和服务职能大大增强。原来的高度集中的行政命令在知识经济社会中逐渐失去了其存在的基础和价值。

第二，管理的内容发生了重大改变。工业经济时代，由于物质资源的匮乏，生产管理、物质资料的管理就成为管理的重点，而作为生产中最能动的因素——人以及科学技术知识的管理则被放到次要位置。知识经济时代，科学技术知识的作用越来越显著，科学技术知识的载体——人力资源的开发、利用和管理就提上了议事日程。发展教育培训和扶植高新科技产业已经成为头等大事，科技创新和制度创新成为管理的着力点。这就要求政府和企业的决策向一些重要领域倾斜，如科学研究与开发、高技术产业、教育和培训、对外经济扩张等领域；建立和完善的劳动力市场，鼓励和引导人才的合理流动，提高人力资本的国际竞争力，创造条件发挥人的潜能；在知识产权保护方面加速立法，建立网上监督体系，完善知识产权保护制度和知识产权的转让制度；制定和实施确保国家安全和经济安全的保障制度与防范措施，抢占科学技术的战略制高点。总之，通过调整管理的内容和重点，推进知识的生产、传播和实施，加快人力资本开发，增强以知识产业为核心的综合国力，以迎接知识经济的挑战。

四、生产方式柔性化、自动化和分散化

农业经济时代，由于社会经济结构的限制，自给自足的自然经济占据主导地位。那时候生产规模很小，生产单位一般以家庭为主。同时，由于科学技术不发达，手工劳动仍然是主要的操作方式。这种时代一直持续了几千年，直到近代才结束。随着科学技术的发展，尤其是蒸汽机、电动机等动力机的广泛使用，工具机的发明，以及市场的扩大，社会生产方式开始发生根本变性化，人类进入了新的时代——工业经济时代。在工业经济时代，生产方式是标准化、集中化和专业化。这种生产方式的最大的特点就是产品标准化，生产效率高，生产规模大，实行流水线作业。管理模式也侧重于原料、产品和质量，人的个性和作用被忽略了，劳动者成为整个工厂这部机器上的零件，也就是马克思所说的人的"异化"。

知识经济的出现，导致了社会生产方式的重大变化。小批量、多品种生产方式已经代替了大规模的流水线作业，这种"柔性化"生产不仅能够提高劳动效率，而且能够灵敏地反映市场的需要，不断调整产业结构和产品结构，充分满足消费者的需求。由于信息获取和交通的便利，生产开始由集中走向分散，职员可以通过计算机网络和先进的通讯设备，在家里、办公室乃至出差途中办公，形成目前比较流行的"SOHO"一族。这种生产方式不仅能够充分发挥劳动者的积极性、主动性和创造性，提高生产效率，节约成本，而且有利于劳动者进行培训和教育，提高劳动者的工作技能和综合素质。

在农业经济时代，由于生产力的落后，人们的劳动对象一般限于自然物，起决定性作用的工具是手工工具，动力一般来自于人力与畜力。第一、二次产业革命造就了机器生产体系，它主要由工具机、传动机和发动机三个部分组成，这些机器必须由人脑控制，依赖人进行操作，因而传统的机器体系只能实行机械化，而不能实行自动化，因此，工业经济时代，起决定性作用的工具是机器和设备。出现在上个世纪中叶的新科技革命，带来了生产力的飞跃发展，人与劳动对象之间的中间环节不断增多。特别是微电脑的发明和应用，出现了代替人脑工作的第四个组成部分——自动控制机。微型计算机安置在机器体系中，与精密机械相结合，机器体系就形成自动化生产系统，生产过程变为由自动控制机、数控精密机床等组成的生产线以及机器人的直接操作自动化生产过程，生产效率大大提高，科学管理水平也不断提高。因此，知识经济时代，智能机器体系日益成为最重要的劳动工具，高技术、低能耗的新能源和资源日益成为主要的劳动对象，科技型人员日益成为劳动者的主体。生产将越来越自动化、智能化、网络化和人性化。

五、世界经济全球化

世界经济全球化既是知识经济的背景条件，也是知识经济的重要特征。所谓经济全球化，就是以科技"全球化"为先导，以金融国际化为核心，以跨国公司为主要驱动力，以全球规模的世界市场为纽带，以贸易自由化作为发达国家胁迫发展中国家的新形式①的全球经济一体化的过程。作为知识经济重要内容的微电子技术、计算机技术、光纤通信技术、感测技术、网络技术、软件开发技术与多媒体技术等日新月异，不断发展，为全球经济体系的形成奠定了深厚的物质技术基础。特别是自 20 世纪 90 年代以来，从美国开始日益风靡发达国家与发展中国家的以现代计算机网络通讯技术为基础、以光导纤维光缆为骨干的联系全世界的双向高速与大容量的电子资料传递系统即所谓信息高速公路的建设，极大地改变了传统的交往模式。它不仅大大缩短了世界市场各个部分之间的空向距离，使资金等生产要素在全球范围内迅速转移和配置成为可能，而且，使得整个世界的经济网络化、虚拟化。比如说，伴随着经济全球化进程，生产、贸易呈现网络化趋势，许多行业将由纵向一体化朝着虚拟一体化

---

① 参见梅荣政：《有中国特色社会主义的政治与经济》，山东人民出版社 1999 年版，第 196—200 页。

转化，产品的开发商、制造商和经销商仅是通过数据网络紧密地联系在一起。在制造业中，有的企业将退化为仅仅接受订单的制造厂，有的企业将成为专门的装配厂，有的企业将转化为新型的超级承包公司。这种超级承包公司将会与传统的制造业相区别。而且，财富和资源在全球范围内流转还会导致资源优化配置，能够在比较短的时间内形成新的经济增长点。市场的高度开放和信息的自由迅速传递成为经济全球化发展的决定性条件。很难想象，离开现代科技革命提供的物质技术基础、离开国际互联网和现代交通工具，分割的世界能够结合成密切相关的整体。

从另一个方面看，经济全球化本身是分工的结果，离开科技的自然分工在今天看来是不可思议的，科学技术越来越成为分工的主要动力，科技越进步，社会分工越细密、越深入，生产越是专业化；而且，金融国际化是经济全球化的核心，驱动经济全球化的根本动力是国际垄断资本，而金融国际化是国际资本迅速扩张的必然结果，但是这些都是建立在金融工具的创新和经营方式的创新基础上，离开了科技创新和制度创新，资本不可能迅速扩张。另外，技术贸易是经济全球化的主要内容之一，产业在国际间的转移主要是通过跨国公司的直接投资和技术转让进行。20 世纪 90 年代以来，跨国公司直接掌握和控制着研究与开发的 80%—90%，国际技术贸易的 50%—60%，高新技术产业已成为跨国公司全球范围直接投资的热点，在生物技术、新材料技术和通信技术等领域，大型的跨国公司以巨额资金和创新技术优势进行着研究与开发，它的迅速发展，推动国际经济在贸易、金融、投资和生产领域的发展，推动了世界范围内产业结构的调整与转移。可见，科学技术和知识在经济全球化的过程中起着重要的作用，反过来，经济全球化又推动着科技和知识的全球化运行。

第三节 知识经济给马克思主义劳动价值论提出的新问题

知识经济是一个崭新的社会经济方式，它给社会带来了许多新的现象，也给马克思主义劳动价值论提出了许多新问题。有些新问题和新现象是马克思当时所不能够预计到的，比如说社会主义市场经济问题；有些是马克思所处的时代不明显但是现在比较突出的，比如说，管理劳动和科学技术在价值创造中的作用问题等；还有些现象似乎与马克思所处时代的某些现象不相符合甚至相反，比如说，劳动减少而价值增加的问题、按要素分配制度与劳动创造价值的关系问题、第三产业的核算与服务能否创造价值问题等等。由于有关问题不仅涉及劳动价值论等理论问题，也涉及社会主义市场经济建设等实践问题，因而，本书所讨论范围不能不有所扩大，将社会主义市场经济条件下与价值有关的所有问题统统纳入讨论之中。

一、劳动减少和价值迅速增加的问题

知识经济时代，由于智能化、自动化的发展，社会生产呈现出无人化的趋势，"无人工厂"、"无人商店"、"无人交通岗"开始诞生，并成为知识经济时代的一个突出的特点。尤其是"智能机器人"的广泛应用，"钢领工人"开始在许多行业代替了"蓝领工人"、"白领工人"，工人人数大大减少，劳动时间大大缩短。据统计：美国每年用电脑完成的工作量，相当于 4000 人亿年，是现在美国人口的 2000 倍。一些未来学家预测，随着有思维能力的第 6 代电脑的出现，生产的自动化，管理的科学化，通讯的网络化，都将得到进一步发展，人们的劳动时间，将由现在的每周 40 个小时，减少到每周 20 个小时，也就是由现在的每周工作 5 天，每天 8 小时，减少到每周 2 天半。一些人还断言，如果照此发展下去，在不久的将来，自动化机器体系就能完全取代人们的物质生产劳动①。乌尔利希·贝克在《没有劳动的资本主义》中说"资本主义正在取消劳动，失业不再是边缘阶层的命运，它潜在地威胁到作为生活方式的民主。曾是就业乐土的英国目前只有 1/3 有就业能力的居民是在传统意义上充分就业的。在德国，这个比例始终还在 60% 以上，而在 20 年前，这两个国家充分就业人员比例都在 80% 以上。曾被当做灵丹妙药的劳动就业灵活化只能掩盖和拖延失业病，却不能使它痊愈。相反地，失业和无法清楚了解的部分时间劳动、无保障的就业关系和还属隐性的失业后备军——所有这一切都在增长。换句话说，职业劳动总量在急剧减少。我们正在快步跑向一个没有劳动的资本主义——而且在世界上所有后工业国家都是如此。"② 伴随着劳动的减少的同时，资本有机构成也发生了很大的变化，据有关资料统计，从 1889 年到 1959 年，美国加工工业不变资本的量共增加了 38 倍，而可变资本量只增加 22 倍；这一时段的五个有代表性年份，即 1889 年、1904 年、1929 年、1939 年、1959 年的资本有机构成分别是 4.4C : 1V、5.7C : 1V、6.1C : 1V、6.5C : 1V、7.5C : 1V，呈递进提高趋势。然而，劳动减少的确与社会劳动生产率大幅度提高、剩余价值大大增加的现象同时出现。1996 年 8 月，美国《纽约时报》刊

---

① 参见罗尔夫·詹森，《科学实验》1984 年第 6 期。

② 参见乌尔利希·贝克著，张世鹏译：《全球化的资本主义》，"没有劳动的资本主义"，中央编译出版社 1999 年版。

登的"不要使我们更精简、更高效，但也一点走不快"一文写道：克莱斯勒汽车公司去年在美国制造了 172 万辆汽车，与 1988 年相同，该公司的工人减少了 8000 名，这些工人的离开，意味着剩下的 93700 名工人比 1988 年生产更多的汽车。据统计，在 1850—1970 年间，主要资本主义国家的劳动生产率年平均增长率 4.9%，其中日本为 10.7%，联邦德国为 5.7%，法国为 5.4%，特别是 20 世纪 70 年代后，某些部门的劳动生产率更是成百倍地提高，美国制造业的剩余价值率在 1947 年是 146%，1975 年则达到 263%，日本 1951 年的工业中的剩余价值率是 275%，1975 年则提高到 431%。美国经济学家库兹涅茨曾统计，美国人均产值从 1939—1962 年按不变价格计算，平均每十年增长 17.2%，人均劳动时间从 1850 年—1952 年平均每十年下降 2.4%，但是，可再生的资本与产值的比率在 1950 年比 1850 年提高了 11%，现在这种趋势还在加强。

按照马克思主义劳动价值论，价值和剩余价值的惟一源泉是工人的活劳动，劳动增加，价值就增加，剩余价值就增加；劳动减少，价值就降低，剩余价值就可能降低。但是，知识经济条件下，大多数资本主义国家就业人数和就业率都呈现下降趋势，工人的工作时间也在不断缩短，而资本家的利润和剩余价值越来越大，剩余价值率越来越高。那么，这是不是意味着劳动在社会生产中的作用逐渐减少，增大了的价值源泉不再仅仅是劳动？马克思主义劳动价值论在今天能否解释这个社会现象？马克思主义劳动价值论是不是像一些西方经济学家们所认为的那样过时了？但无论如何，回答这些问题，无疑是马克思主义劳动价值论在知识经济条件下面临的一个重大挑战。

二、第三产业的迅速发展与产值计算问题

在知识经济条件下，西方主要资本主义国家产业结构发生了巨大的变化，第一、二产业的地位下降，第三产业（包括服务业和知识产业）在国民经济中占有越来越大的比重，并且在一定程度上成为社会支柱产业。据统计，服务业如今已成为支配欧盟经济的主要行业，它创造的产值已占其 GDP 的 64%，就业人数占全社会总就业人数的 66%。从欧美发达国家的情况看，农业、工业、流通服务业和知识产业的比例约为 1∶3∶3∶3。理查德·弗里德曼在 1993 年 3 月 5 日出版的美国《行政人员情报评论》周刊上发表的《实际美国经济的糟糕真相》一文中也指出：1997 年美国经济中的"商品生产"部分已经降到只占国内生产总值的 32.9%，由批发、零售、服务和管理合在一起的"非商品生产部分"占到国内生产总值的 67.1%，单是金融就占国内生产总值的

18.9%，即占到国内生产总值的将近 1/5。

新中国成立以来，我国长期实行国民经济物质核算体系。改革开放以来，我国国民经济核算体系已经由物质产品平衡体系（MPS）改为同国际衔接的国民经济账户体系（SNA），这种核算方法扩大了生产核算的范围，把第一、第二、第三产业部门的产出都包括进来了。从我国的社会经济政策上看，为了促进经济的发展，中央政府采取了许多积极措施，鼓励和支持企业和个人从事第三产业，党的十六大报告明确提出，推进产业结构优化升级，形成以高新技术产业为先导、基础产业和制造业为支撑、服务业全面发展的产业格局。优先发展信息产业，在经济和社会领域广泛应用信息技术。积极发展对经济增长有突破性重大带动作用的高新技术产业。用高新技术和先进适用技术改造传统产业，大力振兴装备制造业。继续加强基础设施建设。加快发展现代服务业，提高第三产业在国民经济中的比重。正确处理发展高新技术产业和传统产业、资金技术密集型产业和劳动密集型产业、虚拟经济和实体经济的关系。党的十七大报告中，进一步强调我国经济发展主要依靠第二方业带动转向第一、第二、第三产业协同带动，大力发展现代服务业，提高服务业的比重和水平，在这些方针的指引下，目前，我国的第三产业的从业人数正在逐步递增，发展速度在逐步提升，第三产业的产值已经占据了我国的国民生产总值中的相当的比例。

根据马克思主义劳动价值论，只有生产性劳动才创造价值，非生产性劳动不创造价值。但由于非生产性劳动是社会总劳动的重要组成部分，它的存在能够满足人们某些方面的需要，因而，它们也应该分享一部分社会价值。在马克思看来，生产性劳动和非生产性劳动的关系是价值创造与价值"转移"的关系，前者属于生产领域，后者属于分配领域，是价值的"再分配"。但是，生产劳动和非生产劳动的区别到底是什么？第三产业的劳动是否属于生产性劳动？如果不都是，哪些部门属于，哪些部门不属于？不属于生产性劳动的部门，它们的产值能否纳入国民经济核算体系？如果根据价值是产值的基础的原则，我国现行的国民经济核算体系，是不是以劳动价值论作为基础？是不是意味着我们承认服务也创造价值？这些问题无疑是马克思主义劳动价值论在新形势下面临的新难题。对这些问题的回答直接关系到马克思主义劳动价值论能否成为我们社会主义的理论基础，关系到社会主义市场经济实践是否还需要马克思主义理论的指导，关系到马克思主义劳动价值论在当今世界环境下的合理性和合法性问题。

三、科学技术知识在价值创造中的作用问题

在知识经济条件下，科技知识等生产要素对经济的发展起着越来越大的作用，这主要表现为：

（1）科技进步对经济增长的贡献率已经超过资本、劳动等有形要素。80年代美国的工业竞争研究委员会经过两年多的研究发现，在经济发展中知识日益成为经济增长的主要因素，它所产生的影响力将超过18世纪末工业革命初期机器的生产对英国经济发展的冲击。据统计，20世纪初，社会生产力的发展只有5%依靠科技进步，现在发达国家这一比例已达70%—80%，主要发达国家的国内生产总值的50%以上是以知识为基础的。美国政府宣称，技术和知识的增长占了它的生产率增长总要素的80%。依靠基础设施建设，到2007年，美国的生产率将比目前提高20%—40%。虽然知识伴随着人类的整个发展历史，并自觉或不自觉地被应用于社会生产实践中，但知识的价值从来没有像现在这样被世界各国所重视，它已经成为各国经济新的推动力，发达国家比以往任何时候都更加依赖于知识的生产、扩散和应用，谁拥有更多的知识，谁就拥有更多的主宰权。

（2）高科技产业日趋成熟，成为现代社会的主导产业。专家们预测，随着全球高速公路的全面开通，科技知识对经济增长的贡献率可能由20世纪初的5%—20%提高到90%。以技术为主的科技创新是美国"新经济"的重要支柱，以高科技为代表的新兴产业取代了传统产业成为美国最主要产业，科技进步对经济增长的贡献已明显超过了资本和劳动的作用，成为"新经济"的增长点。据统计，自1990年以来，以高科技著称的美国经济持续增长了九年，在世界经济普遍低迷的情况下，美国劳动生产率年均增长率为2.5%，是1970—1990年平均增长率的2倍多，这不能不说是科技知识的作用和贡献。比尔·盖茨20多年前经营微软公司，从事计算机及软件开发，它没有大规模的生产设备，没有大规模的原材料消耗，没有大规模的产品堆积；它拥有的资源是人的智能，"开发部"是微软公司的核心，每个人拥有的一个办公室大概只有5平方米，除了一把椅子和一台计算机外几乎见不到任何东西；它所进行的国际贸易基本上是无形的，但是仅有几座办公楼、几千雇员的微软公司，其股票资本高达900多亿美元，市场价值约合2000亿美元，是美国通用汽车公司市场价值的4倍。当今国际市场上独领风骚的已不再是钢铁大王、石油巨子，而是安迪·格罗夫、比尔·盖茨等科技大亨。

（3）劳动者由体力型转变为智力型、知识型。调查表明，全美国有2/3的工人在从事与知识有关的工作。据统计，世界经济合作与发展组织所有国家整个制造业中，在1970—1994年间，知识技术型熟练工人的就业数量增加了

10%，而不熟练工人的就业数量则下降了 70%；与高技术相关的高工资就业增加了 20%，一般工资就业下降了 20%；按接受教育程度分，中学毕业以下的失业率高达 10.5% 以上，而有高等教育知识学历的失业率在 3.8% 以下，制造业中传统意义上的劳动力作用降低了，劳动力的知识化成为劳动者就业的必然要求。据统计，自 1983 年起，主要资本主义国家的白领工人已经超过了蓝领工人，1995 年，美国的白领工人占整个社会就业人数的 71%。哈佛和普林斯顿一些学者的研究还表明：过去 25 年对较熟练工人需求的相对增长有 30%—50% 可以用计算机技术的传播来解释。

经济生活中这一新的变化，无疑给人这样的印象：科技知识作为一种主要生产要素，在经济增长中的作用日益增强，乃至成为"第一生产要素"。它们本身就是财富，并能够给我们带来价值。这种现象与马克思主义劳动价值论是不是矛盾的？科学技术有没有价值？它能否直接创造价值？价值的源泉是否是惟一的？它是否包括科学技术知识？这些新的现实问题迫切需要理论界作出科学的回答。

四、我国现行的按要素分配与价值创造问题

随着我国社会主义市场经济的逐步确立，我国的生产资料所有制结构与分配制度也在逐步变革，资本、技术等生产要素参与收益分配的现象不断增加，而且为生产主体所接受。因此，党的十四届三中全会在坚持按劳分配为主体的前提下，明确提出"允许属于个人的资本等生产要素参与收益的分配。"党的十五大进一步提出了"把按劳分配与按生产要素分配结合起来"，"允许和鼓励资本、技术等生产要素参与收益分配"。党的十五届三中全会通过的《关于农业和农村工作若干重大问题的决定》中，更是提出建立"以劳动所得为主和按生产要素分配结合的分配制度"的改革主张，报告不仅坚持实行按生产要素分配的观点，而且将"按劳分配"改为"劳动所得"（这一分配理论的改进和创新是重大而深刻的，甚至是革命性的，尽管它是针对农村经济改革而来的）。党的十六大报告则明确提出了我国全面建设小康社会的分配原则，主张"调整和规范国家、企业和个人的分配关系。确立劳动、资本、技术和管理等生产要素按贡献参与分配的原则，完善按劳分配为主体、多种分配方式并存的分配制度。"① 十七大报告进一步明确要坚持和完善按劳分配为主体多种分配方式并存的分配制度，健全劳动、资本、技术、宏观等生产要素按贡献参与分

① 江泽民："全面建设小康社会，开创中国特色社会主义事业新局面"，《光明日报》2002 年 11 月 8 日。

配的制度。现实经济制度以及党和政府的政策给我们提出了一个难题：社会主义分配制度的理论基础是不是马克思主义劳动价值论？如果是，现有的多种分配形式并存的分配制度有没有存在的理论依据？如果不是，是不是意味着承认与劳动价值论相对立的生产要素价值论？是不是认可按生产要素分配也可以作为社会主义的分配原则？这个难题在一定的程度上成为我国经济理论的"卡夫丁峡谷"。因此，一些人试图把两种分配方式相结合，但是，他们的分析仅仅停留在客观现实的描述、积极意义的分析和具体实施对策的探讨等方面，而不能深入理论层次寻找更根本的原因。即使在理论上进行证明，也难以自圆其说，无法实现理论与政策的统一。如有的人从所有制多元化和利益主体的多元化的角度入手，分析两种分配制度的结合；有的人从按生产要素分配已经是市场经济活动中的普遍现象和共同遵守的分配原则这一客观事实出发，仅仅描述现象，而不理睬分配的价值理论是什么，从而导致"生产要素价值论"（资本价值论、技术价值论等，都是要素价值论的具体表现）。然而，如何既遵守马克思主义劳动价值论，又能清楚合理地解释我国现行的分配方式，的确需要理论界进行深入的思考。

五、无形资产在价值创造中的作用问题

所谓无形资产，是指没有物质属性及实物形态，但有创利能力的资产，它是企业资产价值的重要组成部分。在知识经济时代，无形资产分为四大类：一是知识产权，如专利、计算机软件、秘密配方、商标、服务标志、企业名称（如老字号）、专有技术等；二是权利类，如土地使用权、矿产资源开发权、专卖权等；三是关系类，如销售渠道网络、客户名单、组合劳动力（经过培训和优化组合的经理人员、工程技术人员、管理人员和素质高的职工队伍等）。以上三类都是可以确认的无形资产。四是不易确认的无形资产，如商誉等。在知识时代的今天，在企业总资产中，包括商誉、专利、商标权在内的无形资产所占的比例越来越大。据测算，美国许多企业的无形资产比例高达50%—60%，知识投入代替了物质投入，企业经济活动的非物质化日益明显，知识在生产中起了越来越大的作用。今天，企业十分重视无形资产在商战中起的重大作用，尤其是商标和品牌已经成为主要的竞争手段，它们代表着一种消费时尚，代表着竞争力。据有关专家统计，世界知名品牌其产品的市场占有率相当高，以啤酒业为例，日本的麒麟、朝日等四个品牌占全国90%的市场，壳牌石油经营业务遍及120个国家和地区，可口可乐在全球每一个国家都有销售点，其收入70%来自于海外，难怪该公司的一位高级管理者说，哪怕是一把火把可口可乐公司全部烧毁，可口可乐也有能力迅速把它重建起来。

正因无形资产的巨大作用，社会上出现了一些机构，专门对无形资产进行评估，有些无形资产被估价达几百亿美元，如1995年可口可乐的品牌价值被估价为390亿美元，1996年万宝路的品牌被估价为446亿美元，我国的红塔山1995年的品牌价值为320亿元，1996年为332亿元。一些国家和国际组织专门制订一些法律和法规，对知识产权和无形资产进行保护；我国也制订了相关的法律和法规保护无形资产，如确定驰名商标，防止驰名商标被人恶意抢注，对国内的驰名商标进行鉴定、评估，并在企业资产评估的时候将无形资产包括进去等等。由于对知识产权、发明和专利等无形资产进行保护，社会上开始出现了一批以无形资产入股的"知本家"。

目前，我国正在建设社会主义市场经济，公有制经济仍然是我国经济制度的基础，国有资产保值增值就成了建设社会主义市场经济的应有之义，而且其资产增值比保值更重要。因此，我国的政策明确规定，国有资产同任何其他资产一样，必须在竞争中保值增值。在对国有资产进行清产核资时，我们通常把无形资产作为重要的组成部分，并对其市场价格进行严格的核算，以防止国有资产的流失。这些现实情况向马克思主义劳动价值论提出了一系列问题：无形资产到底有没有价值？如果没有价值，它们的价格是根据什么来定的？它们在生产中能否创造价值？如果不能，它们在价值创造中到底起到什么样的作用？

当然，知识经济和社会主义市场经济还给马克思主义劳动价值论提出了更多的问题，如资本边际效用递增规律、国有资产保值增值问题、企业的经营管理能否创造价值的问题等等，这些问题的存在给马克思主义劳动价值论带来严峻的挑战，针对这些挑战，我们要慎重对待，小心处理，对那些否定马克思主义劳动价值论的观点，我们要弄清它们的真正意义和真实意图，有针对性地进行回击；对那些错误的观点，我们要找出它们的错误之所在，帮助他们改正错误。

当然知识经济除了给马克思主义劳动价值论带来挑战之外，也带来新的发展机遇，因为马克思主义是一个开放的不断发展的科学理论，它会随着时代的发展而不断丰富和发展，并补充新的内容，这也是马克思主义永葆科学性的原因之所在。知识经济作为一种崭新的社会经济方式，必然促进马克思主义劳动价值论新的发展。一方面，知识经济大大促进了物质财富的增加，为人们进行全面的、系统的研究和发展马克思主义劳动价值论提供了良好的物质基础，同时，新的实践，新的技术手段使得马克思主义劳动价值论得到进一步的检验，增强了它的真理性；另一方面，知识经济提出了许多急需解决的新问题，也引发了许多新的观点和思考，这既包括以前马克思、恩格斯在当时因各种原因而进行的一些假设和抽象，也包括马克思、恩格斯所从未遇到过的新的情况、新的问题。对这些问题，我们首先要深入领会和掌握马克思主义劳动价值论的内涵和本质，正本清源，仔细分析其一些理论假设，结合现实进行理论还原，用丰富的社会实践充实和丰富马克思主义劳动价值论既有的理论。其次，要敢于探索、敢于创新、敢于面对马克思、恩格斯无法预料的新情况、新问题，敢于借鉴各种理论的科学成分，从而开辟马克思主义劳动价值论的新境界。而不同理论回答则为马克思主义劳动价值论提供了丰富的素材和思路，使马克思主义在新的时代焕发新的活力。

第四章

关于科学技术知识能否创造价值的思考

如前所述，知识经济一个重要特征就是科学技术成为第一生产力，并在社会经济中发挥了重大作用。如何认识当代科学技术的特点，如何认识科学技术知识在价值创造过程中的作用以及科学技术知识与价值的关系，引起了学术界、理论界热烈的探讨。在这场讨论中，各种价值观点竞相提出，其中最有代表性的观点就是主张科学技术知识创造价值，并把科学技术知识同劳动并列为价值的源泉。本章将着重对科学技术知识的艺术内涵，它的作用功能以及它与价值的关系进行一些分析和思考，并对科学技术知识创造价值的有关论点进行适当的评析。

第一节　科学技术知识与价值创造

一、科学、技术与知识

对科技、知识能否创造价值作出科学的判断，首先，要了解科技、知识本身是什么。所谓知识，是指"人们在改造世界的实践中所获得的认识和经验的总和"[1]。《辞海》中也写道："知识是人们在社会实践活动中积累起来的经验。"[2] 目前，理论界对知识的理解大致可以分为三大类，第一类看法认为知识是人们通过阶级斗争、生产斗争和科学实验的实践活动获得的对客观事物的认识。毛泽东是持这种观点的典型代表，他曾经说过："什么是知识？自从有阶级的社会存在以来，世界上的知识只有两门，一门叫做生产斗争知识，一门叫做阶级斗争知识。自然科学、社会科学就是这两门知识的结晶，哲学则是关于自然知识和社会知识的概括和总结。"[3] 这种看法强调知识是人类在社会实践基础上获得的认识成果，是人类劳动和智慧发展的结晶，它包括自然科学、社会科学和哲学，主要是指系统化、理论化的知识。第二类看法认为，知识是人

---

① 《现代汉语词典》修订本，商务印书馆 1998 年版，第 1612 页。
② 《辞海》缩印本，上海辞书出版社 1980 年版，第 1746 页。
③ 《毛泽东选集》第 5 卷，人民出版社，第 773—774 页。

的观念的总和，这些观念是人们对客观对象和过程在有目的地反映和把握，并以语言体系形式体现出来①，这种观点强调知识是观念的集合，因此人类的观念都属于知识，范围很广，几乎所有的精神产品都包括其中。第三类看法认为，知识是对事实或思想的一套有系统的阐述提出合理的判断或经验性的结果，它可以通过某种手段传播和交流②，这种观点知识的范围也很广，它不仅包括理论形态的知识，也包括经验形态的知识，更突出的是，这种观点突出了知识的可传播性和可交流性，抓住了知识的共享性特点。以上三类观点虽然从不同的角度揭示出知识的内涵，但是它们的共同之处在于，知识是人们对事物的认识过程和经验的总结和积累，属于认识和经验的范畴。随着社会实践的发展，知识的内涵也发生了变化，它不再局限于认识和经验，而进入了实践和创造的领域，成为人类生存和发展的思想、工具和手段。

相对于其他物品而言，知识具有独特的性质，国外学者齐曼对知识进行了比较全面的分析，他认为，知识具有 7 大特性：（1）不可替代性。也就是说，在经济学理论中，所有的物品都是可以替代的，只有知识是不能够被别的知识所替代。（2）不可相加性。知识不遵守物品的加法原则，知识的增加不随知识载体的增加而增加，增加知识的途径和关键在于知识的创新。（3）非磨损性。知识在使用过程中可以反复地使用，不像物质产品那样存在着物质和价值上的损耗。（4）不可分割性。一般地讲，知识都存在着系统性和内在的必然的联系，不能随便分割。（5）不可逆性。知识一旦被人们掌握，就不可逆转，不可被剥夺，知识一旦传播开来，就无法收回。（6）可共享性。一般说来，物质产品的所有权存在着独占性、排他性，但是，知识可以被多个人同时占有和使用，除非存在着个人垄断和法律限制。（7）无限增殖性。知识在生产、传播和使用的过程中，能够不断地丰富、发展，具有无限的发展空间和能力。著名经济学家克拉克则认为，知识是惟一不遵守边际收益递减规律的生产工具，相反，它的边际收益递增，成为经济增长的内生变量，对知识和能力的投资越多，回报也会逐渐增加。

当前，学术界根据不同的分类标准对知识进行了多种分类，如按领域可分为哲学、自然科学知识和社会科学知识；按用途可分为科学知识、技术知识和文艺知识；按载体可分为显性知识和隐性知识；按状态可分为存量知识和流量知识。还有的学者将知识分为编码性知识和意会性知识（如马克·波拉特，

---

① 鲍宗豪：《知识与权力》，上海人民出版社 1996 年版，第 35 页。

② 丹尼尔·贝尔：《后工业社会的来临》，新华出版社 1997 年版，第 191 页。

他在《以知识为基础的经济》将意会性知识称为隐含经验类知识）；实用知识、学术知识、闲谈与消遣知识、精神知识和不需要的知识（如马克卢普）；还有人将知识分为基础知识和应用知识、系统性知识和非系统性知识等，由于哲学和社会科学属于公共物品性质，不直接带来经济效益，而科学技术知识是当前知识经济中突出的要素，因此，我们这里主要讨论科学技术知识。

所谓科学，就是指"反映自然、社会、思维等的客观规律的分科的知识体系"①。它包括自然科学、社会科学、思维科学和哲学。所谓技术，是指"人类在利用自然界和改造自然的过程中积累起来并在生产劳动中体现出来的经验和知识，也泛指其他操作方面的技巧"。它包括两大部分，即技术知识和技巧②。从严格的意义上讲，科学和技术是有区别的，科学主要指人类对自然规律的认识，侧重于探索未知世界，属于认知领域的范畴，属于知识形态，是潜在的生产力；而技术则是运用科学知识和实际经验去创造的新装备、新技能、新工艺、新流程、新产品等等，它似乎更强调改造世界，侧重于对已知的知识的应用和实践。因此，技术是直接的生产力。诺贝尔奖获得者、日本科学家江崎认为："通过对自然的探索和认识，以揭示人类对自然的好奇，这就是科学，而怀着明确目的，利用自然知识，对自然进行控制，这就是技术。科学是为人类对自然的某些作为提供可能，而技术则是利用科学知识以实际造福于人类。"③ 在人类社会发展史上，曾经出现过三次科学革命和三次技术革命，它们的内容和出现的时间也不一致。比如说 15 世纪哥白尼的天文学革命，彻底改变了人们对地球的认识，把人从神学的束缚中解放出来；17 世纪牛顿的力学革命，促进了近代科学的出现；爱因斯坦的物理学革命，这些都属于科学革命，而不是技术革命，相反，纺纱机的出现，蒸汽机的使用和电动机的发明和使用，均属于技术革命，而不是科学革命。

但是，随着人类社会的发展和进步，科学转化为技术的时间也越来越短，科学和技术的差距越来越小，现代科学和技术正在互相渗透，愈益紧密地联系在一起，并呈现结构一体化趋势，这表现在如下几个方面：一是现代科学革命的技术化，必须运用现代技术手段才能实现，没有现代技术手段，既无法证明和验证科学假设，也无法进行科学创造和科学实验。如高能物理学离开高能粒子加速器就没有存在的基础。二是现代技术革命的科学化，即现代重大技术革

---

① 《现代汉语词典》修订本，商务印书馆 1998 年版，第 711 页。
② 同上书，第 599 页。
③ 日本《科学新闻》，1980 年 2 月 16 日。

命都是先从现代尖端科学的研究应用开始的，而且现代技术的开发成熟的每一步都紧紧依靠现代科学，微电子技术的发展就鲜明地体现出这一特征。今天科学革命同技术革命溶合在一起。科学在科学——技术——生产这一综合体中开始起主导作用。科学正在变成直接的生产力，使生产"科学化"，提高着生产的"科学集约化"的程度。正如周恩来同志所说的那样，"基础科学的重大突破，往往推动整个科学技术的发展，带来重大的技术革新以至技术革命，从而开拓前所未有的全新生产领域"。据统计，现代在生产上的技术突破的获得有70%是来源于基础科学研究。科学变成了技术的先导，科学一旦出现突破，技术革新就会出现。从较广一些的含义来说，技术也可以包括在科学之中。正是因为科学和技术在今天无法割裂的紧密关系，因此，我们讨论科学和技术的时候，通常把两者联系在一起。

科学技术作为知识和经验的总结，作为人类活动的结晶，通常要以一定的形式和载体体现出来，根据科学技术存在形式和载体，我们可以把科学技术划分为三类：文献态、人化态和物化态。所谓人化态，主要指技术诀窍、技巧、专有技术，它蕴藏在人的劳动力里，以人为载体；所谓文献态，是指以文字、图形、符号、数学等表达出来的技术，通常表现为工艺图、流程线、规划、计划、图纸、专利等等方面；所谓物化态，是指科学技术通过机器设备等体现出来，它凝结在物品中。后两类是有形的知识，前一类属于无形的知识（或隐含知识）。

一般说来，社会科学知识和哲学，作为人类精神财富的重要组成部分，尽管在人类社会的发展中发挥了重大的作用，但是，由于没有直接的经济意义，加上缺乏实际的操作方式，一直以来它就属于公共物品，没有被商品化，因而也就谈不上价值问题；而自然科学知识，我们通常把它称为科学技术，由于它在人类社会的经济发展过程中起到重要的作用，并涉及创造者、传播者和使用者一定的经济利益，具有一定的商业价值，长期以来，一直就成为生产者、传播者和使用者所追求的目标，并在实际生活中产品化、商品化了。而国家和政府为了保护企业和个人的经济利益，一直比较关注对经济主体利益的保护，相应地创立了比较系统和严密的对科学技术知识产权进行保护的法律政策和制度。可见，我们谈论知识是否有价值，往往是指科学技术知识是否有价值，探讨知识能否创造价值，主要的就是分析科学技术能否创造价值。

二、科学技术知识的价值与价格

作为商品化的科学技术，同任何劳动产品一样，也是人们劳动的结晶，因此，科学技术也就具备商品的一切特点，即具有价值和使用价值，而创造科学技术的劳动也就具有两重性——具体劳动和抽象劳动。一方面，作为具体劳动，科技活动需要借助不同的物质技术条件，采取不同的创造方法和思维方法，创造出不同质的理论、技术、工艺和新品种等使用价值，以满足人们生产和生活的各种需要，并成为价值的"载体"。另一方面，作为抽象劳动，科学技术劳动跟生产一般性的物质性产品的劳动一样，都是人类体力和脑力的消耗，是抽象劳动，凝结在这些的理论、技术、工艺和新品种的劳动便形成了这些科技成果的（交换）价值。

然而，科学技术知识毕竟不同于一般商品，它具有自己的特点，这主要体现在如下几个方面：第一，创新科学技术的劳动具有一次性和风险性。一般商品往往是由一家或几家企业重复生产以满足社会的需要，每个企业都能够根据自己的情况进行生产，至于商品的价值则由社会必要劳动时间决定。而科学技术则不同，它的劳动存在独创性、新颖性和巨大的风险性，它一旦生产出来，其余的就只需要传播和应用了，因此，只要某个科技工作者取得突破性进展，其他的人的劳动就会白费，他们的劳动耗费得不到补偿，也不可能获得预期的收益。而且，科学技术知识的创造者，由于各自的生产资料和劳动熟练程度不同，他们的劳动是不同质的，无法进行比较，因而，也就不存在什么社会必要劳动时间。在某种程度上讲，科学技术成果的价值应由个别劳动时间决定（这些劳动时间的结晶有人称作风险收入）。第二，投入大。我们知道，科学技术的创新是一个投入大回报高的劳动，它对物质技术条件的要求极高，离开先进的机器设备、实验手段和实验器材，科学技术创新就无从谈起。这就无形中抬高了市场准入的门槛，大大增加了创造科学技术的劳动中投入的不变资本的比重和分量，转移到科学技术中的价值也就很大。第三，科学技术创新是一种艰难性、复杂性、创新性都十分高的以脑力消耗为主的劳动，根据马克思主义劳动价值论原理，比较复杂的劳动是倍加的简单劳动，因此，创造科学技术的劳动能够在比较短的劳动时间内，创造出比生产一般劳动产品的更多更大的价值。综合上面几点，我们对科学技术的价值构成有个基本的了解，即科学技术的价值由三步分组成：科学技术工作者的劳动和辅助工人的劳动，科研设备、仪器以及有关的生产资料转移的价值，还有科学技术知识载体的价值。这就是为什么当前科学技术价格昂贵的决定性的内在原因所在。以美国微软公司为例，这个公司的利润，随着技术工人的增多而大幅度增长，1975年该公司只有个别雇员，公司的利润是1.6万美元；1976年，雇员7人，进行语言编程，1978 年利润就高达 100 多万美元；1981 年雇员 128 名，开发出磁盘操作系统，利润 5000 多万美元；1995 年，雇员增加到 1.7 万人，windows95 出台，当年公司利润 60 亿美元，1997 年公司利润 110 亿美元，windows2000 出台后，微软的利润预计达 230 亿美元，2010 年微软年收入 625 亿美元，利润创新高。从上面这三个方面考虑，我们可以得出结论：科学技术之所以价值巨大，关键在于创造它的劳动量的极其庞大，而不是科学技术对社会作用的巨大。同任何商品一样，劳动仍然是价值的惟一基础，效用价值论是不可能解释一般商品的价值来源，同样也不能够解释科学技术的价值来源。

　　遗憾的是，由于马克思所处的时代科学技术还不发达，物质资料和资本在生产中处于主导地位，科学技术的作用被人为地大大地低估了。因此，马克思指出："由协作和分工产生的生产力，不费资本分文"①，"对脑力劳动的产物—科学的估价，总是比它的价值低得多"②。科学技术之所以被低估，主要有如下几个原因：一是创造科学技术的劳动是一种极其艰辛的创造性劳动，其复杂度是极高的，很难用简单劳动来衡量它，以至于我们很难在某一科学技术出现的初期，就能对其所具有的价值作出正确的计算或准确的预计，因此，在交换过程中，科技劳动者活劳动创造的价值只得到了部分实现，相当一部分通过不平等交换，以潜在形式转换到购买者手中，这说明，科技产品的市场交换具有不平等性，或者说科技产品作为生产要素进入生产过程时，其价值并没有充分计算。二是创造性劳动的产物——科学技术的效用或功能，在生产不很发达的情况下，由于各种因素的制约难以很快地和很充分地显现出来，因而这种创造性劳动在转换为简单劳动时，往往大打折扣，并且由于科学技术劳动的转换与一般性的复杂劳动不同，既是间接的，又是长期的和逐渐显现的，因而对其进行准确的计算很难。三是在生产力不太发达的情况下，资本家之间的竞争主要是生产设备的竞争，相对于科学技术的物化形态——机器设备的作用和影响，科学技术知识似乎不太稀缺和重要，加上当时科学技术发展缓慢，故人们常常把它放到次要的位置。但是，这种看法的存在并不表明科学技术是"不费资本"的和"无偿"的，相反，科学技术的价值本来是客观存在的，只是由于时代的特点被人忽视了。今天，科学技术成为第一生产力，科学技术的作用得到了充分的认识和发挥，人们开始认识到科学技术的特殊作用，更加注意科技创造和创新。但是，这

---

①　《马克思恩格斯全集》第 1 卷，人民出版社 1956 年版，第 423 页。
②　同上书，第 377 页。

也并不表明科学技术具有什么特殊的创造价值的能力。我们不能因为其作用小就忽视其价值的存在，价值大就把它的作用抬高到不恰当的地位，这两种做法都是错误的，都是缺少实事求是的科学态度。

如果说科学技术在今天生产和生活中的作用和特点容易掩盖其价值的源泉的话，那么，科学技术的价格决定往往引起人们对其价值来源的怀疑乃至否定。根据马克思主义劳动价值论，商品的价格由价值决定，并受供求关系的影响。但是，由于科学技术具有一般商品所没有的特点，因此，它的价值决定要复杂得多，也困难得多。这表现在如下三个方面：第一，科学技术是无形的商品，它的价值计算比较困难。我们知道，一般商品是有形的，它的多少我们很容易进行统计，而且，由于存在着社会必要劳动时间，商品中所凝结的活劳动和物化劳动很容易计算和比较，因此，价值规律发挥作用我们很容易能够感受得到，价格的变动我们也能够进行预测。但是，科学技术具有独创性、一次性和无形性，其生产由于研究方法、研究环境、研究条件以及研究者的本身存在着很大的差异性，以至于科学技术成果所包含的活劳动和物化劳动量很不一样，其价值正常由个别劳动时间决定，其成本和利润不容易进行计算，价值规律发挥作用也就不容易感受到。第二，科学技术的转让和使用的多次性决定了其价格的决定十分复杂。一般商品转让和使用具有一次性，其价格的计算就根据"成本加利润"模式来确定，而科学技术的转让是分次进行的，转让次数的多少直接影响到价格的高低。一般说来，转让次数多的价格就比较低，相反价格就比较高；同时，科学技术的转让可以采取三种形式：独占许可、独家许可和普通许可。一般来说，独占许可价格最高，独家许可次之，而普通许可最低，不同的转让方式决定了科学技术的价格差距很大。而且，科学技术的支付方式对价格的影响也很大，目前现实生活中主要采取三种支付方式："一笔总算"、"提成计价"、"入门费加提成费"三种，考虑到资金周转的时间因素，第一种支付方式要比后两种支付方式所支付的价格高些。第三，科学技术的价格还要受到科学技术的成熟程度、生命周期、市场垄断情况以及政府的政策和法律的影响，同时，科学技术的转让常常与技术服务联系在一起，因此，科学技术本身的价值与技术服务价值分别是多少就更不好确定，而且交换双方的意愿对价格的大小影响比较明显。可见，科学技术的价值尽管由创造科学技术的劳动量决定，但是，影响科学技术价格因素却很多，这样就无形中加大了我们认识科学技术价值的难度，导致了一些人错误地以为科学技术的作用决定其价值、马克思主义劳动价值论过时了的印象。

三、科学技术对价值的影响

马克思曾经指出："生产力里面也包括科学在内。"① "固定资本的发展表明：一般的社会知识、学问，已经在多大的程度上变成了直接的生产力。"② 在此基础上，邓小平进一步提出科学技术是第一生产力的思想。但是，强调科学技术在社会经济生活中的重大作用并不等于承认科学技术创造价值。马克思曾经说过，资本主义生产方式第一次使自然科学为直接的生产过程服务，因此，生产过程实际上就是科学技术的应用过程，那么科学获得的使命就是：成为生产财富的手段，成为致富的手段。"科学这种既是观念的财富同时又是实际的财富的发展，只不过是人的生产力的发展即财富的发展所表现的一个方面，一种形式。"③ 这里要明确的是，财富并不是指价值，而是指使用价值。众所周知，随着使用价值量的增大，单位使用价值的价值相应地减少，因此，该商品的总价值并没有增加，也就是说，应用科学技术知识创造新价值，与使用价值发生直接联系。可见，科学技术不能直接创造价值，它只不过使单位时间内所创造的使用价值增大了。

在马克思主义劳动价值论中，马克思严格区分了决定劳动生产力的因素和决定价值的因素。他认为，决定生产力的因素有工人的平均熟练程度，科学的发展水平及其应用的程度，生产过程的社会结合，生产资料的规模和效能，以及自然条件等多个变量，而科学的发展水平和它在工艺上应用的程度居于重要地位；但是，决定价值的因素只有一个，这就是一般的无差别的人类劳动，也就是抽象劳动，价值生产函数是一个一元函数，价值只决定于劳动这一个变量。今天，新科技转化为现实的生产力，促使高素质的人的因素和高效能的物的因素的结合，大大提高人类支配自然的程度，因而成为社会主要资源，但是，这并没有改变劳动生产力函数是一个多元函数，劳动生产力决定于多个变量。科学技术作为知识形态的生产力不同于物质形态的生产力，它具有渗透性、潜在性和馈赠性等特点④。它分别作用于生产力中的物的因素和人的因素。物的因素包括劳动资料和劳动对象，人的因素包括工人、管理人员和科技人员。新科技在生产中的应用使劳动资料中的动力系统、机具系统、运输系统、生产工艺系统等更为先进，使劳动对象的范围更广，性能更好。这是一方

---

① 马克思：《政治经济学批判大纲（草稿）》第 3 分册，人民出版社 1963 年版，第 350 页。
② 同上书，第 358 页。
③ 《马克思恩格斯全集》第 46 卷（下），人民出版社 1980 年版，第 34—35 页。
④ 田夫、王兴成主编：《科学学教程》，科学出版社 1983 年版，第 90 页。

面。另一方面，新科技会造就出素质更高的工人、管理人员和科技人员，使得生产的组织和管理更加科学化、合理化，形成新的生产力。新生产力代表更高的劳动生产率，在单位时间内会创造更多的财富。所以，马克思指出："科学分离出来成为与劳动相对立的、服务于资本的独立力量，一般说来属于生产条件与劳动相分离的范畴。并且正是科学的这种分离和独立（最初只是对资本有利）成为发展科学和知识的潜力的条件。"① 也就是说，在劳动过程中，科学技术只能像其他生产资料一样，在生产过程中转移价值而不能创造价值。凝结在人体内，使得人的素质提高，劳动变得复杂，从而能够创造更大的价值，但是这种增加的价值仍然来源于人的劳动，而非科技知识本身。凝结在文献中，直接参与生产过程，成为生产条件，转移自身的价值，但是不创造新的价值。凝结在机器设备中，成为机器设备的价值，在生产过程中仍然只把它自身的价值转移到新商品中去，而不能创造价值。因而，科学技术同其他生产资料一样，成为价值创造的物质条件，成为生产物质财富的手段和工具。

与一般的物质商品相比较，科学技术具有不同的特点，比如说，科学技术具有非磨损性和可共享性，其价值呈现递增规律，因此，它的价值转移方式也就具有不同于其他生产资料的特点，其表现在：（1）科学技术的价值不是一次转移完毕，而是分多次转移；（2）当科学技术的价值转移后，科学技术并不像其他生产资料一样出现物质上的损耗，而是出现技术上的损耗，即无形磨损，直到出现新的科学技术而原来的科学技术过时或淘汰后，它的价值才转移完毕。正因如此，马克思把科学的力量称为是不费分文的另一种生产力，并指出：资本只有通过使用机器（部分也通过化学过程）才能占有这种科学力量，"资本的趋势是赋予生产以科学的性质，而直接劳动则被贬低为只是生产过程的一个要素。"② 当然，这并不是说马克思否认获得科学技术需要支付对价，而只是表明，如果人们把科学技术的价值转移等同于一般生产资料的价值转移方式，那么，在人们看来，科学技术是一个无须支付任何对价的生产要素，因为，它的价值早就在第一次运用中转移完毕了。

如前所述，科学技术不创造价值，但是，是不是意味着科学技术在生产中是可有可无的呢？答案毫无疑问是否定的。作为重要的生产要素，科学技术在今天对商品的使用价值的影响是越来越大，而使用价值是价值的物质承担者，因此，撇开科学技术谈价值无疑是一种空谈，也是一种回避现实的做法。就是

---

① 《马克思恩格斯全集》第 47 卷，人民出版社 1979 年版，第 598 页。
② 《马克思恩格斯全集》第 46 卷（下），人民出版社 1980 年版，第 211 页。

从历史的角度看，邓小平也给我们以明确的指示："科学技术同生产资料和劳动力是什么关系呢？历史上的生产资料，都是同一定的科学技术相结合的，同样，历史上的劳动力，也都是掌握了一定的科学技术知识的劳动力。"① 不过，我们谈科学技术对价值的作用和影响与科学技术能否创造价值是两码事，它从属于价值的创造。本文就从三个方面论述科学技术对价值的具体影响。

第一，新科技渗透到劳动者身上，能提高劳动者的素质。我们知道，人是生产力诸因素中最活跃的、具有决定意义的要素，因为一切生产工具都是人制造出来的。再好的生产工具，如果没有人去掌握使用，只不过是一堆死东西，即使是电子计算机，也只有依靠人编的程序才能"自动地"工作。只有人和工具结合起来，才能构成社会生产力。值得注意的是，人之所以能成为生产力中的能动的因素，不仅仅依靠自己的体力，而且依靠自己的智力作用于自然界。因此，在生产者这一因素中，体力的因素固然不可忽视，而智力的因素尤为重要。几千年来，人的体力并没有发生重大的变化，可是人的劳动能力提高了不知多少倍，这靠的是什么？靠的就是科学技术和文化知识，靠的就是人的智力。在现代化的工厂里，要求工人必须具备一定的科学文化知识，必须经过一定的训练，也说明了这一点。此外，人的体力由于受到自然器官的限制，能力是有限的，然而人的智力将随着科学技术的发展而发展，它是无限的。所有这些，都说明了科学技术在人这一生产力要素中起着决定性的作用。一般来讲，经过教育和再培训的工人具有更多的科学知识和更熟练的生产技能，能从事更复杂的劳动。这种更复杂的劳动在同样时间内会创造出更多的价值。但是价值的源泉不是科学技术本身，而是掌握科技知识的劳动者，掌握先进科学技术知识和技能和劳动者的劳动仍然是价值的惟一源泉。

第二，科技知识渗透到管理中，使得管理效率提高和生产组织方式优化。生产者之间的协作和分工也是一种重要的生产力，而协作和分工就产生了管理。因此，国外有人把"管理"叫做"第三生产力"。那么，怎样才能提高管理水平呢？也要靠科学技术的发展；科学技术可以使管理的手段、组织、方法更加先进、更加合理。当前，管理正在经历一个重大的变革，科学管理已成为一项专门的学问。而把科学技术成果应用在管理工作中，提高生产力，则是其中的一个重要内容。

近来，随着现代科学技术的发展，特别是电子计算机的应用，给社会造就

---

① 邓小平："在全国科学大会开幕式上的讲话"，《邓小平文选》第 2 卷，人民出版社 1983 年版，第 88 页。

出由生产技能高的工人、经营管理水平高的管理人员和科学技术水平高的科技人员组成的生产集体。这种同新科技相适应的生产集体所提供的劳动是更高级的复杂劳动，它能够在单位时间内会创造更多的价值。马克思早就指出，在资本主义生产中，工人、监工和工程师都是劳动者。这些劳动者合在一起，作为一个生产集体，是生产产品的活机器。产品是所有这些人的共同劳动的产品。这些人都是雇佣劳动者，他们的劳动都直接同资本相交换。这些人的劳动都由有酬劳动和无酬劳动组成。这就是说，他们不仅在生产中创造出等于自己的工资的那一部分价值，而且创造出剩余价值。但是，在这里，创造价值的仍然是劳动，是生产力特别高的劳动，而不是科学技术知识本身。

第三，科学技术渗透到生产资料中，使得资源和资本得到节约，生产成本大大降低。众所周知，生产资料指的是人们在生产过程中用来影响或改变劳动对象的一切物质资料，其中主要是包括机器在内的生产工具。常言道："工欲善其事，必先利其器。"要提高劳动生产率，不改进生产工具是不行的。当科学技术成果应用于生产过程中时，就会导致包括生产工具在内的生产资料和生产方法的不断创新和改进。就以蒸汽机的应用来说，它不仅直接推动了当时英国纺织、钢铁、煤炭、机械工业和无机化学工业的发展，而且最终导致了大机器生产取代手工生产的革命。目前，以电子计算机的广泛应用为标志的生产过程自动化，更大幅度地提高了生产力。因此，生产力是伴随着生产工具和机器设备的不断改进而得到发展的。而生产工具、机器设备和生产方法的改革，都离不开科学技术的发展。马克思把机器、机车、铁路、电报、自动纺棉机等等称作"物化的智力"，实际上就是指作为知识形态的科学，经过技术的中介，已经物化为生产工具或机器设备了。

科学技术除了渗透到人和劳动对象这两种生产力要素中去以外，它对生产对象的影响也不可忽视。这主要表现在三个方面：一是科学技术提供或开发新的原料和能源。例如，海底储藏的石油过去是无法开采的，而现在，随着科学技术的发展，这些矿藏已成为人们的劳动对象，其他如原子能、太阳能的应用也是如此。二是科学技术能为人工合成新物质开辟道路，创造自然界不能直接提供的新材料、新品种即新的劳动对象。近年全世界上的合成染料已占全部染料的99%，合成药品已占全部药品的75%，合成橡胶已占全部橡胶的70%，合成油漆已占全部油漆的一半还多，合成纤维占所有纤维产品的1/3以上。随着对物质的微观结构、性能关系的深入了解，材料的研制将过渡到更高一级的分子设计阶段，这将是人类在材料科学领域里的一大飞跃。复合材料比之钢铁具有更好的性能，一吨复合材料可以代替 5—7 吨钢。三是科学技术能更加合理地充分利用自然资源和现有材料。例如综合利用可使原先的废物变成宝贵的财富，身价倍增。如果没有科学技术的发展，变废为宝是不可能的。总之，由于科学技术的发展，可以扩大劳动对象的范围，为生产提供新的能源和材料，有助于人们向生产的深度和广度进军，从而提高社会生产力。

科学技术知识代表更高的生产力，在生产中可以大大地提高劳动生产率，在单位时间内会创造出更多的财富，鉴于科学技术在财富生产中发挥着日益突出的作用，马克思说："随着大的工业的发展，现实财富的创造较少地取决于劳动时间和已耗费的劳动量，较多地取决于在劳动时间内所运用的动因的力量，而这种动因本身——它们的巨大效率——又和生产它们所耗费的直接劳动时间不成比例，相反地却取决于一般的科学水平和技术进步，或者说取决于科学在生产上的应用。"① 但是，使用价值的增加却相对地降低劳动力的价值，减少必要劳动时间，延长剩余劳动时间，使得单位商品所包含的价值量减少，雇佣工人就能为资本家创造更多的相对剩余价值。更重要的是，由于采用了新的科学技术，产品的质量和性能大为提高，促进了商品的价值迅速实现，大大节约了生产时间，加快了资本周转速度，增加了总的剩余价值，提高了利润率。但是，这只是关系到价值的表现形式，这与价值的源泉已经没有直接关系了。

第二节　科技知识价值论述评

一、科技知识价值论的含义

当前学术界对科学、知识能否创造价值讨论得很多，但是不同的学者叫法不一，如有的叫科技价值论，有的叫知识价值论，有的叫技术价值论，有的叫精神价值论，有的叫无形价值论，有的干脆称作新价值论。当然，这些人的观点和所列举的理由和理论内容也不大一致，一种人完全否定马克思主义劳动价值论，否定劳动创造价值，这一种人在西方比较多，像托夫勒和奈斯比特；另一种人在坚持发展马克思主义劳动价值论的口号下，将科技、知识等因素引入价值创造过程，承认科学技术知识和劳动共同创造价值，这种人在我国多一些，比如有的学者就主张，物质生产和精神生产都创造价值。但是不管怎么说，这些看法的共同点在于，承认科学技术、知识参与价值的创造，为了叙述

---

① 《马克思恩格斯全集》第 46 卷（下），人民出版社 1980 年版，第 217 页。

方便，我在这里借鉴奈斯比特和界屋太一的提法，笼统地称这些观点为科技知识价值论。

二、科技知识价值论的基本观点

科技知识价值论的论点很多，集中起来，主要有如下几点：

第一，科技、知识价值论是知识经济的产物。主张科技知识创造价值的人普遍认为，劳动创造价值是在劳动和资本占主导性资源的社会产生的，科学技术和知识的作用在那样的社会并没有充分体现出来，因此，在创立科学的劳动价值论时，马克思要么是忽视了科学技术在价值创造中的作用，要么就是为了便于分析而抽象掉了。而在知识经济时代，科学技术已经成为公认的第一生产力，成为新的经济增长点和社会主导性资源。对这种资源的开发水平与利用程度，从根本上决定着经济的发展水平和质量，并成为区分知识经济与工业经济的重要标志。由于社会主导性资源发生了变化，为了适应社会经济的新变化，价值论也必须随着时代发展而发展，即用科技知识价值论代替劳动价值论。

第二，在科学技术知识的传播、转移和应用过程中，存在着边际效用递增规律。也就是说知识在传播和转移的过程中，会丰富和发展自己，知识的价值也会增加，因此，知识价值还应包括增大的价值。因此，知识的价值不仅包括自身转移的价值，还包括新创造的价值，这种价值是由生产者再吸收、消化、应用已有的科技知识的劳动创造的。因而，科技知识的价值构成就包括"知识产品中所包含的物化劳动的价值"和"知识产品中包含的活劳动价值"①。也有人认为知识价值由"活载体知识的价值"、"硬载体知识的价值"和"软载体知识的价值"等三部分价值构成②。还有人认为，知识的价值由主体价值、载体价值和转移价值等三大部分构成，主体价值指知识生产过程直接投入的活劳动所创造的价值，转化（移）价值一部分是物化劳动的价值，另一部分是知识生产所利用的原有知识、信息转化过来的价值。知识价值转化是个劳动过程（也是知识同其他经济因素结合的过程），故知识价值转化可以产生新的价值，这时所转化的价值要超过知识自身的价值③。

第三，科学技术知识渗透到生产资料中，可以提高生产资料的结构、性能和质量，提高劳动生产率。促进经济增长，使企业产生更多的剩余价值和超额

---

① 王鹏程："知识价值论初议"，《经济学动态》1985 年第 2 期。
② 司佾："论知识的价值"，《光明日报》1985 年 4 月 10 日。
③ 郭强："知识经济中知识的价值构成与价值转化"，《学术研究》1998 年第 12 期。

剩余价值，这些新增加的剩余价值和超额剩余价值的源泉就是科学技术知识①。还有人认为，科学技术知识渗透到人的劳动力中，可以提高劳动力的素质，变简单劳动为复杂劳动和熟练劳动，从而带来更多的新价值。比如现代人力资本理论就强调具有高新科学技术知识的劳动者的脑力和体力、管理的知识、技术和经验是重要的资本，它们能带来价值。甚至还有人提出，在知识经济时代，对劳动力的要求更高，为了不断提高劳动力的复杂程度，必须为此付出更多的教育（培训）的资料和费用，这种无形投入使所得劳动力复杂程度大大提高，因此这种支付的费用都具有了预付资本的属性，构成了资本的一部分，同样实现着价值的增殖。

三、对科学技术知识价值论的评析

从表面上看，科技知识价值论十分重视科学技术在生产中的作用，关注现实社会和当代劳动的变化，密切联系实际并与时俱进，但是，理论的发展和创造并不随个人的主观的意志为转移，也不意味着越新越好，相反，理论的创造具有内在的逻辑规律，它的科学性需要经过实践的检验和发展。仔细研究发展变化了社会现实和马克思主义劳动价值论自身的逻辑结构，我们发现，科技知识价值论存在着许多理论与实践上的漏洞和逻辑上的矛盾和错误。

首先，科技知识价值论与劳动价值论存在矛盾。我们知道，无论在以生产者自己的劳动为基础的简单商品生产中，还是在以雇佣劳动为基础的资本主义商品生产中，生产者都必须有知识，都必须掌握为生产商品所需要的科学技术。在以雇佣劳动为基础的资本主义商品生产中，劳动者毫无疑问必须拥有比过去更多的知识，必须掌握比过去更先进的科学技术。在知识经济条件下，科学技术革命正突飞猛进，科学技术知识已经从潜在的生产力转化为现实的生产力，成为名副其实的第一生产力，劳动者要想创造更多的财富，就必须要掌握比过去更多、更新的科学技术知识，不同的只是科技知识量的大小和质的高低。如果现在我们认为科学技术知识创造价值，那么科学技术知识在马克思所处的资本主义社会也应该创造价值，马克思主义劳动价值论所主张的劳动是价值的惟一源泉就是错误的。可见，以今天社会需要劳动者掌握比过去更多、更新的知识和科技为理由来否定劳动创造价值，实际上就是否定马克思主义劳动价值论，赞同和主张科学技术知识和劳动共同创造价值的二元价值论或多元价值论，最终走上了效用价值论的老路。

---

① 参见钱伯海：《社会劳动价值论》，中国经济出版社1999年版。

其次，科技价值论自身存在着逻辑上的混乱和错误。这表现在如下几个方面：第一，根据科技知识价值论的观点，科学技术的价值应该包括以前的科技成果的价值，但是，以前的科技成果的价值到底是多少呢？科技价值论并没有明确指出，不过，依照这种观点的逻辑进行推理，我们知道它由更早的科技成果的价值决定，如果这样无限循环下去，科学技术知识的价值实际上就根本无法计算和衡量。第二，科技知识价值论认为超额剩余价值来源于科技知识的观点也不正确。在现实生活中，每个企业的生产条件和设备、生产者的熟练程度和素质并不完全一样，这就决定了每个企业生产某种商品的个别劳动时间都不是一致的。如果某个企业率先采用先进生产技术，就可以提高劳动生产率，把个别劳动时间降低到社会必要劳动时间之下，从而获得更多的剩余价值和利润。但是，如果我们仔细分析一下就知道，只要社会总的劳动量不变，整个社会的总价值就不会增加，该企业之所得，就是其他企业之所失，价值只不过在不同的企业之间发生了转移。在这里，不变的是价值创造，改变的是价值分配，科学技术并没有创造新的价值，只不过对剩余价值进行了重新分配，把超额剩余价值转移给那些率先采纳先进科学技术的企业而已。那种主张科学技术创造价值的人实际上只是从事物的表面做文章，没有认清价值的真正来源，把价值外在表现形式误作为价值本身，把价值的创造与价值的分配混为一谈，从而实际上掩盖了价值的真正本质。第三，错误地把相对剩余价值归于科学技术的使用。随着科学技术的传播和使用，整个社会生产同种商品的社会必要劳动时间大大减少，社会劳动力商品的价值也就相应地减小，在整个社会总劳动时间不变的情况下，工人的剩余劳动时间的增加了，从而使得剩余价值量增大。要说明的是，由于剩余价值只是价值在雇佣劳动社会的表现形式，剩余价值增大并不意味着社会总价值也增大了，相反，有时候价值会由于劳动量的减少而跟着减少。可见，科学技术只是减少社会必要劳动时间的条件和手段，劳动仍然是其价值的根本源泉和惟一的基础，剩余价值增加仍然来源于剩余劳动的增加，必要劳动的降低。

最后，科技知识价值论混淆了科技知识本身的价值转移和它在价值创造过程中的作用。科学技术是有价值的，它的价值由生产科学技术的生产者的劳动决定；但是科学技术是否创造价值讨论的是科学技术在生产中的地位和作用的问题，其前提是科学技术已经创造出来了，并且已经应用于生产过程中。这是两个不同的问题，两个不同的过程。正如有人指出的那样："科学技术在生产中的贡献，要区分两个方面，一方面，看见科技工作作为生产劳动，参与价值的创造。而且，科技活动是一种复杂劳动，它比普通劳动可创造更多的价值……另一方面，是不断创新的科学技术在创造社会财富中的巨大作用。"[1]如果认为科学技术具有很大的经济意义就断定科技能够创造价值，实际上就是混淆了科学技术的价值与使用价值、价值创造与价值转移、科学技术的生产与它的传播和应用，因而也就不能了解其在价值的真正来源和两种劳动在价值创造过程中的真正作用。

　　总之，尽管科学技术知识价值论十分重视科学技术知识的作用和影响，但是，由于缺乏对科学技术知识本身的含义的揭示和对其本质的了解，因而，它无法深入劳动过程的内部，而只能在事物的表面打圈圈。因此，它不仅在科技知识本身的价值计量上存在相当的臆测和人为因素，难以得出准确的数据，而且在解释社会现实问题上存在一些无法解决的逻辑矛盾。更突出的是，由于它对科学技术创造和应用没有正确区分，因而把价值创造和价值转移混为一谈，混淆了简单劳动和复杂劳动、物化劳动与活劳动、价值和使用价值，最终滑向了二元价值论或多元价值论。

---

①　黄桂田："卫兴华经济思想简论"，《高校理论战线》2001年第3期，第37页。

第五章

关于非劳动生产要素能否创造价值的思考

关于非劳动生产要素是否创造价值的问题，是近年来争论最大的问题之一。尤其是随着电子计算机和自动化技术的出现，就业人数越来越少，直接劳动越来越小，劳动越来越简单。对于这些现象，学术界提出了多种解释和论述，但是，严格来讲，这些观点都缺乏说服力。其实，关于这些问题的讨论和争论并不新鲜，早在20世纪六七十年代，东西方就对生产自动化条件下价值源泉这个问题进行了激烈的讨论，并出现了一系列理论成果。今天知识经济的崛起使得这个问题又凸现出来，并赋予其新的内容和形式，对此我们要有充分的认识。但是，我们还要把握一个基点，那就是对这个问题的讨论只不过是国外六七十年代关于生产自动化条件下剩余价值来源问题的争论在现代科技革命条件下的继续，只有这样，我们就不会在眼花缭乱的新现象中迷失方向。

第一节 非劳动生产要素与价值创造

一、生产要素的含义

生产要素是什么，不同的学者看法并不尽相同。有些人认为，生产要素是指活劳动、劳动手段和劳动对象，而"物化劳动是劳动手段和劳动对象（经劳动滤过）的合称"[①]；有些人认为生产要素包括资本、土地和劳动，资产阶级经济学家萨伊就持这种观点；还有的学者主张，生产要素应该包括土地、劳动、资本、企业家才能（有的人把它叫做企业管理[②]），这四种生产要素共同创造价值；有的人甚至说，共同创造价值的不仅有土地、劳动、资本、企业家才能这几种生产要素或经济要素，还有其他若干非经济要素（西方人力资源理论、新经济增长理论就持这种观点）。由于资本通常是以生产资料和劳动者的方式存在，我们在这里讨论的非劳动生产要素主要是指生产资料（当然包括土地），也就是马克思所说的物化劳动，而把企业家才能、科学技术放到其

---

① 钱伯海：《社会劳动价值论》，中国经济出版社1997年版，第41页。
② 晏智杰：《劳动价值学说新探》，北京大学出版社2001年版。

他地方进行讨论。

二、非劳动生产要素转移而不能创造价值

1. 价值的惟一源泉是人的劳动

马克思认为："劳动首先是人和自然之间的过程，是人以自身的活动来引起、调整和控制人和自然之间的物质变换的过程。"① 因此，劳动首先是人的劳动，只有人才能劳动。人的劳动之所以区别于其他的动物的活动，主要在于人的劳动是有一定的目的和由意志控制的活动。正如马克思在《资本论》中所说的那样，蜘蛛的活动与织工活动相似，蜜蜂建筑蜂房的本领使人间的许多建筑师感到惭愧，但是，最蹩脚的建筑师从一开始就比最灵巧的蜜蜂高明的地方，就是他在劳动过程开始以前，就有明确的目的。人的劳动的另一个特性在于劳动的社会性，"劳动的一般的人类的性质形成劳动的特殊的社会的性质"②。这两个特性决定了任何动物、任何物质都不能劳动，劳动是人的专利。

马克思主义政治经济学还认为，商品生产过程是具体劳动和抽象劳动、使用价值的生产和价值生产的统一。在生产过程中，人们离不开物化劳动和活劳动，但是，这两个因素在价值形成过程中的地位和作用并不一致。物化劳动在生产过程中，与活劳动一起创造使用价值，也就是说，创造物质财富，因此，物化劳动或生产资料，只是使用价值的源泉之一。对这一点，资产阶级经济学家早就认识到了。但是，在价值形成的过程中，物化劳动或生产资料只是起着生产条件的作用，它不能成为创造价值的主体，不能成为价值的源泉。因此，马克思指出："资本是以货币和商品形式存在的积累的劳动，它像一切劳动条件（包括不花钱的自然力在内）一样，在劳动过程中，在创造使用价值时，发挥生产性的作用，但它永远不会成为价值的源泉。"③ 马克思还指出："同商品体的可感觉的粗糙的对象性正好相反，在商品体的价值对象性中连一个自然物质原子也没有。"④ 相反，马克思认为，价值的惟一的源泉是人的活劳动。人的劳动则在价值创造过程中起决定性作用，离开了人的劳动，任何生产资料都不可能成为生产要素参与生产过程，或者说，离开了人的劳动就不可能有生产过程，也就根本谈不上价值创造的问题。因此，非劳动生产要素只与使用价值或物质财富有关，而与价值无关。我们不能把作为价值创造必要条件的生产

① 马克思：《资本论》第 1 卷，人民出版社 1975 年版，第 201—202 页。

② 同上书，第 83 页。

③ 《马克思恩格斯全集》第 26 卷 I，人民出版社 1972 年版，第 73—74 页。

④ 马克思：《资本论》第 1 卷，人民出版社 1975 年版，第 61 页。

资料与创造价值的主体混为一谈。

马克思认为，投入到商品生产中的资本按照其在价值创造中的作用可以划分为两大类：不变资本和可变资本。不变资本主要是指生产资料，也就是物化劳动，它在生产过程中充当活劳动的吸收器，劳动过程离不开它。但是，它本身并不创造价值，在生产过程中，它通过雇佣劳动者的劳动把自己的价值转移到新商品中去，并没有使价值增加任何附加值；可变资本是指用来购买劳动力的资本，它在生产过程中，不仅生产出维持劳动力再生产的价值，而且创造出剩余价值，这就是为什么资本家购买劳动力进行生产的主要原因。因此，商品的价值由三个部分组成，即不变资本的价值、可变资本的价值和劳动力的使用所带来的剩余价值。但是，价值的三个组成部分并不是说价值的来源有三个，而是一个，即工人的劳动。不变资本只是把自身的价值转移到新商品中去，构成新商品价值的一部分，而可变资本则创造新价值。在这里，价值创造和价值转移是两个不同的作用，价值构成和价值形成是两个不同的运动方式。

随着现代科技革命浪潮的发展，生产中出现了越来越多、越来越高级的自动化设备，机器人、电脑不仅提高了生产效率，而且还部分地取代了人类的劳动，人的体力劳动量也越来越小，但是劳动的人类惟一性和社会性决定了不论多高明的电脑和机器人的运转都不是劳动，而且都不能最终取代人的劳动，它们仍然只是人类劳动的创造物，它们在生产中只能充当生产资料，按照人类的意志和需要进行运转，如果不与人的活劳动相结合，自动化程度再高的机器人也是一堆死物。正如马克思所说："在这种劳动中，机器不是生产的当事人，而是原料。"① 而且，马克思针对资产阶级学者所谓"机器创造价值"的谬论，曾经明确地指出："大工业把巨大的自然力和自然科学并入生产过程，必然大大提高劳动生产率，这一点是一目了然的。但是生产力的这种提高并不是靠在另一地方增加劳动消耗换来的，这一点却绝不是同样一目了然的。像不变资本的任何其他组成部分一样，机器不创造价值，但它把自身的价值转移到它所生产的产品上。"② 可见，机器等生产资料的运动不是劳动，也不能创造价值，创造价值的主体只能是人，人的劳动。那些主张非劳动生产要素创造价值的人实际上混淆了人的劳动和物的运转、价值创造和价值转移两对完全不同的东西，从而最终弄不清价值的真正来源。

---

① 马克思：《资本论》第 2 卷，人民出版社 1975 年版，第 194 页。
② 马克思：《资本论》第 1 卷，人民出版社 1975 年版，第 424 页。

2. 劳动量增加是现代价值增加的主要原因

马克思认为,商品的价值量由生产商品的劳动量决定,价值量与劳动量成正比,与劳动生产率成反比。由于劳动是质与量、体力和脑力的统一,因此,在考察价值量的时候,就必须看看劳动是复杂劳动还是简单劳动,是体力劳动还是脑力劳动,如果是复杂的脑力劳动,就必须转化为同质的简单的体力劳动,只有这样,才能精确地计算价值量。但是,由于马克思所处的时代科学技术还不是很发达,劳动的复杂程度区别不大,加上当时的体力劳动还占重要的地位,因此,马克思对脑力劳动和复杂劳动讨论得还不太多;而且由于形成商品价值的复杂劳动在不同国家、不同时代有不同的划分标准,要想准确地把握它十分困难,特别是复杂劳动折算成简单劳动是在一个复杂的经济过程中完成的,为了分析的简便,马克思就抽象掉了这一具体的折算过程,把各种复杂劳动直接当做了简单劳动。但是,这并不意味着马克思所说的创造价值的劳动就是指体力劳动和简单劳动,更不能说马克思否认复杂劳动也创造商品价值,相反,马克思在不同的地方曾论述了简单劳动和复杂劳动的关系,并指出复杂劳动是倍加的简单劳动,这种复杂劳动化简为简单劳动,不是人们计算出来的,而是经济发展过程中自发换算的。随着科学技术的发展、生产力水平的提高,科学技术工作和经营管理作为复杂劳动,越来越具有普遍性,因此,这种复杂劳动毫无疑问同样也创造着价值,而且是越来越大的价值。

现代一些学者认为,随着科学技术的进步,劳动在价值中所起的作用越来越小,生产要素作用越来越大。纵观100多年来资本主义经济发展的历程,我们也的确可以发现这种趋势:随着经济的增长,一方面,劳动投入量相对于人口的增长不断减少;另一方面,资本投入量相对于人均产值不断增加。据美国经济学家和统计学家库兹涅茨统计,美国人均产值从1839—1962年按不变价格计算,平均每10年增长17.2%,人均劳动时间从1850—1952年平均每10年下降2.4%,但是,可以再生的资本与产值的比率在1950年比1850年提高了10%[①]。但是,仔细分析一下,这并不能充分说明产值增长主要来源于资本投入的增加,恰恰相反,它证明了产值增长主要源泉仍然是劳动,其主要原因如下:

首先,劳动总量没有减少,减少的只是体力劳动。据有关资料统计,在总体工人中,劳动力的结构发生了巨大的变化:脑力劳动者增多了,体力劳动者

---

① 引自《现代经济增长》,耶鲁大学出版社1966年版,第64—65、73、76页。

减少了；有知识、有技术的熟练工人增多了，从事简单工作的非熟练工人减少了。以美国为例，在1900年，白领工人比蓝领工人低54.8％，到1979年，白领工人超出蓝领工人13.1％。在1900年美国自然科学家、工程师和技术人员大约8万人，到1970年三类人员分别增加到36.5万、120万和100万①。到1982年，又猛增至54.5万、201.57万和230.31万②。在现代高度社会化的大生产中，产品已经不再是个别生产者的产物，而是由许多不同的工序、不同的企业甚至不同的国别的生产者共同生产的，生产工人就不仅仅指现场操作人员，还包括许多参与了产品制造的所有生产人员。马克思曾经指出过："随着劳动过程本身的协作性质的发展，生产劳动和它的承担者即生产工人的概念也就必然扩大。为了从事生产劳动，现在不一定要亲自动手；只要成为总体工人的一个器官，完成他所属的某一种职能就够了。"③ 其中，研究和技术人员、管理人员所占的比例越来越大，他们构成总体工人重要的一部分，与操作工人一起创造价值，如果把他们的劳动总是也算在内，现代企业的劳动总量很难说一定减少。像贝尔实验室，有1/3的职工是科学家和工程师；美国通用汽车公司有6000多名科学家、工程师、设计人员、后勤人员，其中博士数百名。许多大公司纷纷建立起庞大的研究机构，投入大量的经费。如果价值仅仅是操作工人创造的，那么企业为什么要投入大量的人力、财力、物力到科研和管理上？可见，间接参与生产的脑力劳动者也创造价值。

其次，复杂劳动代替了简单劳动。任何劳动，都是一定的质和量的统一体，质不同，量上就无法直接比较，只能通过转化才能够实现。在现代经济中，由于现代化大生产发展、科技进步、竞争的加剧、市场环境的快速变化以及对利润的追求，企业对劳动的质量、熟练程度、技术水平、劳动强度的要求也越来越高，因而劳动的复杂程度也大大地提高。由于"简单平均劳动虽然在不同的国家和不同的文化时代具有不同的性质，但在一定的社会里是一定的。比较复杂的劳动只是自乘的或不如说多倍的简单劳动，因此少量的复杂劳动等于多量的简单劳动"④。因而，即使劳动力的数量和工作时间减少，总的劳动量有可能增加，价值也会增加。由于劳动力质量的提高主要是通过教育和培训，因此，各个国家十分重视教育的投入，据统计，1960年，美国在校的

---

① 引自《劳动与垄断资本》，纽约，1974年版，第241页。
② 引自《1985年美国统计摘要》，美国商务部1985年版，第580页。
③ 马克思：《资本论》第1卷，人民出版社1975年版，第556页。
④ 同上书，第58页。

大学生人数为 360 万，到 1983 年增至 1080 万，共增加了 2 倍①，学校教育的支出从 1963 年到 1983 年增长了 376.55%，而同期，物质资本的投资则摇摆不定，物质资本净投资只增加 69.21%，前者是后者的 5.44 倍。在 1966 年，学校教育支出只有物质资本净投资的 86%，到 1983 年前者则是后者的 2.14 倍。教育和培训的发展使得劳动力的质量和素质发生了根本的变化，培养了一大批适合现代生产的科学家、工程师、技术专家和管理人员，从而使得生产日益走向高度机械化和自动化，劳动创造价值也体现不同的特点，脑力劳动成为价值的主要源泉。

现代社会劳动数量增长是有限的，但是，质量可以无限提高，并成为经济发展的主要动力，对此，美国经济学家、1987 年诺贝尔经济学奖获得者索洛也证明了这一点，他指出：按照柯布－道格拉斯生产函数，在劳动力不变的情况下，资本每增加 3%，产量就增加 1%。在 1909—1949 年间，美国私人非农业部门按人时计算的资本额增长了 31.5%，这样，按人时计算的产量应该大约增加 10%，但事实上，这个时期按人时计算的产量却增长了 104.6%。也就是说，有 90% 的每人时产出量不能用每人时资本投入量来解释②。对这个差距，美国经济学家、1979 年诺贝尔经济学奖获得者舒尔茨这样解释："如果我们全然不考虑使估计总产出和总投入这样的总量产生混乱的指数和加总的问题，有两个因素也许能说明这个差距。一种是规模的收益；第二种是投入质量的重大改进，这种改进已经发生但却在对投入的估算中被忽略了。我国经济在某些部门毫无疑问发生了规模收益递增，然而它被另一些部门的规模收益递减所抵消。如果我们能识别和衡量两者净收益，也许会证明它是很大的。另外，尚未充分估计到的投入质量的改进无疑有一部分是物质（非人力）资本。然而在我看来，与被忽略了的人的能力的提高相比，被省略或估计不足的规模节约，只是投入和产出增长率之差的一个次要源泉。"③ 在舒尔茨看来，投入和产出增长率的差额，主要取决于规模节约和投入质量的改进，特别是劳动力质量的提高。而收益递增仍然主要归于劳动这个因素。在现实的资本主义经济中，所谓规模收益递增的原因主要有两个：第一，生产规模扩大所带来的节约。比如说，当生产规模扩大到一倍，管理人员、保卫人员和厂房建筑不必成

①　引自《1985 年美国统计摘要》，美国商务部 1985 年版，第 131 页。

②　参见"技术变化和总生产函数"，载于《经济学与统计评论》1957 年 8 月号（"Technical Changes and Aggregate Production Function, *Preview of Economics and Statistics*"）。

③　引自"对人力资本的投资"，载于《政治经济学杂志》1960 年 2 月号（"Investment in Human Capital", *Journal of Political Economy*）。

倍地增加，这样，少于一倍的投入量可以得到增加一倍的产量。但是，这样的节约带来的规模收益递增是有限的，不是经济增长的主要原因。第二，生产规模扩大所带来的劳动专业化。在劳动者和机械设备的数量增加以后，可以进行专业化生产，从而大大提高劳动熟练程度和劳动强度，使得产量和价值大幅度增长。可见，劳动专业化是规模收益递增的主要原因。与规模收益递增相比，投入因素质量尤其是劳动力质量的提高在经济增长中所起的作用更大，尤其是在科技革命的今天，劳动者所受教育的程度、掌握知识的广度和深度、技术掌握的熟练程度、组织管理水平都与以前不可同日而语，它使得劳动生产率几倍、几十倍乃至几百倍地增长，实际上成为现代经济增长的主要源泉。

3. 价值与价格、国民生产总值并不完全一致

马克思认为，商品的价值量由生产商品的社会必要劳动时间决定，价值量与社会必要劳动时间成正比，与劳动生产率成反比。今天，随着生产率发展，使用价值越来越多，单位商品的售价不仅没有像马克思所说的那样下降，反而保持稳定或有所提高，而国民生产总值、价值总量也大幅度增加，因此，有人就断言：价值的源泉不再仅仅是劳动，还包括其他生产要素。对这种观点，我们应该仔细分析，而不能仓促地得出结论。

首先，并不是所有的商品的价值都下降，而是有些上升，有些下降。的确，马克思曾经指出："不管生产力发生了什么变化，同一劳动在同样的时间内提供的价值量总是相同的。但它在同样的时间内提供的使用价值量会是不同的：生产力提高时就多些，生产力降低时就少些。因此，那种能提高劳动成效从而增加劳动所提供的使用价值量的生产率变化，如果会缩减生产这个使用价值量所必需的劳动时间的总和，就会减少这个增大的总量的价值量。"① 也就是说，在劳动量不变的情况下，单位商品的价值量与劳动生产率成反比，使用价值则与劳动生产率成正比，总的价值量保持不变。但是，由于马克思所处的时代，资本主义不是那么发达，科学技术所起的作用还没有充分发挥，因此，他对因技术原因引起劳动量的变化没有仔细分析。实际上，马克思的劳动价值学说中，单位商品的价值量随着劳动生产率的提高而下降，是以劳动的数量和质量不变为前提，但是，在今天来看，技术的进步往往和劳动的复杂程度提高紧密地联系在一起，如果劳动复杂程度提高的倍数等于劳动生产率增加的倍数，单位商品的价值就保持不变；如果劳动复杂程度提高的倍数大于劳动生产

① 马克思：《资本论》第 1 卷，人民出版社 1975 年版，第 60 页。

率增加的倍数，单位商品的价值就提高；反之，如果劳动复杂程度提高的倍数小于劳动生产率的增长幅度，单位商品的价值下降。价值不仅与劳动的量有关，而且还与劳动的质紧密地联系在一起。因此，单位商品的价值和使用价值并不必然成反比，有时成正比，关键就要看它与劳动的质量的对比关系。如果我们具体分析一下现实中各类商品的价格变动趋势，就会发现并不是所有的商品的价格都是上升的，有些则明显下降，比如家用电器即使在通货膨胀十分明显的时候都如此，这种情况还发生在那种研制出来不久的新产品，以及受科学技术进步影响比较大的商品上。而有些商品的价格则是上下波动的，比如原料、石油等。这些既与供求有关，但是，最终取决于各自的劳动生产率变化幅度与劳动复杂程度变化幅度的比例关系。在现实社会中，我们就不能用使用价值量来机械地与原有价值相乘得到总价值量，而应考虑单位产品的价值随着劳动生产率变化而发生的变化，我们也不能将使用价值增大看做价值增大的来源，而应认为这更多更好的使用价值中凝结着更高质量的劳动，正是它，才引起了使用价值和价值的同向增长。

至于商品的售价不变或上升以及国民生产总值的增加的问题，现实生活中的确有这种现象存在，美国商务部 1985 年的统计资料表明，自 1950 年以来，美国消费品、投资品或国民总产品的市场价格都趋于上升，甚至在排除了非常事件的影响以后，都是如此，并且，增长的幅度越来越大[1]。然而，这并不能说明价值必然在增大，而只能说明以纸币计算的价格的变化。其实，战后价格水平不断上升的一个重要原因，是货币的供应量急剧增长，尤其是 30 年代资本主义世界经济大危机之后，各国普遍采取扩张的财政金融政策，致使狭义货币供应量增长率大大地超过了实际国民生产总值的增长率，而且如果把各种定义的货币供应量都包括进来，那么，货币数量要增加数倍，因为，美国仅仅 1983 年，m_2 是 m_1 的 4.2 倍，m_3 是 m_1 的 5.2 倍，l 则是 m_1 的 6.0 倍（l 指 m_3 加上其他的流动资产，如欧洲美元、储蓄债券、短期政府债券等）[2]。毫无疑问，由于货币尤其是纸币发行量的增加，单位商品的售价有可能会增加，而以此为统计标准的国民生产总值自然也就增加了。因此有人说："用纸币计算的价格，或用价格计算的国民生产总值、国内生产总值等的绝对量及其增长率，便难以能反映价值的绝对量及其增长率。"[3] 美国经济学家拉若其曾经指出，

---

[1] 参见《1985 年美国统计资料》，美国商务部 1985 年版，第 468、469、475 页。

[2] 同上书，第 503 页。

[3] 黄桂田："卫兴华经济思想简论"，《高校理论战线》2001 年第 3 期，第 35 页。

如果以物质生产为衡量标准，今天美国的一个劳动力平均拥有的物质产品和劳动条件（包括家庭生活的消费品、社会基础设施如供水、铁路、发电系统、农业和制造业的资本设备，以及从事物质生产的劳动力）仅仅相当于 25 年前的一半，尽管人们拥有更多的货币收入，但是实际购买力却下降了一半。另一位著名的经济学家林顿·拉鲁什也认为，反映经济增长的国民生产总值和国内生产总值指标，是建立在增加值的货币基础上的，由于货币金融体系已经同实质经济隔离，这两种数字对讨论国民经济的健康毫无益处。而政府在编制这些统计数据时总是极力夸大。东西方著名学者都同时持这一观点说明，国民生产总值和国内生产总值评价体系与价值评价体系并不相同，数量上也不等，因此，不能用国民生产总值和国内生产总值的增大来论证价值总量的增大。

　　另外，在科学技术迅速发展的条件下，采用先进的机器设备往往成为企业成功的关键所在。由于机器设备越来越先进，越来越复杂，生产它们所花费的复杂劳动就越多，它的价值量就越大，从而转移到产品中的价值量就越大。从总体来看，正如马克思所指出的："机器不是使产品变便宜，而是使产品随着机器的价值相应地变贵。很明显，机器和发达的机器体系这种大工业特有的劳动资料，在价值上比手工业生产和工场手工业生产的劳动资料增大得无可比拟。"① 从个量来说，大规模地采用先进的机器设备对转移到单位商品中去的价值量的影响，在很大程度上取决于资本家使用机器设备的目的。显然，资本家使用机器设备的主要目的之一是降低商品的个别价值，以便在社会价值不变的前提下获得更多的剩余价值。马克思指出："如果只把机器看做使产品便宜的手段，那么使用机器的界限就在于：生产机器所费的劳动要少于使用机器所代替的劳动。可是对资本说来，这个界限表现得更为狭窄。由于资本支付的不是所使用的劳动，而是所使用的劳动力的价值，因此，对资本说来，只有在机器的价值和它所代替的劳动力的价值之间存在差额的情况下，才会使用机器。"② 比如说，19 世纪中叶，美国人已发明了碎石机，但是，因为英国的碎石工人的劳动只有很小的一部分是有报酬的，英国资本家就不愿采用这种机器。针对这些情况，马克思严厉指出："恰恰是英国这个机器国家，比任何地方都更无耻地为了卑鄙的目的而浪费人力。"今天，交通工具已经高度现代化了。但是，有的资本家为了攫取更多的利润，他们宁愿利用人力板车去搞陆运也不去使用新型的交通工具。可见，使用机器设备虽然使固定资本转移的价值

---

① 马克思：《资本论》第 1 卷，人民出版社 1975 年版，第 424 页。
② 同上书，第 430—431 页。

在产品价值中的比例增大，但不会提高单位商品价值。长时期以来，价格竞争一直是市场竞争的主要形式，资本家使用机器的目的主要是使产品更加便宜。

但是，战后以来，非价格竞争已成为资本主义竞争的主要形式。据统计，对美国200家大公司的调查结果表明，有79%的公司认为经营成功的首要因素是研制新产品，改进现有产品和增加花色品种。对另外200家英国大公司的调查结果表明，有80%的公司认为在最大程度上保证经营成功的因素是质量。尽管降低成本对于获取更大利润仍十分重要，但是没有一家公司把价格因素列在首位。这说明，在现代资本主义条件下，厂商获得最大利润的最重要的手段已不是降低成本，而是提高质量。为了提高产品质量，小厂商力求采用最先进的技术装备。即使在采用先进设备以后个别价值会高于社会价值，单位商品的利润会减少，但由于质量可靠，销售量增加，总利润将会增大。在这种情况下，使用机器设备不仅使从固定资本转移的价值在商品价值中的比例增大，而且还使单位商品的价值上升。这也是导致某些商品价值上升的一个因素。

另外，随着科学技术的日新月异，固定资本的无形损耗增大。据统计，新技术从开始研制到制成产品的时间缩短了。从1890—1919年间，研制和掌握新技术的总平均持续时间是37年；在1920—1944年间是24年；到1945—1964年间缩短为14年。电子计算机的发展最为典型。在第一代电子计算机于1951年投入使用以后，它在1959、1964、1969、1975年已分别进入第二、三、四、五代。在这种情况下，厂商所使用的技术设备从物质形态上说仍完好无损，但它们的实际价值已大大减少，从而因无形损耗转移到产品中去的价值增多了；因此，即使厂商使用先进技术设备的目的是为了使产品更便宜，但无形损耗的加快有可能使商品的价值上升。特别应该注意的是，为了刺激总需求，避免经济危机的发生，西方各国政府相继采用"加速折旧法"，大大缩短了固定资本的使用年限，提高了固定资本的折旧率。结果，使单位商品的价值随之上升了。

最后，市场条件对价格的影响也很大。西方资本主义国家为了避免生产过剩的危机，总是采取扩张的财政货币政策，刺激经济和需求的持续增长，力图使产品处于紧缺状态，这势必抬高商品的价格，使得商品的价格水平长期处于价值水平之上。而且，今天的资本主义已经进入新的阶段——国际垄断资本主义，跨国公司加强了对本部门、本行业和国家、地区的商品的生产销售的控制，生产价格转化为垄断价格，这也是市场价格长期高于价值，价格水平不断上升的原因之一。

4. 相对剩余价值和超额剩余价值的源泉是活劳动

有人还认为，由于企业采用先进的设备、工具和原料等生产资料，企业的剩余价值大大增加，而劳动没有多大变化，因此，相对剩余价值和超额剩余价值主要来自生产资料（有人称它为物化劳动）①。的确，先进的生产资料能生产出更多的使用价值和财富，但是，这并不意味着它们能创造更多的价值。马克思认为，资本主义商品生产过程如果只进行到劳动创造的新价值等于劳动力价值这一点，那就是单纯的价值形成过程；如果进行到这一点以上，那就是价值增值过程。因此，价值增值过程就是剩余价值的生产过程，就是超过劳动力价值的那部分价值的形成过程，资本主义商品生产过程是价值形成过程和价值增值过程的统一。如果说物化劳动是相对剩余价值和超额剩余价值的源泉，那么首先就得是价值的源泉，但是我们知道，生产资料是物，不管多么先进，它只创造使用价值而不创造价值。从相对剩余价值和超额剩余价值生产过程看，我们也会得出相同的结论。所谓相对剩余价值生产，就是在总工作日不变的前提下，减低劳动力商品的价值，从而相对地增加剩余价值的生产。既然工作日不变，那么，劳动力创造价值就不变，减少的只是劳动力本身的价值。相对剩余价值并没有增加价值总量，只是改变了价值在资本家和工人之间的分配，价值仍是工人的抽象劳动创造的。所谓超额剩余价值的生产，是指资本家的个别劳动时间低于社会必要劳动时间从而获得的超过平均利润的利润。而社会必要劳动时间是该行业生产厂家之间的平均。在劳动时间的平均化过程中，生产效率高的企业以较少的劳动换回较多的劳动，个别企业的所得就是其他企业之所失，社会总价值不变。而且，超额剩余价值具有暂时性，当社会大部分厂商都采用该生产资料后，超额剩余价值就不存在了。所以说，相对剩余价值并没有增加价值总量，只是改变了价值在该生产部门生产厂商之间的分配比例。因而，相对剩余价值和超额剩余价值主要来源于生产资料的观点也就不能成立，这种观点的错误在于混淆了价值形成过程和价值增值过程。

第二节　非劳动生产要素价值论

一、非劳动生产要素价值论的含义

所谓非劳动生产要素价值论，就是承认和主张非劳动生产要素创造价值的

---

① 参见钱伯海：《社会劳动价值论》，中国经济出版社 1998 年版，第 46 页。

观点和学说。严格地讲，非劳动生产要素价值论并不否定活劳动创造价值，相反，大多数主张非劳动生产要素创造价值的人一般都承认劳动也创造价值，只不过有的人认为各种生产要素各自独立造价值，有的人认为劳动和非劳动生产要素结合共同创造价值。为简便起见，我把所有承认非劳动生产要素参与价值创造的观点统称为非劳动生产要素价值论。

主张生产要素创造价值的观点历史悠久，早在19世纪庸俗经济学家萨伊就提出过著名的"三位一体"公式，即资本创造利润，土地创造地租，劳动创造工资。这种错误观点当时曾遭到了马克思、恩格斯的迎头痛击，萨伊定理破产了。但是，这种解释价值源泉的思路一直被资产阶级经济学家沿袭下来，并在以后的效用价值论、边际主义学派等理论中不断反映出来。今天，由于科学技术的发展，生产资料的改进，使得劳动生产率和剩余价值率大大地提高，如何解释增大的剩余价值就变成了经济学界的一个焦点，生产要素创造价值的论调重新高涨起来。过去我国学术界大多坚持"只有活劳动才能创造价值，其他非劳动要素不创造价值"的一元价值论观点。但是近几年来，主张生产要素创造价值的观点越来越多，它的表现形态也有很多种，其中比较突出的是社会价值论、整体劳动价值论①、共同价值论②、三元价值论、新劳动价值一元论、生产要素价值论③等。尽管这些观点的内容和理由并不一致，有的甚至相差很大，但是它们有共同的一点，即价值的源泉不止是活劳动，还包含其他生产要素。

二、非劳动生产要素价值论的基本观点

1. 物化劳动和活劳动共同创造价值

这种观点认为，物化劳动是从生产的角度看问题，是运用生产要素——劳动手段、劳动对象和劳动力，进行生产，制造产品，创造新的使用价值，以满足人们需要的活动过程。物化劳动是物质化的活劳动，它具有物质和劳动两重属性。作为劳动属性，它不同于一般的活劳动，各色各样的活劳动凝结其上，赋予各种性能，即各种使用价值，供人们作各种目的的使用；作为物质属性，它有自己的所有制归宿④。在这种观点看来，物化劳动和活劳动是同步的，企业的物化劳动，不论是劳动手段还是劳动对象，都是其企业生产的，也就是社

---

① 钱津："价值分析：劳动整体中的主客体作用关系"，《天津社会科学》1998年第1期。
② 吴怀琏："对几个经济学概念的重新认识"，《求索》1995年第4期。
③ 晏智杰：《劳动价值学说新探》，北京大学出版社2001年。
④ 参见钱伯海：《社会劳动价值论》，中国经济出版社1998年版，第41页。

会活劳动创造的，因此，价值创造从社会看是活劳动创造价值，从企业看是物活劳动共同创造价值，两者是恒等的。

这种观点还认为，相对剩余价值和超额剩余价值主要来源于物化劳动，剩余价值 m_c 是物化劳动的组成内容和特殊表现。另外，同活劳动一样，物化劳动还发挥代替活劳动和节约活劳动的作用，它不仅转移价值，而且创造价值，成为剩余价值的主要来源①。科学技术正是通过物化劳动提高生产率来实现价值增值的。这种观点还认为，剩余价值 m_c 是企业所享受到的公共服务，它通常以税收的方式支付，但是，实际上，它属于不变资本，属于物化劳动，因此，它也创造剩余价值 m_c②。

这种观点还认为，劳动二重性本身就包含企业物活劳动共同创造价值。因为具体劳动是指作为劳动力的活劳动以及凝结在劳动手段、劳动对象上的形形色色活劳动的总称，而凝结在劳动手段、劳动对象上的活劳动，统称为物化劳动。讲具体劳动创造使用价值，也就是物活劳动共同创造使用价值。物化劳动是活劳动的凝结或物化，归根到底，是活劳动创造使用价值。抽象劳动是指一般的人类劳动。它形成商品的价值。既然物活劳动（劳动力、劳动资料和劳动对象）共同创造使用价值，也必然共同创造价值。由于抽象劳动是指各种具体劳动，即三要素中活劳动的抽象，因此，讲抽象劳动创造价值，就是三要素凝聚和依附的活劳动创造价值，实际上是物活劳动共同创造价值。这样，就克服了传统的价值创造一元函数和使用价值创造的多元函数的口径不一致的缺陷，也保持了商品二因素和劳动两重性的内在的逻辑联系和支持③。该观点还指出，"从社会看，产品价值只分解为两个部分：V+M。"因此，亚当·斯密关于价值全部分解为收入的论断，"乃是一个精湛的见解和发现。"

这种观点还认为，物化劳动创造价值不等于资本创造价值。尽管物化劳动经常表现为资本，但是资本只在特定的社会存在，而物化劳动是永恒的。资本不能创造价值，但是由于物化劳动，必须"分取"一部分劳动成果，而物化劳动不仅转移价值，而且和活劳动共同创造价值。因此，"按资分配，给以相应的报酬，不存在剥削问题"④。

---

① 参见钱伯海：《社会劳动价值论》，中国经济出版社 1998 年版，第 71 页。
② 同上书，第 46—48 页。
③ 同上书，第 53、55、54 页。
④ 钱伯海："社会劳动创造价值之我见"，《经济学家》1994 年第 2 期。

2. 物化劳动多功能论和物化劳动力论

物化劳动多功能论认为，物化劳动并不像一般的人认为的那样只有转移价值的功能，相反，它还具有另一种重要的功能，即它对活劳动的"储存——转移——释放"。在使用过程中，物化劳动不仅要转化已经物化在其中的人类劳动（自身价值），而且将其储存着的活劳动释放出来。因此，物化劳动在生产过程中既有转移价值的功能，又有创造价值的功能[①]。

而物化劳动力论则认为，劳动者的劳动力，分为人化劳动力和物化劳动力，其中每种又都有动、静两种属性，这就是所谓劳动的两种属性四种形态。由于动静是相互转化的，因此"人化劳动力增殖价值，物化劳动力也增殖价值，物化劳动力和人化劳动力是新增价值的两个来源"，这就是所谓的物力增值规律[②]。

3. 整体劳动创造价值

这种观点认为，马克思主义劳动价值论存在一定的不足，因为它对抽象劳动的有用性未作明确的阐释，而理性地抽象地认识劳动的有用性对于发展劳动价值论至关重要。劳动本身是类概念，人类劳动分为有用劳动与无用劳动两大块，有用劳动既是抽象的，又是具体的，有用性既表现为使用价值，又是价值不可缺少的基本性质之一。抽象的劳动有用性（即价值），或者有用的抽象劳动，不能理解为自然的有用性，而是社会的有用的。在劳动二重性意义上，决定抽象劳动的社会有用性是具体劳动的社会有用性，即是社会使用价值决定价值。

这种观点还指出，马克思曾经说过："劳动首先是人和自然之间的过程，是人以自身的活动来引起、调整和控制人和自然之间的物质变换的过程。"[③]因此，科学地认识劳动，一定要把握劳动的整体性，即要认识完整的包括劳动主体与劳动客体两个方面的对立统一关系。在劳动过程中，人的方面是劳动的主体，是能动方面；自然的方面是劳动的客体，是受动方面，既包括人化自然，又包括人的自然化。割裂劳动主体与劳动客体统一的整体性，定然会使政治经济学的研究步入迷途。劳动客体被划分为劳动手段和劳动对象。劳动客体是发展变化的，劳动客体的发展变化是由劳动主体活动能力的发展变化决定的。因此，在价值创造中，劳动主体和劳动客体共同起作用，共同创造价值，价值创造由劳动整体完成，单纯的劳动主体作用和单纯的劳动客体作用都无法

①　刘解龙："社会主义市场经济分配方式探讨"，《江海学刊》1993 年第 3 期。
②　华定谟："论物力增值规律"，《经济改革》1994 年第 2、4 期。
③　马克思：《资本论》第 1 卷，人民出版社 1975 年版，第 201—202 页。

实现价值创造。劳动就是劳动过程，把价值仅仅归纳为活劳动违背马克思劳动定义。

这种观点还认为，传统的劳动价值论存在逻辑上的矛盾，一是将劳动肯定为人与自然之间的物质变换过程与强调劳动并不是它所生产的使用价值即物质财富的惟一源泉存在着逻辑冲突。劳动既是主体和客体的统一，那么劳动就是财富和价值的惟一源泉。二是认为劳动客体对创造使用价值起作用，对创造价值不起作用，在逻辑上也是讲不通的。因为就劳动成果而言，有使用价值，或者说有社会使用价值，就必然有价值，价值与社会使用价值，是一个问题的两个方面，因而，劳动客体即土地、资产等，只要能在创造使用价值上起作用，就必然同样能在创造价值上起作用（这种客体作用是融于劳动整体作用之中的）。对劳动客体只能在创造使用价值上起作用，不能在创造价值上起作用的认定，与同一标准二重性的逻辑认定，是相违背的。实质上，任何劳动成果的取得，都离不开劳动客体的作用。抽掉劳动过程中的劳动客体，劳动都是没有成果的，没有成果，即不会有任何价值的存在。

这种观点还主张，价值创造表示劳动成果的价值具有，是劳动整体作用，包括劳动客体作用，也包括劳动主体作用；价值归属表示劳动成果只由劳动主体占有，劳动客体永远没有价值归属。劳动主体代表劳动整体接受劳动整体创造的价值归属，而不是劳动整体创造的价值归属劳动整体。如果不划清价值创造和价值归属，就会犯如下两种错误：一是认为要按各种劳动要素在价值形成中的贡献分配，承认各种劳动要素的价值创造作用，否认仅以劳动主体活动时间计算价值，提出新劳动价值论一元论。另一种观点既反对价值论的多元论也反对新劳动价值论一元论，不承认各种劳动中的生产要素都有价值创造作用，反对按活劳动、土地、资本的贡献分配，坚持价值只能按劳动主体的活动时间计算。这种观点还指出，将政治经济学的研究局限于以简单劳动为分析对象，也是已有理论未能贯彻劳动整体性于劳动价值的一个重要方面。现代复杂劳动特别是高技术复杂劳动展示了劳动主体的高度智能和劳动客体的高度广阔，并表明一定的复杂劳动的劳动客体对某些简单劳动的劳动主体具有一定的替代性（非全部），这突出地显示了同时代劳动中存在着劳动主体与劳动客体相互结构的很大差异①。主张从整体的高度认识劳动与价值的关系，将劳动价值论全部贯通。

---

① 参见钱津："价值分析：劳动整体中的主客体作用关系"，《天津社会科学》1998 年第 1 期。

4. 生产力创造价值

持这种观点的人认为，生产要素之所以创造价值，在于它们形成了一定的生产力。但是，生产要素究竟形成哪几种生产力，各人的解释又不尽相同。"新劳动价值一元论"主张生产力包括劳动自身的生产力、资本生产力和土地生产力三大类①；有的则从纵向角度把生产力划分为自然生产力、机器生产力和知识生产力，而有的人则把它概括为土地生产力、资本生产力和科技生产力等等。那么，这些观点的论据分别是什么呢？

"新劳动价值一元论"认为，传统的劳动价值一元论不能解释社会生活的价值决定问题，因此，"只有从逻辑上否定旧的理论才能肯定和发展新的理论"，主张用新的劳动价值一元论来代替传统劳动价值一元论。怎么代替呢？"新劳动价值一元论"认为：首先，重新定义劳动，把劳动看做是由其生产的一定量的使用价值所体现的或支出的劳动量；其次，扩大劳动的范围，把资本等非劳动生产要素引入劳动（劳动生产率）概念中来，把使用价值的生产或劳动生产率加进来；再次，对马克思主义劳动价值论重新理解。"新劳动价值一元论"认为，马克思主义的价值决定于社会必要劳动时间这一规定，"本身就已经确定了非劳动生产要素在价值决定过程中所起的作用。"② 由于价值量由劳动量决定，而劳动量等于劳动时间乘以劳动生产率，劳动量与劳动生产率成正比，因此"价值与劳动生产率成正比"，因此马克思的"价值与劳动生产率成反比"的论断就不能成立。"新劳动价值一元论"进一步推断，由于马克思所说的劳动生产力具有多种形态，既包括劳动的自然生产力、劳动的社会生产力，还包括劳动的资本生产力和劳动自身的生产力，这些生产力总和决定了劳动生产率，而劳动生产率决定价值，因而，"劳动自身的生产力与劳动的资本生产力以及劳动的土地生产力共同创造价值"③。"新劳动价值一元论"还认为，这种劳动的重新定义所要表明的各个生产者之间的劳动差别和劳动生产率的变动，是单纯用劳动时间来定义劳动所表示不出来的，这种新解释不构成对马克思主义经济学的否定，是对原有理论的批判继承关系，是与新古典的边际生产力论完全不同的，因为它包含和运用了马克思主义经济学的最基本原理，即人们之间的利益冲突和技术变动，所要分析的是技术变动条件下的人们之间的利益冲突或生产力与生产关系的相互作用，是对马克思主义经济学的一种新

---

① 谷书堂、柳欣："新劳动价值一元论"，《中国社会科学》1993 年第 6 期。
② 谷书堂主编：《社会主义经济学通论》，上海人民出版社 1989 年版，第 112 页。
③ 谷书堂、柳欣："新劳动价值一元论"，《中国社会科学》1993 年第 6 期。

的解释。

"新劳动价值一元论"还提出："由于劳动、资本、土地等要素在价值形成中都发挥着各自的作用，所以，社会主义的工资、利息和地租，不过是根据劳动、资本、土地等生产要素所作的贡献而给予这些要素所有者的报酬。社会主义的分配原则，就是在社会必要劳动所创造的价值基础上，按各种生产要素在价值形成中所作的贡献进行分配，或简称按贡献分配。按贡献分配是社会主义社会融各种分配形式为一体的统一的分配原则。"①"新劳动价值一元论"还认为，"古典经济学的价值论未能对各种收入的数量作出严格的规定，是与在价值决定中很难恰当地说明土地、资本等非劳动的生产要素所起的作用有关。""如果这里我们把价值只是作为社会财富的一个计量符号，当我们谈到价值时，即是指一定量的社会财富，那么，问题就可能容易解决一些。"②

新三元价值论对生产力创造价值的论证则又不同，这派学者认为，对劳动价值论的"发展"应从商品入手，必须从传统的定义"商品是用于交换的劳动产品"中去掉"劳动"两个字。因为产品是三要素形成的实际生产力的结晶，是占用三要素的结果，而非劳动单要素或劳动力的单纯结晶。

新三元价值论还认为，商品有具体、个别使用价值和抽象使用价值之分，前者是后者的元素，后者是前者的结晶，没有具体、个别的使用价值就没有抽象的、一般的使用价值。具体生产力对应于具体使用价值，它创造具体使用价值（实体），抽象生产力（即抽象使用价值生产力）对应于抽象使用价值量，它形成（而不是创造）抽象使用价值或价值。价值或价值实体就是抽象的或一般的使用价值，它的大小以抽象生产力（抽象使用价值生产力的简称）来衡量。三元价值论认为，三元价值论中的三元，不是简单地指土地、资本和劳动，而是指以土地或自然资源为载体的自然生产力（也可以称作地力生产力）、以生产资料或二级资源（非自然资源）为载体的物力生产力、以人或劳动者为载体的人力资本生产力等三种生产力。三种生产力或要素不能单独创造价值，而是三种生产力的合力共同创造价值。由于三种生产力协同效应生产的合力（系统力），总是大于三分力（要素力）的简单叠加，因此，生产出的总抽象使用价值总是大于生产中消耗的表现为生产力三分力的抽象使用价值之和，它所形成的价值也就大于三种生产力分力的价值之和，这种差额就是抽象使用价值创造的，也就是说，它是由抽象生产力创造的，也就是三种生产要素

---

①　谷书堂主编：《社会主义经济学通论》，上海人民出版社 1989 年版，第 112 页。
②　同上书，第 108 页。

共同创造的。

新三元价值论还认为，自己的新三元价值论不同于斯密的传统三元价值论，因为，新三元价值论认为劳动的贡献不仅有工资，还有附加价值；资本的贡献不仅有补偿物力资本消耗价值，还有附加价值；土地的贡献除了地租外，还有附加价值。利润即附加价值非物力或人力独创，而是由劳动、物力资本、土地三要素共创，最终归三要素分享。土地附加值用于补偿地力，工资及附加值归工人，资本附加值归资本所有者。这样，就既克服了斯密以价值分配现象的简单归纳代替价值形成内在机制从而回避价值理论的问题，又克服了斯密忽视人与自然的矛盾、劳资矛盾的缺陷。

新三元价值论还指出，马克思曾经说过："随着大工业的发展，现实财富的创造较少地取决于劳动时间和已耗费的劳动量，较多地取决于在劳动时间内所运用的动因的力量，而这种动因自身——它们的巨大效率——又和生产它们所花费的直接劳动时间不成比例，相反地却取决于一般科学水平和技术进步，或者说取决于科学在生产上的应用。……在这个转变中，表现为生产和财富的宏大基石的，既不是人本身完成的直接劳动，也不是从事劳动的时间……一旦直接形式的劳动不再是财富的巨大源泉，劳动时间就不再是，而且必然不再是财富的尺度……"① 根据马克思论述，新三元价值论得出结论："在土地尚未有价值、工具（物力资本）的价值又相当低微可以忽略不计的情况下，物品的价值单独以劳动量加以衡量是自然的，可行的。"② 但是，在工业社会到来的生产阶段，将"工具、材料的价值仅仅归结为人的劳动是不正确的。"新三元价值论还宣称，自己既承认人的劳动是价值的源泉之一，又突破了劳动价值论的适用范围，因此"发展了马克思主义劳动价值论。"

还有人认为，在人类历史长河中，生产力发展经历过三个发展阶段，在农业经济时期，自然的力量占主导地位，它所形成的生产力叫做"自然生产力"；在工业经济时代，生产力迅猛发展，原有的三大要素发生了重大变化，生产力的发展进入了一个新的阶段，即"机器生产力"阶段（有人称为"资本生产力"）；而在知识经济时代，生产力进一步发展，知识将是决定或促进生产力发展的关键因素，这种生产力可以称之为"知识生产力"。因此，在现代生产过程中，三种生产力共同创造价值，使得商品中凝结的价值大大地超过了以前，也使得剩余价值或利润大大地增加。相对于三元价值论，这种观点侧

---

① 《马克思恩格斯全集》第 46 卷（下），人民出版社 1980 年版，第 217—218 页。
② 丁建中：《新价值论与产权改革》，上海社会科学出版社 1999 年版，第 144 页。

重于从历史的角度论证价值是如何被生产力创造出来的。

第三节　对非劳动生产要素价值论的评析

一、对非劳动生产要素价值论几个观点的质疑

1. 物化劳动到底是什么？

有人认为，物化劳动创造价值，但是他们对物化劳动的理解却与马克思大相径庭。按照马克思的观点，所谓物化劳动，是指与活劳动相对而称的一种劳动形式。物化劳动就是指凝结在劳动对象中，体现为劳动产品中的人类劳动。它在劳动过程的终结时，作为劳动产品而存在；同时，在生产过程中，它一般又作为生产资料，作为劳动过程的物质条件。马克思曾经说过："劳动与劳动对象结合在一起。劳动物化了，而对象被加工了。在劳动者方面曾以动的形式表现出来的东西，现在在产品方面作为静的属性，以存在的形式表现出来。"[1]很显然，马克思在这里谈的动的形式就是活劳动，静的属性就是物化劳动，也就是死劳动、过去的劳动或"物化为价值的劳动"，而劳动不断地从动的形式转化为静的形式实际上是指劳动在生产过程中是作为活劳动，但是，到劳动结束时，活劳动已经凝结商品中，成为商品价值的一部分，变成了物化劳动。可见在一定的时间，物化劳动和活劳动的区分是明显的，二者必居其一，不存在既是物化劳动又是活劳动。"从社会看是社会活劳动创造价值，从企业看是物化劳动和活劳动共同创造价值"，实际上是抹杀了物化劳动与活劳动的区别的绝对性，夸大了它的相对性，从而最终混淆了物化劳动和活劳动。而物力增值论主张劳动力具有两种属性和四种形态，实际上也是对马克思上面一段话的误解，它把物化劳动和活劳动在不同条件下的属性当做同一条件下的劳动具有的两种属性，因而最终抹杀了它们的区别，混淆了它们在价值创造中的不同作用。

2. 我国现行的分配方式能够证明非劳动生产要素创造价值吗？

收入分配的原则涉及公平与效率，因而历来受到各界的重视。十六大报告明确提出"确立劳动、资本、技术和管理等生产要素按贡献参与分配的原则"，这是重大的理论突破，对于我们建设有中国特色社会主义实践具有重要的指导意义。十七大报告进一步强调了按劳分配为主体，各种要

---

① 马克思：《资本论》第 1 卷，人民出版社 1975 年版，第 205 页。

素参与分配的分配制度，从而进一步在大政方针上确认了生产要素参与分配的合理性与合法性。

　　所谓按生产要素分配，简而言之，就是根据各个生产要素在商品、劳务的生产和流通中的投入比例及贡献大小来分配国民收入。十六大报告中所提出的生产要素在生产经营中的贡献包括了要素的数量、质量和供求，即要素的贡献是在一定数量和质量下的贡献，也是充分考虑了供求作用的贡献，其生产要素主要包括劳动、资本和土地三大类。这种政策的提出，是对新中国成立以来历史经验和教训的总结和反思的必然结果，也是我国在当前所处的国际国内背景和现实状况下的必然选择，具有合理性。我们知道，在计划经济时代，我国对大部分生产要素采取国家和集体所有制，生产要素的配置主要由国家和集体来进行计划调节，甚至连劳动力也不例外。国民收入在各要素之间的分配很少被考虑到，人们关注的只是国民收入中的工资总额如何分配，至于对剩余产品的分配，一般人是不用关心的。也就是说，在很长时间内，我国基本上没有对要素收入的分配问题进行研究，在政策设计上也很少涉及要素收入分配问题。这种只强调劳动参与收入分配的问题而忽视其他生产要素的作用及其对国民收入的分割的做法严重阻碍了我国经济的发展。随着改革开放的深入，所有制结构和产权结构发生了重大变化，生产要素主体多元化了，个人收入不仅包括工资等劳动要素的收入，还包括利润等其他生产要素的收入。人们越来越关注国民收入在各要素之间的分配，如果不明了要素收入份额的变动及其规律，就很难真正弄清楚个人收入分配的变动及其规律，也就很难充分发挥各个生产要素的作用。今天，我国调整分配制度，鼓励生产要素参与分配，就是要在继续凸显劳动作用的同时，给资本、技术和管理等生产要素以足够的重视，使它们也合理合法地得到回报。尤其是，随着知识经济的初显端倪，人力资本的作用越来越大，教育对于国民收入增长率的贡献正在大幅攀升，人的素质和知识、才能等对经济发展越来越具有决定性意义。因此，如何使人力资本得到足够的回报，对于经济的持续发展以及国民收入的分配变得非常重要。还有一个重要的生产要素就是土地以及资源性财产，它们对于财富生产的作用早已为人们所认识，但是，由于我国土地和自然资源属于国有或集体所有，加上我们对于它们参与收入分配的必要性却一直存在模糊认识，致使长期以来我国的土地和自然资源在很多情况下被免费或低价使用，导致国有资产大量流失，居民收入差距急剧扩大。因此，土地和资源性要素如何参与分配，是在完善收入分配制度时应认真加以考虑的问题。现在有些学者提出土地和资源的分配成果应用来对土地和资源进行补偿，对土地和资源进行保护性开发，就是一个很好的建议，这样做不仅保证了资源的有效利用，也保证了经济的可持续发展，符合科学发展观的基本精神，有利于实现人、社会、资源环境的和谐。

但是，确认生产要素参与分配并不意味着否定马克思主义劳动价值论，也不意味着我们主张生产要素创造价值。相反，它是对马克思主义劳动价值在社会主义初级阶段的具体运用和发展。从理论上讲，价值的创造和价值的分配是两个既相联系而又不同的过程，前者是后者的基础，后者是前者在分配领域的继续。在实际生活中，价值创造和价值分配并不是一致的，有时甚至相反，比如说，在资本主义社会，价值是雇佣工人创造的，但是，价值分配实行按资分配，如果认为按生产要素分配是对劳动创造价值观点否定，那么马克思在按资分配的资本主义社会又是怎么得出劳动创造价值的观点呢？

从价值创造和价值分配决定因素来看，价值是劳动创造的，它揭示价值的本质，因此，价值创造直接与劳动有关，而与其他无关。但是，特定的分配制度是特定的生产关系的反映，由于财产权是生产关系的法律表现，索取权是财产权中的一项重要权利，所以法律上的索取权从本质上讲取决于生产关系，特别是取决于生产资料所有制。在资本主义社会，由于资本主义私人占有，资本家和土地所有者凭借资本和土地所有权获得了对利息和地租的索取权即对剩余价值的要求权，所以能以合法的利息和地租的形式占有剩余价值。而劳动者在工资形式上得到的只是劳动力价值的等价，他们创造的剩余价值完全被资本家无偿占有。在这样异化的条件下，价值分配同价值创造进一步分离。但是，资本主义按资分配这并不构成对劳动创造价值的否定，相反，它必须以已经生产出来的价值为基础，以承认劳动创造价值这个前提。

今天，我国实行社会主义制度，实行按劳分配为主体，按生产要素等多种分配方式并存的分配制度。但是，这种分配制度的存在并不能构成对劳动价值论的否定。因为，马克思设想在社会主义制度中商品生产消亡了，劳动不再表现为价值，因此，按劳分配是个人消费的实物分配，不再是价值的分配，劳动价值论已经失去存在的社会经济基础，因而也失去其自身存在的理论意义。可见，用劳动价值论来说明社会主义按劳分配是错误的。现在，我国事实上存在商品经济和价值关系，但是也应当把价值的生产与价值的分配区分开来。不能简单地说劳动价值论是按劳分配的理论基础。按劳分配的理论基础和现实基础是：生产资料公有制的存在；劳动者成为生产和产品的主人；劳动还没有成为生活的第一需要，而主要还是谋生的手段等。因此，我国承认按生产要素的分配也并不构成对劳动价值论的否定，不能认为我国现阶段形成的分配制度，与承认不承认劳动创造价值有关，也不能认为坚持了按劳分配，否定了按生产要素分配，就是坚持了劳动价值论，更不能认为非劳动的生产要素参与了价值的分配，就具有了创造价值的功能。如果把劳动价值论与分配问题混为一谈，势必会误导人们把"劳动"的范围由活劳动扩大到物化劳动上，从现阶段实行的按生产要素分配的分配方式中去界定创造商品价值的劳动的范围，也势必会误导人们从获取报酬的价值分配方面去推导决定价值的因素，或者论证资本、技术、生产要素等和劳动一样都具有创造商品价值的功能。这种做法，实际上颠倒了生产和分配的关系，用分配决定生产，其错误与斯密教条一样。

3. 生产力能创造价值吗？

在现代一些经济学家中，一些人主张生产力创造价值。他们认为，由于新生产力创造更多更好的使用价值，因而能带来更多的价值。这种观点往往夹杂在生产要素、科学技术知识创造价值论调中，所以常常被人忽视。

什么是生产力？生产力是人们征服自然、改造自然的能力。它通常以劳动生产率的高低来衡量。生产力不是抽象的，而是具体的，世界上没有抽象的生产力。它一般包括劳动者、生产资料、科学技术和管理。正如马克思所说："生产力当然始终是有用的具体的劳动的生产力，它事实上只决定有目的的生产活动在一定时间内的效率。因此，有用劳动成为较富或较贫的产品的源泉与有用劳动的生产力的提高或降低成正比，相反地，生产力的变化本身丝毫也不会影响表现为价值的劳动。"① 也就是说，尽管使用价值是价值的物质基础，但是两者并不是正比关系，使用价值的增加并不意味着价值的增加。在生产力不改变劳动时间的前提下，生产力只影响使用价值，而不影响价值。今天，随着科学技术的进步，生产资料和劳动者都有了很大的改进和提高，生产率也大大地提高，生产的使用价值和财富也成倍地增长，但是，由于价值是凝结在商品中的活劳动（抽象劳动），只要活劳动不增加，价值就不增加。相反，在社会总劳动量不变的情况下，使用价值的增加，只会使得单位使用价值的价值相应地减少，这两者存在反比例关系，而非正比例关系。可见，生产力、生产率

① 马克思：《资本论》第1卷，人民出版社1975年版，第59页。

只与使用价值有关，与价值并无直接联系，生产力再发达，也只改变使用价值，增加物质财富，而不增加剩余价值和价值。正如有人所指出的那样："价值量表明生产中劳动时间的耗费，不表明生产力水平和生产要素在生产中的作用，而表明后者的是所生产的使用价值的质和量，而不在于它们是否创造价值或创造了多少价值。"① 至于劳动生产力的提高，劳动变得更加复杂，劳动量增大，从而导致价值量的增加，那是另外一回事。生产力在这里只是增加物质财富或剩余价值的重要手段，而与价值创造没有直接的联系，主张生产力创造价值的人实际上还是混淆了价值创造和使用价值的生产，混淆了具体劳动和抽象劳动。

4. 存在抽象的使用价值吗？

在生产力价值论中，有一种观点值得注意，它很有迷惑性，并且正在不断传播，那就是"具体生产力创造具体使用价值，抽象生产力创造抽象价值"②。从表面上看，从各种使用价值中抽象出一般使用价值，似乎也符合个别和一般的哲学原理，但是，这种抽象法并非科学的抽象法：

第一，一般使用价值只是使用价值形式上的抽象，没有反映使用价值的本质关系。从辩证逻辑来说，正确区分事物的特殊形态和一般形态以及正确认识两者的关系是十分重要的。一般是通过特殊表现出来，一般存在于特殊之中，然而特殊和一般又是不能混淆的。把具体使用价值抽象为一般使用价值，把一般使用价值归之为使用价值的一般属性即满足需要的属性，这只是从一系列同类事物中抽出其共同点，对于形式逻辑来说是可行的，但对于辩证逻辑来说，却是不够的。只有从共同之点发展为本质之点，把表面的运动归结为内部的现实运动，才能认识事物的本质。马克思正是从商品的使用价值入手，发现了各种不同使用价值的商品之所以能进行交换，是由于它们都是一般人类劳动即抽

---

① 宋则行："论所谓物化劳动也创造价值"，《当代经济研究》1997 年第 2 期。

② 樊纲在他的著作《现代三大经济理论体系的比较与综合》（上海人民出版社 1994 年版，第 139—145 页）中认为，马克思经济理论存在缺陷，他只认识到交换价值形式是价值形式而忽视了它同时也是使用价值形式，而这又源于他缺乏完整的使用价值理论，即缺乏对使用价值量的分析。樊纲认为，对使用价值也可以进行量的分析，那就是从抽象使用价值角度进行，这样，各种商品的使用价值就可以比较，交换价值就有了价值和使用价值基础，马克思劳动价值理论就可以与边际效用理论内在地结合起来。

丁建中在他的《新产权制度与产权改革》（上海社会科学出版社 1999 年版，第 133—134 页。）中提出了"新三元价值论"，并提出了抽象生产力和抽象使用价值概念。他指出，抽象生产力是从生产力的合力大于三个分力中抽象出来的，这种增大的抽象力创造抽象使用价值，也就创造价值，而抽象生产力是三个分力的系统力，因此三个分力也就创造价值。

象劳动的产物，这种抽象劳动的凝结形成了商品的价值，从而揭示出隐藏在商品内部的人和人的关系。而主张把使用价值抽象为一般使用价值的人，并没有从这个一般使用价值中揭示出商品的本质关系，仍然停留在满足人的需要的效用这个浅层次上，因而这种抽象并没有实际意义，不能帮助人们认识事物，陷入了逻辑循环的怪圈。

第二，一般使用价值是脱离实践的抽象。实践是科学抽象的基础，脱离实践便无法进行科学的理论研究，也不能形成科学的抽象。在正确运用抽象力的同时要不断接触现实，以检验抽象的正确性和合理程度，做到客观内容与思想形式的统一。《资本论》的逻辑告诉我们，"逻辑的发展完全不必限于纯抽象的领域。相反，它需要历史的例证，需要不断接触现实。"① 作为一般使用价值范畴并不是从现实中抽象出来的。一是把追求一般使用价值即满足人的需要，作为交换价值的基础或直接决定者，这只能说明它是物质交换或简单商品经济的特征，能反映现阶段商品经济的特征。因为现阶段商品交换的主要目的不是为了使用价值，而是通过交换实现价值或价值增值。二是既然"一般使用价值是交换价值的基础，交换价值是一般使用价值的表现形式"，那么，一般使用价值作为满足需要的效用是千差万别的，又如何能成为交换价值的基础？还由于它本身具有不可通约的性质，又如何通过交换表现出来？正如马克思在谈到他把价值归结为劳动时说："虽然这是一种抽象，但它是历史的抽象。它只是在一定的社会经济发展的基础上才能产生出来。"② 对于经济科学来说，抽象就是要反映本质的规律性要素，就是要反映生产关系的客观规律。抽象使用价值既没有反映客观现实，也没有抓住事物的本质，而是头脑中的主观臆断，它完全颠倒了理论和实际的关系，不是理论要适应现实，而是现实要适应理论，从而违背了科学抽象法的基本要求。

总之，社会中不存在什么抽象的生产力和抽象的使用价值，只有具体的生产力和具体的使用价值。具体的生产力只创造具体的使用价值，不创造价值，创造价值的永远是使用这种先进生产力的劳动者的劳动。

有人还认为，马克思缺乏完整的使用价值理论特别是缺乏对使用价值量的分析，这种指责一方面反映了批评者没有掌握马克思使用价值学说的要义，另一方面也暴露了这些人对西方经济学中边际效用价值论存在不切实际的幻想。的确，马克思没有对使用价值量进行分析，在马克思看来，效用，即使用价

---

① 《马克思恩格斯全集》第 13 卷，人民出版社 1962 年版，第 535 页。
② 《马克思恩格斯全集》第 29 卷，人民出版社 1972 年版，第 300 页。

值，在质上不同，因此，在量上无法比较和计算。因而，政治经济学研究商品使用价值，并不是单纯为了研究各种商品的使用价值，而是研究作为价值载体的使用价值，而作为商品自然属性的使用价值，正如马克思在1861—1863年经济学手稿中所指出的那样，"本身是商品学的任务"。从西方经济学100多年的发展历史观察，效用价值论已是穷途末路。基数效用价值论断言效用可以衡量，可以记数和相加，结果走入死胡同。序数效用价值论企图摆脱困境，以序数分析代替基数分析，仍然无济于事，这些从反面证明了正确的不是西方经济学的各种价值论，而是马克思主义劳动价值论，也表明了所谓的定量分析来解决使用价值问题是徒劳无益的。

二、非劳动生产要素价值论的实质及其错误

严格地讲，非劳动生产要素价值论是与马克思劳动价值论相对立的一种理论，决不存在互相兼容的问题。它与马克思主义劳动价值论主要区别在于，马克思主义劳动价值论认为价值是凝结在商品中的无差别的人类劳动或抽象的人类劳动，价值通常是以凝结在商品中的社会必要劳动时间来衡量。而非劳动生产要素价值论则认为价值是各种生产要素共同创造的。马克思正是在劳动价值论基础上创立了剩余价值论理论。马克思指出：在资本主义社会，劳动者出卖的是劳动力商品，与其他商品一样，劳动力商品也具有价值和使用价值，它的价值决定于生产和再生产劳动力商品所必要的生活资料的价值，即决定于生产和再生产劳动力商品所必要的劳动时间。劳动力的使用价值是能创造价值，而且能创造出比劳动力价值更大的价值。这种由劳动力在生产过程中创造的超过劳动力价值的价值，就是被资本家无偿占有的剩余价值。剩余价值的无偿占有是资本主义剥削的特有形式。马克思的剩余价值理论第一次科学地揭露了资本主义剥削的秘密。

与劳动价值论根本不同，非劳动生产要素价值论断言商品的价值是由各种生产要素共同创造的。西方经济学普遍认为，生产要素就是生产商品所投入的资源。它包括自然资源、资本资源、人力资源，又简称为土地、资本、劳动生产三要素。既然价值是各种生产要素共同创造的，当然就应该按生产要素分配：工人获得工资，资本获得利息，土地获得地租。这就是经济思想史上著名的"三位一体"的分配公式。这种分配理论的实质是否定资本主义剥削的存在，掩盖资本主义剥削的秘密。可见，劳动价值论和非劳动生产要素价值论是两种根本对立的理论。在阶级对立的资本主义社会中，劳动价值论是无产阶级反对资本主义剥削维护自己利益的理论武器，而非劳动生产要素价值论则是资产阶级维护资本主义剥削的理论武器。

由于非劳动生产要素价值论的荒谬和反动，马克思早就把它驳得体无完肤，但是，这种旧的庸俗理论为什么会死灰复燃呢？这恐怕值得我们深思，一方面，我们忽视了对马克思主义劳动价值论进行科学的系统的研究和宣传，致使我们对马克思主义劳动价值论的理论体系和逻辑结构存在许多误解乃至曲解，这种错误的做法不仅表现在许多普通人中间，就连一些长期研究马克思主义经济学的学者中也大有人在，前面所谈的许多奇谈怪论充分说明了这点，可见如何科学正确理解马克思主义理论是一个长期的艰巨的历史任务，不能一蹴而就，不能把其当作灵丹妙药，要用时就找它，不用时就扔掉；对自己有用就拿来看看，对自己不利的就丢掉、篡改乃至歪曲，这些做法严格地讲，都违背了马克思主义基本方法——事实求是的态度；另一方面，社会主义遭受重大挫折，处于低潮，社会主义的理论基石——劳动价值论自然受到怀疑和挑战，如有些人认为，由于劳动价值论存在某种偏颇，导致马克思以及后来的继承者对资本主义和社会主义前途和命运估计错误，导致社会主义的解体，还有人认为，劳动价值论"极容易导致理论上和实践上的极左倾向。……我们队伍中长期存在的极左思想的一个深层次思想来源正在这里。"这种现实暴露出一个问题，那就是在一些人的心目中，对马克思主义的科学性还存在一定程度的怀疑问，马克思主义立场还不够坚定。这种现象将会随着社会主义复兴逐步得到克服，但在目前情况下如何坚定马克思主义信念无疑是当务之急。还有一个原因就是在于市场经济和"知识经济"所生产的一些新现象容易模糊人们的视线，使有些人看不清现象背后的本质，误把现象当做本质。市场经济的表面现象很容易使人产生一种错觉，似乎在生产领域中各种生产要素都参加了商品价值的生产，因而似乎在分配领域中每种生产要素都要得到自己应得的报酬。媒体宣传的"知识经济"也很容易使人产生一种错觉，似乎创造价值的主要是知识，是高科技，是新设备和新生产力而不是劳动，从而转向科技价值论、知识价值论和非劳动生产要素价值论。这就要求我们认真思考当前的现象和形势，用马克思主义立场、观点和方法，采用科学抽象法来揭示事物的现象和本质，做到去粗取精，去伪存真，由此及此，由表及里，科学把握知识经济的内涵和本质，只有这样，我们就不会被纷繁复杂的现象所迷惑，我们也就是从时代的发展中找出事物发展的规律，把握事物发展的脉搏，深化和发展马克思主义劳动价值论。

可见，非劳动生产要素价值论的错误在于混淆了劳动与劳动力，具体劳动和抽象劳动，价值与价格，不变资本和可变资本，从而最终混淆了价值生产和使用价值的生产，价值创造和价值转移，劳动过程和价值形成过程，价值形成过程和价值增值过程。古典经济学家之所以破产，关键也是在这些问题上没有弄清楚，而各种庸俗经济学家在价值源泉这个问题上犯错误，也是没有正确区分以上几对范畴。因此坚持非劳动生产要素价值论的错误也就不足为奇。但是，在马克思已经科学地解决了这些难题的今天，再犯这个老错误，不仅是不明智的，而且在某种程度上是开历史的倒车，在实际效果上是为否定马克思主义制造理论根据，为剥削制度和剥削行为进行辩护。

第六章

关于管理和服务劳动能否创造价值的思考

如前所述，知识经济一个重要的特征就是劳动形式和劳动内容发生了重大变化，直接的物质生产领域的劳动大大减少，而管理劳动、服务劳动和精神生产占的比例越来越大，并在社会生产中占有越来越重要的位置。这种现象的存在就给马克思主义劳动价值论提出了一系列问题，那就是，这些劳动属不属于生产性劳动？这些劳动能否创造价值？它们与价值的关系如何？这些在知识经济条件下提出的新问题，要求理论界作出科学的回答。

第一节　管理和服务劳动与价值创造

一、管理劳动与价值创造

管理劳动作为人类劳动的一个重要组成部分，几乎与人类同步产生，随着人类社会的发展而发展，并在人类社会的发展中发挥着重要作用。在原始社会，由于生产和生活条件的恶劣，为了维持部落和氏族的生存，人们不得不集体生活在一起，这样，原始的管理活动就出现了。由于社会生产力的发展，物质资料的丰富，人类社会出现了三次社会大分工，其中一部分人开始分离出来，专门从事精神生产和管理活动，这样就出现了专门的管理人员阶层，管理活动专业化了。应该说，管理的专业化不仅大大提高了劳动生产率，也在一定程度上丰富了人们的生活，它把生产者、劳动资料、劳动对象紧密地连接起来，成为现实的生产力。基于管理在社会中的重大作用，一些学者把管理同生产资料、劳动者和科学技术并列为生产力的四大要素。

工业革命的出现，极大地改变了社会生产和生活，机械化、自动化开始代替手工劳动而成为主要的生产方式，社会分工更加细致了，各个行业联系更加紧密，社会化大生产出现了。经营管理的作用变得明显起来，马克思意识到这个时代变化情况，对生产管理活动的必要性进行了充分的肯定，他指出："劳动表现为不再像以前那样被包括在生产过程中，相反地表现为以生产过程的监督者和调节者的身份同生产过程本身发生联系……工人不再是生产过程的主要当事者，而是站在生产过程的旁边。"①

　　生产力的发展、尤其是第二次产业革命和当代新技术革命，使得生产社会化、自动化的水平的不断提高，社会分工也越来越复杂。而社会主义市场经济的建立，则使得人类生产劳动呈现出前所未有的更新、更复杂的局面，这些都是马克思当年所不可能预见、不可能设想的。它主要表现为如下几个方面：一是经营管理活动越来越普遍。现代化的生产是高度自动化的生产，生产规模越来越大，生产集约化程度越来越高，管理的范围也在不断扩大，由原来的生产资料的管理扩大到资本管理、金融管理、人力资源管理、信息管理、知识产权的管理等，可以说，任何行业离开管理就不可能存在，没有管理，就没有现代的生产和生活。二是经营管理越来越复杂，所面临的挑战越来越大，作用越来越突出。如果传统的生产方式存在管理活动的话，那也是比较粗糙的原始的经验式的管理模式，现代的管理则实现了科学化，一方面，管理决策流程越来越复杂、科学和制度化，主观经验和个人的一面之词已经没有市场，集体决策和专家信息系统在决策中占有越来越重要地位；另一方面，管理手段和方法也出现了许多创新，除了管理思想和理念上有重大的变革外，管理技术和设备也与过去大相径庭，现代的管理普遍采用先进的通信设备和计算机网络，管理日益智能化、网络化和技术化。而且，由于市场经济的发展和分工的分化和集合，管理中所遇到的不可控制的因素越来越多，管理越来越困难，管理者付出的劳动也越来越大，管理者不仅需要专业培训和教育，而且需要广博的知识。相应地，管理者在生产中的地位和作用也就越来越高。比如说，从生产管理方面看，一个优秀的管理人员在组织生产中的作用要远远大于一个普通的职工。一个优秀的厂长经理，可以使企业扭亏为盈，不断扩大市场占有率和提高经济效益。而一个低素质的厂长经理，可以把一个好端端的企业搞垮。精明能干的企业家，可以使产品在市场上充分实现其价值，甚至超过其企业创造的价值。反之，一个无能的经营管理者，无法在市场上实现产品的价值，甚至会因产销不对路使商品大量积压。许多企业的兴衰成败都取决于企业管理者，这方面的重要性，在市场经济体制中比在传统计划经济体制中要明显得多。当前世界上许多国家对管理者实行年薪制，根据管理者的劳动努力状况和劳动效果发放薪金。我国现在也在学习国外这种做法，给管理者较高的报酬，实行按贡献分配，并对对国家作出重大贡献的企业家，给予重酬。但是，我国国有企业厂长经理的劳动

①《马克思恩格斯全集》第46卷（下），人民出版社1980年版，第218页。

报酬很不规范，差别很大，有的偏低，有的过高，总的说来是偏低，不能反映贡献的大小，这些都亟待完善。三是管理者和所有者分离的现象十分普遍，管理者呈现雇员化趋势。严格地说，这个趋势早在上个世纪初期就已经十分明显，但是现在更为突出。许多资本所有者完全不劳动，生产经营完全交付给经营者，成为名副其实的食利者阶层。同普通的职员相比，管理者的地位、工资待遇要高得多，工作也比较稳固。管理者有没有创造价值？他们与所有者以及工人的关系如何？这些都是现实生产和生活给我们提出的需要加以科学分析的难题。

要对这些问题作出科学的回答，我们首先必须对管理劳动进行分析。我们知道，现在的管理无处不在，不同的行业管理的内涵也不尽相同，根据管理的职能和领域，我们可以把管理划分为三大类：政府管理、生产管理和文化管理。其中政府管理自古到今一直存在，并在社会生产和生活中发挥着重要作用，但是，政府管理一般属于公共管理活动，属于公共服务性质，与价值生产过程联系并不直接和紧密，也就很难谈到创造价值；文化管理的对象是文化产品的生产，它们能否创造价值取决于文化产品有没有价值，严格地讲，除了科技产品外，一般的文化产品由于主要服务于生活，用于消费，消费不属于生产领域，而价值则是生产领域的事情，因此，文化产品的生产和管理应该不创造价值。至于生产管理，则是我们分析的主要内容，我们所谈论的管理劳动能否创造价值，关键就在于生产管理活动能否创造价值。我们下面就主要分析生产中的管理活动能否创造价值。

让我们先追根溯源，看看马克思是怎样理解管理劳动的。我们知道，马克思所处的时代，物质相对比较匮乏，直接的物质资料的生产在社会生产中占有重要的地位，加上当时资本主义处于自由资本主义阶段，社会化大生产的程度还不太高，社会分工还不怎么发达，管理还处于比较原始比较落后的阶段，因此，马克思对直接的物质生产过程分析得比较透彻，而对相对于直接生产过程来说比较次要的管理活动没有进行详细的论述。更为重要的是，在资本主义企业里，管理者和所有者一身二任，为了更突出揭示资本家对工人的剥削，马克思创造性地应用了科学抽象法，在分析剩余价值的生产和分配时，突出资本家活动的主要方面——所有者职能，而把处于次要地位的职能——资本家的经营管理活动抽象掉了。可见，马克思在《资本论》中所分析的资本家，是经过理论抽象的资本家，这种资本家纯粹是人格化的资本，他不参加任何劳动，仅凭生产资料所有权就可以攫取剩余价值，按照马克思主义劳动价值论，他当然不创造价值。但实际上，现实的资本家，除了单纯靠"剪息票"为生的食利者阶层外，一般是一身二任的。他既当"老板"，也当经理，是生产资料所有者和生产管理者的合二而一。即使他不出任经理，也会作为董事或股东，参与经营决策。这样，我们就难以否认现实的资本家中的一部分人参加管理劳动。因此，作为生产资料所有者，他依然不创造价值，但作为生产管理者、经营者，他和一般的或高级的管理人员一样通过其管理劳动创造价值。马克思在他的著作中多次肯定了厂长经理等的管理劳动（也称之为"指挥劳动"和"监督劳动"），并指出他们的劳动也是生产劳动，也创造价值，只不过同工人创造的价值相比，资本家的管理劳动复杂程度并不太高，管理劳动量也比较小，可以忽略不记。从这个角度出发，我们就可以得知，资本主义社会里，资本家所得的收入并不全是剩余价值。其中大部分是他凭生产资料所有权取得的、不从事管理也会得到的收入——剩余价值，这部分是工人创造的价值而被资本家无偿占有；另一部分收入则是资本家自己作为管理人员所创造的价值。不过，前者通常大大多于后者。我们在分析管理劳动能否创造价值，不能仅仅分析马克思的外在话语，还要分析马克思分析问题的历史背景和分析方法，只有区分理论资本家和现实资本家，才能清楚地知道马克思等经典作家其实并没有否认资本家的经营管理活动，相反，承认他们的劳动创造价值。

从现实生产过程来看，生产中的管理活动同直接操作劳动一样，都是生产中的必要劳动，它们和直接操作劳动一起构成总的劳动的一部分，共同创造着价值。因此，生产过程也就可以划分为管理过程、劳动过程和必要的非劳动过程，生产时间就包括劳动时间、管理时间和非劳动时间。管理劳动越复杂，所花费的时间越长，其创造的价值也就越大，从整个社会来看，管理劳动的劳动量和劳动的质与价值量的大小成正比，它所创造的价值不仅表现在，管理劳动比较多的企业创造的价值量大于管理劳动比较少的企业，还表现在管理水平比较高的企业，由于其生产的商品所花费的个别劳动时间少于社会必要劳动时间，其所获得的超额剩余价值也比较大。而当整个社会生产管理水平都上一个台阶时，超额剩余价值就消失了，但是企业也就相应地获得相对剩余价值。今天，我们国家建立社会主义市场经济，就是要发挥价值规律在生产中的重大作用，承认管理劳动创造价值不仅有利于我们发展生产力，改善和提高管理水平和档次，调整社会的产业结构，提高经济效益，增加社会总的价值和社会总的财富，而且可以调动各种生产要素的积极性，协调社会各个阶层的利益关系。尤其是对外资经济和私营经济所有者的管理劳动创造价值的认可，克服了传统的把私营企业主看做是剥削者、资本家乃至阶级敌人的错误，为发展经济和社会主义各项事业提供了良好的社会环境和正确的舆论导向。江泽民同志在党的十六大报告中明确指出，要尊重和保护一切有益于人民和社会的劳动。不论是体力劳动还是脑力劳动，不论是简单劳动还是复杂劳动，一切为我国社会主义现代化建设作出贡献的劳动，都是光荣的，都应该得到承认和尊重。并主张，海内外各类投资者在我国建设中的创业活动都应该受到鼓励。在社会变革中出现的民营科技企业的创业人员和技术人员、受聘于外资企业的管理技术人员、个体户、私营企业主、中介组织的从业人员、自由职业人员等社会阶层，都是中国特色社会主义事业的建设者。他们的一切合法的劳动收入和合法的非劳动收入，都应该得到保护，对为祖国富强贡献力量的社会各阶层人们都要团结，努力形成全体人民各尽其能、各得其所而又和谐相处的局面。并呼吁放手让一切劳动、知识、技术、管理和资本的活力竞相迸发，让一切创造社会财富的源泉充分涌流，以造福于人民。很显然，党的十六大报告已经把管理劳动作为生产要素明确提出来了，并在一定程度上承认管理劳动在财富和价值创造中的作用。这种提法毫无疑问，既符合马克思主义劳动价值论的基本原理，也符合邓小平理论与"三个代表"重要思想。

二、服务劳动与价值创造

服务劳动作为人类劳动的重要组成部分，一直以来就在人类社会的存在和发展过程中发挥着重大作用。早在原始社会里，商业同农业、畜牧业以及手工业的分离就标志着服务劳动作为社会总劳动的一部分在发挥自己独特的作用。从一定程度上讲，服务劳动的出现是同生产力有了一定程度的提高，物质产品出现过剩以及分工的发展相联系的，而反过来，服务劳动的出现也促进了生产力的发展、人们生活的改善和分工的进一步深化。但是，由于生产力的落后，服务劳动发展程度一直不高，且主要集中于生活领域，生活服务成为服务劳动的主体。随着手工业的发展，劳动工具发展到了机器体系的工业时代，社会产业结构方式发生了巨大的变化，对此，马克思指出："现代工业通过机器、化学过程和其他方法，使工人的职能和劳动过程的社会结合不断地随生产技术基础发生变革。这样，它也同样不断使社会内部的分工发生革命，不断地把大量资本和大批工人从一个生产部门投到另一个生产部门。因此，大工业的本性决定了劳动的变换，职能的更动和工人的全面流动。"① 分工进一步发展，人的需求日益多元化，服务劳动日益社会化，服务开始像商品一样需要收费和购

———————————
① 《马克思恩格斯全集》第 1 卷，人民出版社 1965 年版，第 533—534 页。

买，但是，由于当时分工还不太发达，物质产品的生产和消费仍然占有主导地位，人们未对服务劳动进行明确的细致划分，最多把金融和商业从中剥离出来。第三次科学技术革命带来了生产力的突飞猛进，生产效率大为提高，人们只需要花费很少的时间就能够生产出自己所需要的一切物质产品，物质资料不再像从前那样短缺，而金融、保险、通讯等服务业已成为国民经济的重要组成部分，非物质生产部门在国民经济中所占的比重越来越高，所发挥的作用也越来越大；同时，科技革命也带来了劳动方式的巨大变化，劳动从集中大规模生产向分散的弹性劳动发展，比如说，制造软件可以在家里进行，美国从事这方面工作的人有七八百万，占整个劳动力的5%，而且在逐年提高。我国北京的中关村也出现这种现象。人们的生产和生活越来越需要社会提供各种各样的服务，因此，有人认为，知识经济的一个重要特点就是，无论是在资本主义国家里还是在社会主义国家里，产业结构呈现服务化趋势。严格地说，这种变化是由生产力的发展所决定的，是生产方式的一种新的变化，与社会制度没有必然的联系，但是，从目前实际情况来看，这种变化，在发达资本主义国家表现得比我国更为明显、更为典型。生产力越发达，生产的分散程度和弹性变化越高，生产服务化程度也越高。然而在这劳动服务化的新变化背景下，一系列问题需要我们进行新的审视：这种服务性质的劳动是否属于生产劳动？能否创造价值？它们在多大程度上创造价值？这些都是时代给我们提出的新的难题。

　　对这些问题作出科学的回答，我们首先得分析服务劳动到底是什么，它包括哪些基本内容。首先从服务的社会形式来看，我们通常可以把服务劳动分为商业性服务和非商业性服务。所谓商业性服务，是指所需要的服务由社会提供，消费者需要支付相应的报酬，这种服务的价格高低直接与服务的数量、质量以及稀缺程度有关。非商业性服务是指对所获得的服务不需要支付报酬，纯粹处于义务或感情等因素。当然，非商业性服务多见于资本主义以前的社会，而服务商业化在资本主义社会比较普遍。今天，我们发展商品经济和社会主义市场经济，服务社会化和商品化是我们的发展方向，尽管无偿服务是社会主义的道德风尚，值得提倡，但是，纯粹处于义务、道德和感情的服务毕竟不是我们的主流，服务应该得到相应的报酬符合社会主义市场经济原则，我们应该鼓励和保护合法合理的服务劳动。可见，只有商业化的服务才谈得上价值问题，服务没有商业化，就没有价值，像政府提供的公共服务就属于非商业性服务，它是免费服务，其目的是为社会提供生活的便利，提高社会整体的生活水平。其次从服务的直接目的和领域来看，我们通常把服务劳动分为生产性服务和非生产性服务。所谓非生产性服务，是指纯粹为生活消费服务的劳动。严格地讲，这种劳动属于消费领域，它隶属于广义生产过程而不隶属于狭义生产过程，因而，它们的存在在于实现和再分配生产过程中创造价值，而谈不上价值创造问题，比如说纯粹商业流通、饮食服务、金融以及日常生活服务等。当然，这并不表明我们否认这些劳动对于人类的重要性，因为，生活和消费是人类生产的真正目的。但是，承认消费服务的重要并不一定就要肯定它创造价值，能否创造价值惟一标准是看该活动是否属于生产性劳动，这是客观的，不以人的意志为转移。所谓生产性服务，就是为生产服务的劳动，比如说技术服务，运输、保管、包装等。由于分工的发展，科技劳动、管理劳动、服务劳动与直接生产劳动日益分离，它们从生产过程中分离出来，构成狭义的社会生产过程中的一部分，并和直接的操作过程一起构成总体劳动。劳动过程就变成了由许多的劳动者分工合作来共同完成的生产过程，每个人都只需要完成整个生产的一个环节就行了，现在人们关心的不再是谁直接制造了商品，而考虑的是哪些人参与了整个生产过程。对这个趋势，马克思作了精辟的论述，他指出，"随着大工业的发展，直接劳动本身不再是生产的基础"①，由于"总体工人的各个成员较直接地或者较间接地作用于劳动对象"②，"产品从个体生产者的直接产品转化为社会产品，转化为总体工人即结合劳动人员的共同产品"③，而"不再是单个直接劳动的产品"④，并且，随着社会分工的发展，这种"总体工人"的范围呈现出不断扩大的趋势。相应地，在生产过程中价值的创造也必然突破了单个劳动者的局限，变成了由"总体工人"共同创造价值。这种作用表现在，生产性服务直接作用于商品的使用价值，并成为服务性劳动的重要组成部分。它的存在保存和改善了商品的使用价值性能、数量和质量，并使得商品能够顺利生产出来，离开这些服务，商品也就不可能存在，商品生产就无法进行下去，价值也就成为无源之水、无本之木。可见，在劳动形式和内容无限丰富的今天，在生产和分工无限分化的今天，再把创造价值的劳动只是局限在直接生产工人的观点已经不能解释今天变化了的现实，而且这种狭隘的理解也削弱了马克思主义劳动价值论的现实张力。因此，我们必须从"总体工人"的角度来认识价值创造的问题，而这样做实际上也就是要我们把创造价值的劳

---

① 《马克思恩格斯全集》第 46 卷（下），人民出版社 1980 年版，第 222 页。
② 《马克思恩格斯全集》第 1 卷，人民出版社 1965 年版，第 556 页。
③ 同上。
④ 《马克思恩格斯全集》第 46 卷（下），人民出版社 1980 年版，第 222 页。

动从企业内部向企业外部拓展，这毫无疑问是深化和发展马克思主义劳动价值论的一个重要的内容和任务。

第二节　第三产业价值论

一、第三产业价值论的含义

第三产业创造价值的观点早已有之，但是在知识经济条件下，由于第三产业在人们生活中的作用越来越大，在国民经济中所占的比例越来越高，因而这个问题显得更为突出。对第三产业创造价值，一些人的叫法各不相同，如《服务部门的劳动也创造价值——论拓宽劳动价值论使用范围的必要性》一文中明确地提出服务创造价值。社会劳动价值论则主张社会劳动创造价值，即第一、第二、第三产业共同创造价值。也有人主张非生产性劳动创造价值。还有人提出非物质生产部门创造价值。关于第三产业能否创造价值，目前理论界争议很大，但是不管这些争议的具体观点怎么不同，其焦点和实质则基本一致，即对生产劳动的理解和对第三产业范围的界定。在这里我姑且把这些观点统称为第三产业价值论。

二、第三产业价值论的基本观点

1. 有些学者认为马克思承认非物质生产领域的劳动也创造价值。他们的理由是：马克思曾经说过，"从简单劳动过程的观点得出生产劳动（即物质生产劳动）的定义，对资本主义生产过程是绝对不够的"；而且马克思还指出过，"在资本主义体系中，生产劳动是给使用劳动的人生产剩余价值的劳动，因此，生产劳动可以说是直接同作为资本的货币交换的劳动，或者说是直接同资本交换的劳动。"① 并且，马克思还列举过为书商提供工厂式劳动的作家、为剧院老板雇佣的歌女、为校董发财致富的教师都是生产工人，因而，他们的劳动都是生产劳动。正是根据马克思所说的这些论述，第三产业价值论的主张者就得出结论："我们可以对马克思关于生产劳动的观点，作出如下简单的概括：在资本主义生产体系中，无论是生产实物形式的商品的劳动，还是以活动形式提供服务的劳动，只要是同作为资本的货币相交换，为资本家生产剩余价值的，就是生产劳动。"② 并认为，"物化在商品中的

---

① 《马克思恩格斯全集》第 26 卷Ⅰ，人民出版社 1975 年版，第 556、432、422、426、427 页。

② 宋则行："服务部门的劳动也创造价值——论拓宽劳动价值论使用范围的必要性"，《马克思经济理论再认识》，经济科学出版社 1997 年版，第 7 页。

劳动才是生产劳动"只是一个补充定义，它只有在物质生产领域在资本主义生产体系中占绝对支配地位而非物质生产领域尚"微不足道"的前提下才是适用的。而在现代资本主义社会里，实物形态的商品在商品世界已经不占支配地位，相反，服务——这种活动形式的商品，在商品生产和交换中却占据很大的比重。这些学者还认为，即使在社会主义市场经济中，这类服务部门也越来越多地采取经营形式投入到生产和交换中。因此"扩展生产劳动的界限，拓宽劳动价值论的适用范围，把服务部门的劳动也纳入创造价值的生产劳动中去，就成为经济理论界一个十分重要的研究课题"①。也就是说无论是从马克思的本意现实服务劳动所占的比重越来越大的事实，我们还是从都应坚持服务劳动创造价值。

2. 有些人认为，在今天，生产的日益社会化、劳动分工的日益精细化以及各领域劳动协作关系日益密切，物质生产和非物质生产已经很难划清界限，而且，在市场经济条件下，随着人民生活水平的提高，服务在消费中所占的比重越来越大，因此，生产劳动的概念扩大了，只要成为总体工人的一个器官，完成他所属的某一种职能，这个整体劳动就可以被称为生产性劳动（包括体力劳动和脑力劳动）②。很显然，"服务行业以及其他第三产业也构成总体生产的一部分，它们的劳动也创造价值"③。社会劳动价值论还认为，社会劳动是第一、第二、第三产业的劳动的合称，它既包括第三产业中的属于物质生产的商业和交通运输业，又涵盖非物质生产领域的服务行业和提供公共服务的国家管理、军队警察、文化教育、科学卫生、城乡交通管理等行业，它们是"直接或间接满足人们（社会）物质文化社会需要的劳动"。当然这些学者在论述中排除家务劳动和自我服务的劳动④，因为这些劳动属于自给自足的，不是用来交换的，也即非商业化，只有商业化的服务才创造价值。

3. 还有些人认为，改革开放以来，我国国民经济核算体系由物质产品平衡体系（MPS）改为同国际接轨的以计量国内生产总值及其使用为核心的国民经济账户体系（SNA）。在这种核算体系中，生产部门包括物质生产部门和非物质生产部门，前者包括农业、建筑业、货运、邮电、商业五大部门，后者

① 宋则行："服务部门的劳动也创造价值——论拓宽劳动价值论使用范围的必要性"，《马克思经济理论再认识》，经济科学出版社1997年版，第2页。
② 马克思：《资本论》第1卷，人民出版社1975年版，第555—556页。
③ 魏民："论创造价值劳动的一般规定性与第三产业劳动创造价值问题"，《当代财经》1997年第7期。
④ 钱伯海：《社会劳动价值论》，中国经济出版社1998年版，序言第10页。

包括第三产业第一层次（流通部门的客运业）和其他层次。由于这些部门直接或间接地为社会主义生产（包括物质生产和非物质生产）服务，因此，这种核算体系就应对它们的产值从量上进行了统计，它们的劳动可以对照、引申马克思的"总体工人"的概念，视为创造价值的生产劳动。有人还指出，如果这些劳动不创造价值，就不应该计算到国民经济核算指标里。并且，"对于社会主义市场经济统计实践以及经济运行中种种操作性的问题，为着与国际接轨，采取某种更加灵活的做法，是可以允许的"①。甚至有人指出，在社会主义生产中，"按照马克思的观点，只要他们生产商品（或提供服务），所获得的收入，除了维持劳动力再生产所必需的开支外，还有剩余（剩余劳动）的报酬，他们的劳动也是创造价值的生产劳动"，对这些部门的劳动创造的价值应予以承认。有一些人还指出，"这样扩展生产劳动的界限和拓宽劳动价值论的适用范围，是与目前国家统计局按照三次产业计算国内生产总值的国民经济核算体系是一致的"②，"马克思对创造价值劳动尤其是非物质生产领域创造价值劳动的科学分析，使他的价值论完全可以成为社会主义市场经济统计实践的理论基础"③。

4. 还有人认为，马克思曾经大量论述过两类使用价值形态：一类是实物形式或物质形式，另一类是服务形式或运动形式。第三产业生产各种服务产品，它具有区别于实物使用价值的使用价值，而且，这些产品的生产是为了交换，因此，它也是商品。由于生产该商品花费了人类抽象劳动，因而它同样具有价值。甚至还有人认为，一切为社会创造使用价值的劳动都是创造价值的劳动；创造价值的劳动必须是有用劳动，劳动的有用性体现在使用价值上，而这种使用价值是社会使用价值。由此可以说，一切创造社会使用价值的有用劳动同时就是创造价值的劳动。这就是判断商品社会某种劳动是否创造价值的惟一标准。"既然第三产业的绝大部分劳动都具有为社会创造使用价值的意义，因而也是创造价值的劳动。"④ 很显然，这种观点实际上把所有的有用劳动纳入创造价值的劳动范畴了。

---

① 魏民："论创造价值劳动的一般规定性与第三产业劳动创造价值问题"，《当代财经》1997 年第 7 期。

② 宋则行："服务部门的劳动也创造价值——论拓宽劳动价值论使用范围的必要性"，《马克思经济理论再认识》，经济科学出版社 1997 年版，第 9 页。

③ 魏民："论创造价值劳动的一般规定性与第三产业劳动创造价值问题"，《当代财经》1997 年第 7 期。

④ 同上。

5. 在第三产业价值论这一流派中，有人走得更远，他们不仅把商业性的社会服务、非商业性的公共服务纳入价值创造的体系，而且把家务劳动列入其中，提出家务劳动价值论。其中《家务劳动价值论》比较引人注目。该书指出，人类的生产包括两个方面，一是物质资料的生产，一是人类自身的再生产。家务劳动是人类生产的主要组成部分，虽然理论上没有承认它创造价值，但是在实际生活中已经把它们的价值纳入考虑范围，如许多地方对生育劳动进行补偿，家庭保姆和家庭教育现象的出现等，这些在实际上就承认了家务劳动也创造价值。他们甚至推断：从整个社会来看，我国人均国民生产总值居世界后列（1987 年我国的第三产业占国民生产总值的比例仅居世界倒数第 2 位，就业人数位居倒数第 13 位），但是从人民的生活水平和生活质量来看，远远超过了我国经济的位置，人均寿命超过中等发达国家，婴儿死亡率低于中等收入国家，人口素质指标在世界居中等偏上水平。这固然在一方面体现了社会主义制度的优越性，另一方面也从侧面证明了家务劳动在其中所起的作用①。因此，把与我国的生活水平相当的国家的国民收入减去我国的国民收入就等于我国妇女所干的家务活创造的价值，按世界范围内的参照系进行计算，这样，家务劳动的价值就相当于我国目前的国民生产总值的1/3。并且，从现实需要的角度考虑，承认家庭劳动创造价值可以减少企业人员，提高效率，这也在一定程度上证明了家务劳动能够创造价值。

6. 有些人还认为，由于第三产业在社会中具有很大的现实意义，我们必须承认第三产业也能够创造价值。一方面，第三产业的存在和发展有利于调动人们的劳动积极性，促进第三产业的发展；另一方面，有利于产业结构的调整和优化，提高整体国民经济的素质；另外，第三产业还可以改善人们的生活质量，提高人口素质，充分利用劳动力资源，增加财富，稳定社会。鉴于第三产业的巨大作用，因此一些学者建议承认第三产业的劳动创造价值。

第三节　对第三产业价值论的评析

一、第三产业的界定

第三产业，是英国经济学家、新西兰奥塔哥大学教授费希尔（ A. G. B. Fisher）1935 年首先提出来的。在他所著的《安全与进步的冲突》一书中，提

---

① 参见张美蓉、南松：《家务劳动价值论》，山西人民出版社 1994 年版，第 242—243 页。

出了一种新的产业分类方法。他写道："综观世界经济史可以发现，人类生产活动的发展有三个阶段。在初级生产阶段上，生产活动主要以农业和畜牧业为主……迄今世界上许多地区还停留在这个阶段上。第二阶段是以工业生产大规模的迅速发展为标志的。纺织、钢铁和其他制造业商品生产为就业和投资提供了广泛的机会。显然，确定这个阶段开始的确切时间是困难的，但是，很明确，英国是在18世纪末进入这个阶段的……第三阶段开始于20世纪初。大量的劳动和资本不是继续流入初级生产和第二级生产中，而是流入旅游、娱乐服务、文化艺术、保健、教育和科学、政府等活动中。"费希尔认为，处于初级阶段生产的产业是第一产业，处于第二阶段生产的产业是第二产业，处于第三阶段生产的产业就是第三产业①。很显然，费希尔把旅游、娱乐服务、文化艺术、保健、教育、科学和政府管理等纳入到第三产业。

　　在费希尔之后，欧美学术界和各国政府普遍接受了费希尔的这一划分理论，并进一步作了发展。1971年，联合国发表了《全部经济活动的国际标准产业分类索引》。在这个索引中，全部经济活动被归纳为十个大项：①农业、狩猎业、林业和渔业；②矿业和采矿业；③制造业；④电力、煤气和供水业；⑤建筑业；⑥批发与零售业、餐饮与旅游业；⑦运输业、仓储业和邮电业；⑧金融业、不动产业、保险业及商业性服务业；⑨社会团体、社会及个人服务业；⑩上述分类不能包括的其他活动。联合国的这个分类方法虽不直接就是三次产业的分类法，但与三次产业的划分有较明显的对应关系。上述分类法的①、②两项可归入第一产业，③（有时也包括④）可归入第二产业，其他各项均可归入第三产业。

　　联合国所公布的产业分类标准为各国的理论研究和经济比较提供了一个基本框架。但到目前为止，学术界和各国对产业划分原则仍有很大的区别。按照我国国家统计局1992年《中国国民经济核算体系（试行方案）》的规定，第一产业是农业，第二产业是工业和建筑业，第三产业包括：商业、公共饮食、物资供销和仓储业，交通运输、邮电通讯业，地质普查和勘探业，房地产管理、公共事业、居民服务和咨询服务业，卫生、体育和社会福利事业，教育、文化艺术和广播电视事业，科学研究和综合技术服务事业，金融、保险业，国家机关、政党机关和社会团体，其他行业。该方案将农业、工业、建筑业、商业、公共饮食业、物资供销和仓储业、邮电通讯业列入物质生产部门。交通运

---

① 费希尔：《安全与进步的冲突》，伦敦麦克米伦公司1935年英文版，第25—28页。

输业分为货物运输业和旅客运输业，货物运输业被列入物质生产部门，旅客运输业被列入非物质生产部门。第三产业的其他所有领域，均被列入非物质生产部门。也有人把第三产业分为两大部门四个层次。两大部门是沟通部门和服务部门。四个层次是：第一层次，属于沟通部门，包括交通运输业、邮电通讯业、商业、饮食业、物资供销和仓储业；第二层次，属服务部门，是指为生产和生活服务的部门，包括金融保险业、地质勘察业、房地产业、公共事业、居民服务业、旅游业、信息咨询服务业、各类技术服务业等；第三层次，属于服务部门，是指为提高科学文化水平和居民素质服务的部门，包括教育、文化、科学研究事业、卫生、体育和社会福利事业等；第四层次，属于社会服务部门，是指为社会公共需要服务的部门，包括国家机关、党政机关、社会团体以及军队和警察等。但是，这种分类方法是从各个部门的功能和作用的角度划分的，并不能作为该部门能否创造价值的划分依据。

二、第三产业的劳动是否属于生产性劳动

主张第三产业创造价值的人常常引用马克思对生产劳动的论述来证明服务也能创造价值。其实，这种做法并不新鲜，早在 20 多年前就有人这样做过，并引起一场大争论，形成了所谓的宽派、中派和窄派。但是对第三产业能否创造价值进行判断，首先得考察一下马克思所说的生产性劳动到底是什么，然后，再对照马克思的概念进行判断，第三产业是否都属于生产性劳动？如不是，哪些属于生产性劳动，哪些不属于生产性劳动？

首先，我们考察一下马克思在劳动一般意义上所讲的生产劳动的概念。的确，马克思曾从不同的角度考察过生产性劳动，但是，他对生产劳动的考察是从劳动一般开始的。马克思指出，在简单商品生产条件下，生产物质产品的生产才是生产性劳动，不生产物质产品的劳动不能算生产劳动。但是，随着产品从个体生产者的直接产品转化为社会产品，转化为总体工人即结合劳动人员的共同产品，"随着劳动过程本身的协作性质的发展，生产劳动和它的承担者即生产工人的概念也就必然扩大。为了从事生产劳动，现在不一定要亲自动手；只要成为总体工人的一个器官，完成他所属的某一种职能就够了"[1]。显然，这里生产劳动范围扩大了，但是它是有一定限度的，有些间接作用于劳动对象，却属于直接劳动过程整体中的有机构成部分的劳动也叫做生产劳动[2]。因

----

① 马克思：《资本论》第 1 卷，人民出版社 1975 年版，第 556 页。

② 卫兴华："关于生产劳动和非生产劳动问题——与于光远、童大林等同志商榷"，《建国以来生产劳动与非生产劳动论文集》，上海人民出版社 1982 年版，第 415 页。

此，生产劳动是指总体的物质生产，在总体劳动者中，除了各种体力劳动者外，还包括参与物质生产，负责生产设计和指挥管理的脑力劳动者（如工程技术人员，企业管理人员），他的劳动都属于生产性劳动，都创造价值。马克思在对生产劳动进行界定时曾经论述过，他说："所以，每一个较大的工厂，除了真正的工厂工人，还雇有一批工程师、木匠、机械师、钳工等等。他们的工资是可变资本的一部分，他们的劳动的价值分配在产品中。"① 毫无疑问，工程师和机械师的劳动是技术劳动，能够创造更大的价值，但是这个价值是工程师和机械师创造的，而不是技术创造的；正如马克思所说的那样，有的人多用手工作，有的人多用脑工作，有的人当经理、工程师、工艺师等等，于是劳动能力的越来越多的职能被列为生产劳动的直接概念下。今天，随着"总体工人"或"总体劳动"的某些职能独立出来形成产业化，生产劳动的范围不是变窄，而是日益拓宽了。因此，第三产业中为物质生产服务的劳动，虽然不是直接作用于劳动对象而是提供服务活动，但如同多用脑工作一样，作为"总体工人"的一个器官或某种职能，独立化为一种产业，间接地为物质生产服务，也属于生产性劳动。这种劳动和物质商品生产劳动一样创造价值和剩余价值。至于为生活服务的产业则是生活社会化发展的产业。这类生活服务产业的劳动，有两种情形：一是物化在商品中，同物质产品结合一起的劳动，是生产性劳动；另一种不是物化的劳动，而是提供服务随即消失的劳动，是非生产性劳动。马克思曾说：物化在商品生产中的劳动，"包括一切以物的形式存在的物质财富和精神财富，既包括肉，也包括书籍"②。很显然，那种把生产劳动的概念无限扩大到物质生产领域所有的体力和脑力劳动者的做法，根本上不符合马克思的原意。

其次，马克思还考察了特定的生产劳动，即资本主义生产关系下的生产劳动。马克思认为，从简单劳动过程的观点得出的生产劳动的定义对资本主义生产过程不合适，只有为资本家生产剩余价值的劳动才是生产劳动。但是，这并不意味着非物质生产领域的创造剩余价值的劳动也是生产劳动，恰恰相反，只有生产剩余价值的物质生产才是生产劳动。因为，特殊生产劳动是建立在一般生产劳动的前提和基础上的，两者存在着逻辑递进关系，这在马克思的《直接生产过程的结果》中表述得十分清楚。马克思说："从单纯的一般劳动过程的观点出发，实现在产品中的劳动，更确切些说，实现在商品中的劳动，对我

---

① 马克思：《资本论》第 2 卷，人民出版社 1975 年版，第 196 页。
② 《马克思恩格斯全集》第 26 卷 I，人民出版社 1972 年版，第 165 页。

们表现为生产劳动。但从资本主义生产过程的观点出发，则要加上更切近的规定：生产劳动是直接增殖资本的劳动或直接生产剩余价值的劳动……"① 很显然，这里的"加上"一词就表明了生产劳动两种含义的递进关系，后者的前提还是生产物质商品。这样一来，生产劳动一方面缩小了，即剩余价值的生产，另一方面又扩大了，包括物质生产中的总体工人。也就是说：马克思所说的生产性劳动，是指为资本家生产剩余价值的物质生产，而不属于物质生产范畴的劳动，不管为资本家带来多少利润，均不属于生产性劳动。

其实，要界定生产劳动的范围和弄清马克思的真实意思，我们只要分析一下马克思的逻辑就行了。众所周知，马克思分析资本主义的逻辑出发点就是物质生产，他从资本主义社会的细胞商品出发，分析了物质生产劳动，揭示了劳动二重性，进而分析资本主义商品生产、商品流通、分配和消费，从而揭示了资本主义生产劳动的本质是榨取凝结在商品中的剩余价值。生产劳动以及整个劳动价值理论都是建立在这个基础上的。对这一点，学术界许多人认识得很清楚，比如说，有学者把生产劳动的内涵概括为三大点：人类需要性、物质性、社会性和历史性②。按照我们所理解的马克思生产劳动的定义，只有物质生产领域中的劳动才能创造价值，才是生产性劳动，而在资本主义社会，能够为资本家带来剩余价值的物质产品的生产才是生产性劳动。而那些尽管为资本家生产剩余价值，但是由于他们所从事的工作不是物质产品的生产，比如说商人、教师、歌女等，他们的劳动就应该都不是生产性劳动。但是，马克思在《资本论》中也的确出指出他们的劳动是生产劳动。那么如何理解马克思的两种不同的说法呢？应该说，马克思的论断并不存在互相矛盾之处，关键在于怎样理解在不同的环境下马克思的话语的真实意思，如果仅仅以马克思明确指出商人、教师、歌女的劳动是生产劳动，就断定只要为资本家创造剩余价值的劳动都是生产劳动，无疑有点断章取义。因为马克思在分析这些人的劳动时，明确地说过，他们对于雇佣他们的资本家来说是生产劳动者。在资本家看来，凡属自己投资为自己赚钱的劳动都是生产劳动，但是，从科学的观点来看，能够为资本家带来剩余价值的并不都是生产劳动。马克思曾说过："生产劳动和非生产劳动始终是从货币所有者、资本家的角度来区分的，不是从劳动者的角度来

---

① 《马克思恩格斯全集》第 49 卷，人民出版社 1982 年版，第 99 页。

② 白暴力："科学地深化对劳动和劳动价值理论的认识——与邹东涛教授等学者商榷"，《高校理论战线》2001 年第 3 期，第 46—49 页。

区分的……"① 从资本家角度和从工人的角度界定生产劳动是不同的，决不能把两者混为一谈。而且，马克思花了大量的篇幅，具体考察了商业的发展历史，考察了商业生产过程以及商业利润的来源和分配。在论著中，马克思多次明确指出，从事纯粹商品流通的商业劳动属于非生产劳动，他们不创造价值，但商业资本家可以凭借商业工人的劳动分享一部分剩余价值。这个过程在资本家看来，商业工人的劳动带来了这些剩余价值，因此，他们自然而然就把这些分享的剩余价值看做是商业工人"创造"的。当然，如果我们仔细分析一下就知道，纯粹商品流通过程只是使商品的价值得到了实现，它本身并不创造价值。如果我们不分青红皂白，不加分析话语语境，光凭马克思的只言片语就断定某劳动是生产劳动还是非生产劳动，就有可能违背马克思的原意，就有可能把马克思理论中最具有创造性的东西抹杀掉了。可见，我们必须坚持只有商品生产过程中的劳动才是生产性劳动，而不能把带来剩余价值的劳动都称作生产劳动。马克思所说的另一种生产劳动，只不过是由前一种生产劳动"演化而来的派生意义上的生产劳动"②，是资本家眼中的生产性劳动，而不是科学意义上的生产性劳动。

　　根据以上标准，我们可以对第三产业能否创造价值作出比较科学的评价。综合地讲，我们对其既不能全部肯定，即认为第三产业的劳动全部是创造价值的生产劳动，也不能全盘否定，断定第三产业所有的劳动都不创造价值，都是非生产劳动。而应该结合第三产业劳动的具体的部门具体的劳动方式分别进行判断。有的部门内部，一部分劳动既有生产性的，而另一部分劳动却是非生产性的，比如说，就我们上面讨论过的第一个层次——流通部门来看，交通运输的货物运输和商业中包装和仓储保管属于生产性劳动，因为它保存乃至提升了商品的使用价值，从而增值了商品价值，而这增值的部分就是这个领域的劳动创造的；而客运和一般商业销售则是非生产性劳动，因为它们只使商品价值得到实现，没有改变商品的使用价值。而公共服务和生活服务一般属于非生产性劳动。如果断言第三产业的物质生产领域和非物质生产领域的劳动都创造社会财富和价值，实际上就抛弃了马克思关于物质生产领域和非物质生产领域概念，也就间接否定了马克思的关于价值是"一般的无差别的人类劳动"的概念，马克思主义劳动价值论和一般的价值价格论就没有什么根本的区别了。

　　再次，我们应该把创造价值的劳动与对社会有益的劳动区别开来，不能

① 《马克思恩格斯全集》第26卷Ⅰ，人民出版社1972年版，第148页。
② 黄桂田："卫兴华经济思想简论"，《高校理论战线》2001年第3期，第37页。

认为凡是对社会有意义的劳动都能创造价值。众所周知，在社会生活中，几乎所有的劳动都对社会有益，都有存在的基础和价值，它们对人们的生产、生活以及社会经济发展起着不可或缺的作用，比如说，政府管理、国防建设、生活服务等，但是，它们并不创造价值。经济学上的价值概念属于是商品生产的范畴，价值是商品的社会属性，任何商品都是价值和使用价值的统一。从理论上讲，我们可以把价值与使用价值分开来分别进行分析，但在现实生活中，两者是紧密结合在一起，无法分开的。没有使用价值的东西当然也就不会有价值；然而，仅仅有使用价值并不能表明该物品同样具有价值，那些为自己生产并供自己消费的产品就不能成为商品，也就没有价值。因此，价值与使用价值是同一个商品的不可分割的两重属性，这就决定了创造价值的抽象劳动与创造使用价值的具体劳动是生产商品的同一个劳动的两个方面。只有劳动过程中人类无差别的脑力、体力的耗费才凝结为价值，而生产使用价值的具体劳动则不创造价值，尽管它对社会来说是必不可少的，甚至是十分重要的。可见，我们不能以某种劳动重要为理由来证明该劳动能够创造价值，也不能以劳动具备所谓当代形式来随意修改或发展马克思主义劳动价值论，而应该考察该劳动是否生产出商品，是否属于生产劳动，是否耗费了人类的抽象劳动，如果回答是肯定的，那我们就可以断定该类劳动创造了价值，否则，无论它多么重要和现代，我们也不能把价值强加其上，从根本上违背马克思主义劳动价值论的基本概念和原理。

三、我国现行国民经济核算体系与生产性劳动创造价值并不矛盾

第三产业价值论的一个重要论点就是我国国民经济核算体系已经把第三产业同第一、第二产业一道计算在内，而这种计算的标准是产值，由于产值的基础是价值，因此，自然而然，服务劳动等第三产业创造价值。这种看法貌似有理，实则错误，因为，它混淆了价值和价值的货币表现——价格。马克思主义劳动价值论告诉我们，价值是商品的社会属性，它是内在的，并由生产过程背后由社会劳动决定的，人们看不见，摸不着，但是，价值可以通过各种具体形式表现出来，依靠价格这种相对的形式，我们可以对价值进行初步的衡量和核算，而非价值的计算和衡量本身。因而，在现实生活中，人们看到的只能是价格，而绝对不是价值。尽管马克思也承认价格等价值表现形式的基础仍然是价值，但是，它受供求关系、社会消费心理、物价水平等各种因素的影响，价格和价值并不完全相等。所以，我们现实生活中谈论得比较多的并不是价值，而是价值的表现形式。而服务劳动由于为社会生产或生活提供了某种服务，也就

分享了部分价值和剩余价值。今天，服务劳动在国民生产总值、在社会总的就业人数占据越来越大的比重，我们的国民经济核算体系也开始把第三产业的产值纳入统计体系，其目的就在于重视和发展那些对人们生活和生产有关的服务劳动的作用，而并不是因为它们一定创造价值。实际上，除了少数为创造物质产品的生产提供服务活动以外，其他服务劳动由于不直接作用于物质财富创造，因而就不能创造价值，而只能分享价值。现在我们使用的产值、总产值、国民生产总值、国内生产总值等等指标，统统是价格形态，而不是价值本身。如果我们把这些都误认为是价值，就会混淆价值和价格两个概念，从而得出否定劳动创造价值的结论。正因为如此，有的学者指出："目前，国内外关于国民生产总值或国内生产总值年平均增长率的计算，是以可比价格统计的。而对总值的计算，一般按现行价格统计，有些经济学著作中也有按可比价格统计的。但不管怎么统计，它既不能直接反映价值的绝对量，也不能直接反映价值量的变化，只能相对地、曲折地、间接地反映，它所直接反映的是以价格（纸币）表现的产出量或使用价值量及其增长率。"① 可见，我国现行的国民经济核算体系是以价格来统计的，而不是按价值计算的，我们不能用这种价格统计来证明这些劳动创造价值。

就是从国民收入本身来看，随着生产价格的逐步形成，一个部门所创造的国民收入并不是以这些部门的产品价格直接表现的，物质生产部门创造的商品价值 c + v + m 并不是以这一数量直接表现为价格的，而是以生产价格更准确地说是按产业平均利润率计算的生产价格出售，到了流通领域，商品才按照生产成本加产业平均利润再加商业平均利润计算的生产价格出售。可见，从理论上说价值是由物质部门创造的和从应用实践上采用的生产法（即按西方国民收入核算理论的说法"用产品的整个生产过程中，各个部分的价值增加值之和"）求得并不矛盾，前者揭示价值的来源，后者是价值的表现和技巧形式，从而使得价值具有更强的现实基础。因此，一方面，我们直接采用和借鉴西方的国民收入核算方法并不一定要否认只有物质生产部门才是创造商品价值的生产领域，另一方面，我们只有坚持物质生产部门才是创造商品价值的生产领域，才能在理论上说明我们吸收和借鉴西方国民收入核算方法的可能性和必要性，否则我们无法解释价格指标体系是如何得来的，它的变化基础是什么。

四、第三产业价值论的根本错误

第三产业价值论这个观点并不新奇，一百年前，许多资产阶级经济学家早

---

① 黄桂田："卫兴华经济思想简论"，《高校理论战线》2001 年第 3 期，第 35—36 页。

就探讨过，比如说，李斯特就论述过服务能创造价值，但是，这个观点遭到了马克思、恩格斯的严厉批判。马克思指出，非物质生产领域的服务不能创造价值，只能参与价值的分配，它们的收入不是来自于自己的劳动所创造的价值，而是来源于其他行业所创造的价值的转让。马克思在分析商业生产的时候，指出纯粹商业生产并不创造价值，它所分享的商业利润来自于产业利润的让渡，这从现实具体的领域驳斥了服务创造价值观点的荒谬，重新阐明了生产性劳动创造价值的基本内涵。由于马克思、恩格斯的有力驳斥，非产业价值论在很长一段时间销声匿迹，彻底失去了市场，马克思主义劳动价值论作为科学的观点确立了自己的理论地位并得到广泛传播并成为许多国家工人阶级的理论武器，并在工人阶级的解放事业中发挥了巨大的作用。尽管时代在变化，一些资产阶级学者也借口时代因素或明或暗地继续挑战马克思主义劳动价值论，尤其是效用价值结论等，但严格地讲，它们都无法真正撼动马克思主义劳动价值理论。

今天，随着人们生活的需要，服务行业得到了很大的发展，第三产业和服务也在国民生产统计体系中占据了越来越大的比重，我们应该重视发展它们。但是，这种重视并非基于它们创造价值，而是基于需要或者说它们的效用。第三产业价值论的错误就在于混淆了价值和使用价值，把效用作为价值的基础，这无疑是否定了马克思主义劳动价值论的创造性贡献，走上了效用价值论的老路。在这个错误的前提下，第三产业价值论进一步模糊了生产劳动和非生产劳动的区别，把两者不加区分地使用。致使在他们的理论中，生产劳动和非生产劳动、商品和非商品、价值和价格的概念混淆不清。究其原因，除了对马克思主义劳动价值论理解不深这个根本原因以外，关键的问题在于分析问题的方法存在问题。从表面上看，他们似乎十分重视实践，重视现实，但是，由于没有采用马克思主义的科学抽象法，因而，不能透过事物的表象，揭示事物的本质，相反，而是以现象代替本质，以自己的臆造的理论来解释现实表象，造成了现象和本质的本末倒置；这表现在他们不是依据实际经济情况和经济活动本身来揭示经济规律，而是把现实的需要、党和国家的政策作为理论发展、理论评价的标准和出发点，这不仅违背了马克思主义关于实践是检验真理的惟一标准的原则，致使这种理论带有浓厚的教条主义、本本主义的色彩或者实用主义的倾向，而且，第三产业价值论从根本上违背了马克思主义科学性和革命性相统一的本质属性，当然也就不可能深化和发展马克思主义劳动价值论。

结束语

进一步深化和发展马克思主义劳动价值论

马克思主义劳动价值论是马克思主义的理论基础，是对资本主义生产关系的本质、运行特点和基本矛盾深刻的揭露，是科学的理论体系。同时，马克思主义劳动价值论又不是死的教条，而是充满生机和活力的与时俱进的开放的发展的理论体系，与实践逻辑保持一致是马克思主义劳动价值论的时代性和科学性的重要保证。严格地讲，劳动价值论的一些观点首先是资产阶级古典经济学家提出的，其中既有科学内容，也存在不科学成分。马克思是在对自由资本主义进行深入的剖析、分析，并在吸收资产阶级古典经济学家的合理成分的基础上才创立了科学的劳动价值论。以后，列宁在新的革命和建设实践中，运用这一理论进一步分析了帝国主义阶段经济现象，尤其是对垄断价格、垄断利润和地租的分析，将马克思主义劳动价值论发展到一个新的阶段。列宁逝世后，斯大林继续用劳动价值论分析社会主义经济现象，进一步发展了劳动价值论。我国老一辈革命家毛泽东、邓小平创造性地将劳动价值论运用于我国的实践，使得劳动价值论在社会主义条件下进一步得到丰富和发展。

今天，我们建设完善的社会主义市场经济，一时一刻却少不了科学的理论指导。由于马克思主义劳动价值论揭示了商品生产带有一般性的规律，因此它对我们今天发展社会主义市场经济、增强我们对经济关系和经济规律的认识具有独特的指导意义。但是，由于马克思主义劳动价值论毕竟是在对工业化初期的资本主义英国进行批判分析基础上建立起来的，它反映了当时资本主义生产方式的运行特点和基本矛盾，而今天的许多现实问题是当时马克思没有也不可能遇到的，这就要求我们将理论与具体实际和时代特征相结合，创造性地运用和发展马克思主义劳动价值论。如果我们机械地、僵化地、教条地照搬老祖宗的理论，尤其是拘泥于马克思恩格斯在当时历史条件下，针对资本主义社会的具体情况作出的某些个别论断，就不可能科学地回答今天现实生活中所遇到的有关劳动和劳动价值论的一些问题。正如江泽民同志《在庆祝中国共产党成立八十周年大会上的讲话》中指出的那样："马克思主义经典作家关于资本主义社会的劳动和劳动价值的理论，揭示了当时资本主义生产方式的运行特点和基本矛盾。现在，我们发展社会主义市场经济，与马克思主义创始人当时所面对和研究的情况有很大不同。我们应该结合新的实际，深化对社会主义社会劳动和劳动价值理论的研究和认识。"①

那么，如何坚持和发展马克思主义劳动价值论呢？我认为，一个重要的原则是解放思想，实事求是，把对马克思主义劳动价值论的坚持、继承和发展统一起来，科学地坚持和发展马克思的劳动价值论。

一、完整准确地理解马克思主义劳动价值论

首先，要认真研读马克思主义原著，弄清楚经典作家的原意，把握劳动和劳动价值论的科学原理和科学精神，防止曲解和断章取义。马克思的劳动价值论是一个体系庞大内容丰富的理论体系，它贯穿于马克思、恩格斯的许多著作和文章中，如果不全面系统地研读其原著，很容易得出自相矛盾的结论。而且，我们常见的许多解释劳动价值论的二手资料，或多或少地存在某些不完全准确的地方，如果仅仅接触这些资料而不进行对照和系统的分析，难免以讹传讹，损害对马克思理论的科学理解。还有一点是，马克思讨论问题是以当时的社会现实为背景，许多观点在当时特定的前提下有特定的含义，如果我们不仔细分析当时的时代背景，不明了当时的话语体系，简单地用今天的观点来看待它，很容易产生错误的认识，因此，我们应根据马克思著作的上下文，并结合当时的现实条件进行分析，只有这样，才能真正理解马克思主义劳动价值论的原意。

其次，把握马克思的科学抽象法。马克思主义劳动价值论是学术上的科学性、运行上的实践性与功利上的阶级性三者的高度统一，而采取科学的分析方法是劳动价值论实现革命性变革的根本所在。这种方法不仅体现在每一个概念、每一个原理之中，而且还渗透在马克思整个理论体系中。我们对劳动价值论的理解必须放在一定时代的背景下进行，脱离了时代的背景就毫无意义。同时，对劳动价值论的理解必须遵守系统论方法，将其各个部分有机地联系起来，才能完整地把握其理论体系。因为，劳动价值论是科学的宏大的理论体系，它的逻辑结构十分严密，一环扣一环，如果不从它的逻辑发展和上下文来理解，就可能断章取义，甚至得出相反的结论。比如说，马克思研究资本主义是从具体到抽象，但是论述方法是从抽象到具体。《资本论》第一卷第一篇论述劳动一般，揭示劳动的内涵和本质，从而为进一步分析劳动的特点和形式奠

---

① 参见江泽民："在庆祝中国共产党成立八十周年大会上的讲话"，《人民日报》2001年7月2日。

定理论基础。第二篇则从静态角度研究资本主义劳动特殊，揭示剩余价值的本质和来源，为揭示资本主义生产矛盾打下铺垫；《资本论》第二卷从动态角度论述资本的循环和周转，揭示资本的循环和周转对剩余价值生产的影响，揭露资产阶级与无产阶级整体根本对立。《资本论》第三卷则从现实的角度研究资本主义总的生产过程，揭示价值和剩余价值是怎样生产和分配的，这样，步步深入，揭示了资本主义生产的根本矛盾，表明了它的不可克服性，进一步深化了对资本主义和价值本质的认识，也宣告了资本主义必然灭亡的实质。如果我们不掌握科学抽象法，就会把马克思的劳动价值论仅仅限于《资本论》第一卷，得出《资本论》第一卷和第三卷矛盾的结论。实际上，我们学术界目前关于两个社会必要劳动时间、两个生产劳动以及许多相关的争端都源于此，有些西方学者对马克思的劳动价值论生产误解，并认为马克思的劳动价值论存在逻辑错误也源于此，还有些别有用心的西方经济学者正是根据这个所谓的"矛盾"得出马克思与马克思对立、马克思与恩格斯对立或马克思、恩格斯与列宁、斯大林、毛泽东对立的谬论，对此，我们要有清醒的认识。因此，我们要坚持和发展马克思劳动价值论，就必须从整体的角度出发，掌握马克思主义的科学抽象法，以其来系统地研究马克思的理论体系，只有这样，我们才能准确地科学地掌握劳动价值论的精髓和实质，才不会犯原则性的错误。

最后，坚持科学性和阶级性的统一。马克思主义劳动价值论是科学，它的科学性早就被无数的事实所证明，也被广大人民的社会实践所证实。工人阶级之所以支持劳动价值论，并不仅仅在于它能够维护自己的利益，更重要的是，它揭示了人类历史发展规律，反映了社会发展态势，承认它的阶级性就要坚持科学性；另一方面，承认科学性就要坚持阶级性，因为，工人阶级与社会发展趋势是一致的，他们代表先进生产力，代表人类社会发展方向，越是坚持科学性，就越能反映人民的利益，否定科学性，就是从根本上违背历史发展方向，违背广大人民的利益。科学性与阶级性的统一是马克思主义劳动价值论的一个显著特点，也是马克思主义劳动价值论能够实现价值论革命的根本原因所在。今天，承认劳动价值论的科学性和阶级性就要坚持劳动是价值源泉的惟一性，主张价值的多元化实际上就是否定了马克思主义劳动价值论的科学性和阶级性。一些人借口马克思主义劳动价值论具有阶级性就否认其科学性，或者借口马克思主义劳动价值论的普适性而否定或抹杀它的阶级性，或者以时代的变化为理由来"修正"或补充马克思主义劳动价值论，实际上是否定马克思主义劳动价值论的科学性和普适性，割裂它的阶级性和科学性。我们必须将两个特性紧密地结合起来，这样才能透彻地全面地理解马克思主义劳动价值论。

二、正确识别各种攻击马克思主义劳动价值论的手法

劳动价值论是马克思主义政治经济学的基础和论述其他问题的根本出发点。一切反对马克思主义经济学的人，往往将其全部火力对准劳动价值论。这一恶劣手法不仅广泛应用于西方经济理论界，而且在国内也颇有市场。尽管它们具体攻击马克思主义劳动价值论的角度和方法各不相同，但是，目的和实质都相同，即否认马克思主义劳动价值论在今天的科学性和有效性。要想深刻认识、捍卫和发展马克思主义劳动价值论，还得从它的对立面出发，掌握各种非马克思主义观点和反马克思主义观点为什么要攻击、怎样攻击马克思主义劳动价值论的。纵观马克思主义发展史，我们就清楚地知道马克思主义总是在同各种质疑或否定自己的各种观点的斗争和交锋中不断丰富和发展起来的。现在，把各种否定和质疑马克思主义劳动价值论的手法归纳起来，大致有如下几种：

1. 意识形态论。这种观点认为，劳动价值论不是科学，是一种意识形态，因为，它主张劳动是价值的惟一源泉，意在为无产者和工薪阶级确立社会主体地位，为无产者推翻资产者的统治建立工人阶级的政权提供理论根据。今天，无产阶级已经夺取了政权，阶级结构发生了变化，阶级斗争已经不再是社会主要矛盾，我们的主要任务转向经济建设，必须以建设的劳动价值论代替革命的劳动价值论，充分发挥资本、土地、劳动等各种生产要素在社会主义建设中的贡献和作用，承认它们与劳动一起共同创造价值。尤其是在建立社会主义市场经济体制过程中，需要海内外投资者来共同启动中国的市场经济，如果中国再坚持一个劳动价值论不放，就十分不利于改革开放和社会主义市场经济建设。这种观点在西方经济学中比较常见，在我国近年来也不时有所反响。

2. 错误论。这种观点认为，马克思主义劳动价值论存在许多逻辑上的矛盾和漏洞，因此有些观点和概念本身就是错误的，或者至少是不完善的。比如说，有人认为，马克思主义劳动价值论中存在两个生产劳动的概念，存在两种社会必要劳动时间决定价值的问题。还有人认为，劳动价值论没有解决价值转形问题，因为它忽视了在价值转形过程中生产要素按价格进行计算的问题。还有指出，马克思抽象掉了许多在今天看来不能抽象的问题等等，因此必须抛弃或至少用其他理论来弥补它的缺陷。这些观点在西方经济学中比较常见，它是西方经济学攻击马克思主义劳动价值论的主要方法，在我国，由于各种各样的原因，这种观点表现得不很明显，即使有，也通常是以发展劳动价值论的旗号出现。

　　3. 过时论。这种观点认为，劳动价值论是工业时代的产物，它对工业时代也许适用，但是在知识经济时代，劳动不再是最重要的资源和生产要素，社会经济条件变了，劳动价值论无法适应新的形势，比如说，这种观点认为，劳动价值论无法解释今天劳动减少价值增加的问题、第三产业在国民经济中的比重不断提高的问题、知识的边际效用递增问题以及科学技术知识在社会中的地位与作用等问题。它主张对马克思主义劳动价值论的基本概念和原理进行补充或重新解释，扩大商品和生产劳动的应用范围，增加价值创造的源泉等等（这一点可以参考本书的第三章内容），用"知识价值论"取代劳动价值论。持这种观点的西方经济学者很多，比如说奈斯比特。在我国，也有不少人赞同这种观点并提出一系列的论证。

　　4. 多余论。这种观点认为，马克思的价值是一个虚无缥缈的东西，远不及生产价格来得直接，主张抛弃价值和劳动价值论，运用数量体系进行实物分析，直接计算出生产价值，建立没有价值论的剩余价值理论。如英国著名经济学家、新剑桥学派的代表人物之一庇若·斯拉法和他的学生扬·斯蒂德曼就是其中的典型。我国也有人主张用价格和交换价值代替价值，以解释知识经济时代很多用价值和劳动价值论无法解决的问题①，并避免不必要的争议。从本质上讲，这种观点对劳动价值论否定得最为直接和干脆，它在一定程度上反映了西方经济学从价值走向价格和货币的趋势，并呈不断扩张之势，值得青年学者警惕这种观点。

　　5. 实用主义论。持这种观点的人也多数赞成意识形态论和过时论。他们认为，在新经济条件下，马克思主义劳动价值论遇到了许多难以解决或暂时难以解决的问题，与其解决不了，不如回避它，主张用价格或交换价值代替它；也有些人认为，在全球化浪潮席卷全球的今天，对外开放成为各国的国策，市场经济已经成为各国普遍采用的模式，由于经济理论具有通用性，因此我们应主动吸收西方经济学的内容，同国际接轨；还有些人认为，在改革和建立社会主义市场经济的过程中，由于生产资料多种所有制形式和多种分配方式并存，因此，价值论应该适应变化了的现实，主张将用多种价值理论修改和补充马克思主义劳动价值论，以利于吸收外资，发挥各种生产要素的作用，促进经济的发展。

　　当然，上述种种观点并不都是截然分开非此即彼，而且往往互相交叉，糅

---

　　① 张云得："交换价值是市场经济的基本范畴"，《浙江大学学报》（社科版）1997 年第 4 期。

合在一起。如，有的人就同时赞同几种观点。总之，这些观点不是认为劳动价值论本身逻辑上有问题，就是认为它不适应今天变化的社会形势，主张用新的价值论来代替它，或只需要价格和交换价值而不要价值。

三、加强对商品、劳动和价值形式的理解和研究

马克思主义劳动价值论具有极强真理性，但是由于时代的局限和认识能力和条件的限制，马克思对劳动价值论的了解和论述的程度是不一样的，一类是当年马克思曾经遇到过和论述过、现在又发展变化了的问题；一类是马克思当年没有遇到过的问题；还有一类是马克思当年提及，但是没有仔细分析的问题。因此，我们必须结合现实对马克思主义劳动价值论进行深入的探讨和分析，从而在变化了的时代背景下进一步深化和发展马克思主义劳动价值论。归纳起来，深化和发展马克思主义劳动价值论必须关注如下几个方面：

1. 马克思主义劳动价值论是从分析商品开始的，对商品的抽象是马克思主义劳动价值论建立的基础。但是，由于马克思所处的时代，商品经济不很发达，商品的种类、范围、形式还不多，而且以物质商品为主，因此，马克思对商品的界定不可避免地具有自己的历史特点。今天，商品范围的扩大，商品类别的增多，尤其是科学技术、信息等无形产品的出现，使得商品的概念在解释某些问题时不太妥帖。因此，我们必须对商品的质进行进一步分析，看它到底包括哪些种类，价值凝结方式有什么不同。这些不仅涉及到价值量的计算，而且，直接涉及到劳动价值论的适用范围。如果不深入研究这个问题，我们对生产劳动和非生产劳动就无法进行区分，也就无法揭示价值的真实来源。而且，随着商品经济的发展，社会的商品化趋势越来越强，很多东西都形成了自己的市场价格，如自然资源、服务等，如果不对它们的价格来源进行具体细致的分析，就无法知道价值的真实来源和本质，也无法回击对马克思主义劳动价值论的各种攻击和质疑。

2. 对劳动的分析是马克思对政治经济学的一个重大贡献。马克思正是通过分析劳动的二重性探索出价值的真实来源。除劳动二重性外，马克思还分析了简单劳动和复杂劳动，活劳动和物化劳动，私人劳动和社会劳动，必要劳动与剩余劳动等等。而马克思的劳动价值理论、剩余价值理论、工资和分配理论等都是建立在这些认识的基础之上。随着科技、经济和社会的发展，社会主义市场经济制度的建立，劳动出现了新情况、新变化：一是劳动的体力消耗减少，脑力消耗增加；简单劳动减少，复杂劳动增加；不熟练劳动减少，熟练劳

动增加。二是劳动的外延扩大，既包括原来的物质资料的生产，又包括精神生产、信息生产、科学技术知识的生产。既包括原来的第一产业的生产，又包括第二、第三产业的生产。既包括直接生产，又包括总体生产。还包括以前马克思讨论不太多甚至没有讨论的服务劳动、管理劳动（包括私营企业主的劳动），以及有害劳动和非法劳动等。而且，在某种程度上，脑力劳动已经成为价值生产的主要形式。因此，如何顺应新时代，探索这种新特点，深化对劳动和劳动价值论的认识，需要我们加强对劳动的研究，以进一步揭示劳动的质和量的各种新的规定性。可以说，在劳动形式发生巨大变化的今天，对劳动的重新认识会成为劳动价值论主要着力点，也是发展马克思主义劳动价值论的重要契机。

3. 对价值形式的研究是加深对价值认识的重要环节。根据马克思主义劳动价值论原理，价值需要通过各种外在的形式表现出来，表现形式不同，会对价值产生很大的影响，直接关系到人们对劳动价值论的评价。今天，资本主义社会发生了阶段性的质变，国际垄断资本主义取代了国家垄断资本主义，价值形式已经发生了很大的变化，价值的周转、循环和分配、消费已经出现新的特点，虚拟资本和虚拟价值已经在一些地方和行业占据相当的比例，如何解释这些纷繁复杂的价值表现形式，价值形式在今天是否仍以生产价格、垄断价格存在还是存在别的形式？对这些问题的回答显然是发展和捍卫马克思主义劳动价值论的一个重要任务，否则，马克思主义劳动价值论在今天就没有现实性和说服力。

四、坚持以马克思主义劳动价值论为指导，科学解答社会主义建设实践中的新问题

尽管马克思主义劳动价值论是以工业化时代资本主义为蓝本，但是，它揭示的是商品生产所共有的一些规律，因此，它对我们建设有中国特色社会主义市场经济、增强对经济关系和经济规律的认识，制定各项改革措施和政策具有很大的理论意义和实践意义。所以，我们今天研究劳动价值论的出发点不仅仅是为了认识资本主义，更重要的是为建设社会主义服务。

由于马克思主义劳动价值论毕竟是在对工业化初期的资本主义英国进行批判分析过程中建立起来的，它反映了当时资本主义生产方式的运行特点和基本矛盾，而今天的许多现实问题马克思没有也不可能遇到，这就要求我们将理论与具体实际和时代特征相结合，创造性地运用和发展马克思主义劳动价值论。机械地、僵化地、教条地照搬老祖宗的理论，尤其是拘泥于马克思恩格斯在当

时历史条件下，针对资本主义社会的具体情况作出的某些个别论断，是不可能解决我们现实生活中有关问题的。比如说，社会主义市场经济是否存在价值规律，其作用形式是否发生了变化？价值创造与价值转移有什么特点？价值的创造与价值的分配的关系如何？价值创造与我国的分配制度有什么关系？创造价值的劳动是否包括创造精神财富的生产？科学技术与价值创造关系有什么关系？管理劳动能否创造价值等问题，尤其是，随着科学技术的进步，生产越来越社会化，分工越来越复杂，社会经济关系也十分复杂，世界经济呈现全球化趋势，资源、生产要素、劳动力和价值在全球范围内转移迅速，如何用全球价值观代替地区价值观变得十分突出，这就要求我们以更高的视角来研究劳动价值论，使劳动价值论的研究真正面向世界、面向未来、面向现代化。

五、正确对待西方经济学及其对马克思主义劳动价值论的探讨

马克思主义劳动价值论是人类优秀文化和思想的继承和发展，决不是故步自封的理论体系，相反，它必须随时吸收人类文明的重大成就，包括当今西方经济学的重大成就，如果完全否定西方经济学，就在一定程度上断绝了马克思主义劳动价值论的发展。但是如何吸收和发展，我们应慎重对待，辩证地分析。一方面，我们应该看到西方经济学的价值论是资产阶级的意识形态，与我国社会主义的意识形态是根本对立的，因此，必须从整个体系上加以否定。也就是说，马克思主义劳动价值论是一个同效用价值论、供求价值论、均衡价值论及生产要素价值论是根本对立的严密科学的理论体系，因为它主张劳动是价值的惟一源泉，而另外几种理论体系要么否定劳动是价值的源泉，要么认为除了劳动之外还有其他价值源泉（不管劳动在其中起多大作用），这两种价值理论是无法调和的，这种把马克思主义劳动价值论和其他价值理论调和起来的观点早就遭到马克思等人的批判。

但是直到今天，我国有些人希望调和马克思主义劳动价值论和西方经济学价值论，如有人主张边际生产力理论可以与劳动价值论互相补充，这些观点本质上只是西方庸俗价值论的翻版。但是，由于他们往往打着发展马克思主义劳动价值论的旗号，行篡改劳动价值论之实，因此具有更大的欺骗性，对此，我们应该警惕走上李嘉图学派的解体和伯恩施坦的修正主义的老路。另一方面，西方经济学在一定的程度上是市场经济运行规律的反映，其中的某些观点、概念和分析方法上可以批判地应用到我国社会主义市场经济建设中来，如对劳动质量的分析、科学技术对价值影响的分析以及对价值转形问题的分析，都给我们深化劳动价值论提供了以资借鉴的方法和思路，这些我们可以批判地

吸收。当然，这种吸收不是将劳动价值论纳入西方价值理论的轨道，也不是外在地将两者调和起来，而是将它们的具体方法、概念科学地有机地纳入劳动价值论的体系中来，为我们所用，这才是我们应采取的态度。

　　总之，马克思主义劳动价值论是科学，是真理，是工人阶级和广大人民认识并改造世界的强大思想武器，我们要正确认识它、坚持它；但是，马克思主义劳动价值理论又是不断发展的开放的理论体系，我们必须根据时代的变化不断丰富它、发展和完善它。在坚持的基础上发展，在发展中坚持，这才是一个马克思主义者、一个真正的科学工作者应该持有的科学客观的态度。

参考文献

一、中文部分

（一）马克思主义经典著作

《马克思恩格斯选集》，第1—4卷，1995年，第2版，人民出版社。

《列宁选集》，第1—4卷，1995年，第3版，人民出版社。

《邓小平文选》，第1—3卷，1993年，第2版，人民出版社。

《马克思主义经典作家论科学技术和生产力》，1991年，第1版，中共中央党校出版社。

恩格斯：《自然辩证法》，1984年，第1版，人民出版社。

马克思：《1844年经济学——哲学手稿》，1979年，第1版，人民出版社。

马克思：《机器、自然力和科学的应用》，1978年，第1版，人民出版社。

马克思：《政治经济学批判》，1976年，第1版，人民出版社。

马克思：《资本论》，第1—3卷，1975年，第1版，人民出版社。

《马克思恩格斯全集》，第26卷Ⅰ，1972年，第1版，人民出版社。

《马克思恩格斯全集》，第26卷Ⅱ，1973年，第1版，人民出版社。

《马克思恩格斯全集》，第26卷Ⅲ，1974年，第1版，人民出版社。

（二）其他论著

杨建昊、金立顺：《广义价值工程》，2009年，第1版，国防工业出版社。

郑克立：《两大价值理论正误》，2008年，第1版，山东人民出版社。

杨进明：《自然价值与劳动价值的同一性——马克思劳动价值论的新发展》，2008年，第1版，宁夏人民出版社。

贾华强：《边际可持续劳动价值论》，2008年，第1版，人民出版社。

王险峰：《马克思劳动价值论与当代社会发展》，2008年，第1版，社会科学文献出版社。

戴书松：《无形资产投资、价值创造及经济增长方式转变》，2008 年，第 1 版，中国经济出版社。

王成荣：《品牌价值论》，2008 年，第 1 版，中国人民大学出版社。

罗雄飞：《转型问题与马克思劳动价值论的拓展》，2008 年，第 1 版，中国经济出版社。

李鹏程：《资本、商品、劳动与价值的奥秘》，2008 年，第 1 版，经济科学出版社。

朱炳元、朱晓：《马克思劳动价值论及其现代形态》，2007 年，第 1 版，中央编译出版社。

邰丽华：《劳动价值论的历史与现实研究》，2007 年，第 1 版，经济科学出版社。

孔宗伟：《物化劳动与价值创造》，2007 年，第 1 版，中国广播电视出版社。

靳毅民：《劳动价值论的新认识》，2007 年，第 1 版，经济科学出版社。

白暴力：《价值转型问题研究》，2006 年，第 1 版，商务印书馆。

白暴力：《价值价格通论》，2006 年，第 1 版，经济科学出版社。

何明：《劳动价值论的发展及其数学化》，2006 年，第 1 版，人民出版社。

何明：《研究劳动价值论：极为艰难的智力体操》，2006 年，第 1 版，人民出版社。

杨芳洲：《价值论》，2006 年，第 1 版，中国社会科学出版社。

杨玉生、杨戈：《价值·资本增长》，2006 年，第 1 版，中国经济出版社。

程恩富：《劳动创造价值的规范和实证研究》，2005 年，第 1 版，上海财经大学出版社。

程建华：《马克思劳动和劳动价值理论深化研究》，2004 年，第 1 版，吉林人民出版社。

赵曙光：《劳动价值学说新论》，2003 年，第 1 版，四川人民出版社。

何炼成：《深化对劳动和劳动价值论的研究和认识》，2002 年，第 1 版，经济科学出版社。

顾海良、张雷声：《马克思劳动价值论的历史与现实》，2002 年，第 1 版，人民出版社。

周振华：《社会主义社会劳动和劳动价值论》，2002 年，第 1 版，上海社会科学院出版社。

白暴力：《劳动价值理论热点问题》，2002 年，第 1 版，中国经济出版社。

钱津：《劳动价值论》，2001 年，第 1 版，社会科学文献出版社。

孟捷：《马克思主义经济学的创造性转化》，2001 年，第 1 版，经济科学出版社。

《28 位专家学者谈劳动价值论再认识》，2001 年，第 1 版，中共中央党校出版社。

吴易风：《当今经济理论界的意见分歧》，2000 年，第 1 版，中国经济出版社。

李松龄：《劳动价值论：市场经济运行的理论基石》，2000 年，第 1 版，中国财政经济出版社。

陈俊明：《〈资本论〉劳动价值论的具体化》，2000 年，第 1 版，中国青年出版社。

吴江：《知识创新运行论》，2000 年，第 1 版，新华出版社。

胡淑珍、于渝生主编：《十四大以来经济理论热点争鸣》，2000 年，第 1 版，中国审计出版社。

梅荣政：《有中国特色的社会主义政治与经济》，1999 年，第 1 版，山东人民出版社。

崔之元：《"看不见的手"范式的悖论》，1999 年，第 1 版，经济科学出版社。

刘解龙：《国有资产增值难题研究》，1999 年，第 1 版，经济管理出版社。

黄锦奎：《知识经济与价值转化工程》，1999 年，第 1 版，广东经济出版社。

吴季松：《知识经济学——理论、实践和应用》，1999 年，第 1 版，北京科学技术出版社。

许光建：《价格理论应用和发展》，1999 年，第 1 版，中国人民大学出版社。

王恒君、孙晓娜：《复合价值论》，1999 年，第 1 版，西安交通大学出版社。

黄方正：《现代市场经济与马克思劳动价值论》，1999 年，第 1 版，西南交通大学出版社。

丁建中：《新价值论与产权改革》，1999 年，第 1 版，上海社会科学出版社。

白暴力：《价值与价格理论》，1999年，第1版，中国经济出版社。

李富强等：《知识经济与知识产品》，1998年，第1版，社会科学文献出版社。

谢康、陈禹：《知识经济思想的由来与发展》，1998年，第1版，中国人民大学出版社。

陈禹、谢康：《知识经济的测度理论与方法》，1998年，第1版，中国人民大学出版社。

吴易风、顾海良、张雷声、黄泰岩：《马克思主义经济理论的形成和发展》，1998年，第1版，中国人民大学出版社。

李琮：《当代资本主义新发展》，1998年，第1版，经济科学出版社。

钱伯海：《社会劳动价值论》，1997年，第1版，中国经济出版社。

宋则行：《马克思经济理论再认识》，1997年，第1版，经济科学出版社。

黄顺基：《科技革命影响论》，1997年，第1版，中国人民大学出版社。

陶大镛主编：《现代资本主义论》，1996年，第1版，江苏人民出版社。

朱钟棣：《西方学者对马克思主义经济理论的研究》，1995年，第1版，上海人民出版社。

颜鹏飞：《马克思主义经济学史》，1995年，第1版，武汉大学出版社。

宋则行：《李嘉图、马克思到斯拉法》，1995年，第1版，社会科学文献出版社。

陈征等：《〈资本论〉在社会主义市场经济中的运用与发展》，1998年，第1版，福建教育出版社。

傅殷才：《经济学基本原理》，1995年，第1版，中国经济出版社。

刘涤源、陈恕祥、徐长生著：《垄断价格机理研究——垄断价格机构的理论探索和实证分析》，1995年，第1版，中国物价出版社。

丛培华：《国际价值论》，1994年，第1版，中国对外经济贸易出版社。

钱津：《劳动论》，1994年，第1版，企业管理出版社。

洪远朋等编：《寻找"看不见的手"：价格理论的发展与探索》，1993年，第1版，复旦大学出版社。

王珏：《必要价值论》，1992年，第1版，人民出版社。

王书瑶：《无形价值论》，1992年，第1版，东方出版社。

殷明德：《从价值论到货币论：当代西方经济理论主题的演变及实证主义思潮的兴起》，1991年，第1版，上海三联书店。

宋涛主编：《马克思主义经济学说在当代的发展：全国马克思列宁主义经济学说史第二次学术讨论会论文选集》，1992 年，第 1 版，高等教育出版社。

《马克思主义经济思想史》，1991 年，第 1 版，中共中央党校出版社。

《马克思主义与自然科学》，1991 年，第 2 版，北京大学出版社。

胡代光、刘诗白：《评当代西方学者对马克思〈资本论〉的研究》，1990 年，第 1 版，中国经济出版社。

陈征：《对〈资本论〉若干理论问题争论的看法》（上、下册），1990 年，第 2 版，福建人民出版社。

骆耕漠：《马克思的生产劳动理论》，1990 年，第 1 版，经济科学出版社。

胡培兆：《价值规律新论》，1989 年，第 1 版，经济科学出版社。

李中：《价值与价格论——对有关世界难题的思考与探索》，1989 年，第 1 版，中山大学出版社。

吴易风：《英国古典经济理论》，1988 年，第 1 版，商务印书馆。

有林、郑新立、拱桥：《马克思的劳动价值理论》，1988 年，第 1 版，经济科学出版社。

管孝海等：《传统经济理论观点质疑》，1988 年，第 1 版，山东人民出版社。

王慎之：《生产力理论史》，1988 年，第 1 版，吉林人民出版社。

何炼成、魏杰：《价值学说史》，1984 年，第 1 版，陕西人民出版社。

徐节文、马长山编：《建国以来生产劳动与非生产劳动论文选》，1982 年，第 1 版，上海人民出版社。

陈岱孙：《从古典经济学派到马克思——若干主要学说发展论略》，1981 年，第 1 版，上海人民出版社。

《建国以来价值规律问题讨论简介》，1980 年，第 1 版，吉林人民出版社。

鲁友章、李宗正：《经济学说史》，1979 年，第 2 版，人民出版社。

［美］戴夫·乌尔里克、韦斯·布罗克班克：《人力资源管理价值新主张》，2008 年，第 1 版，商务印书馆。

美国信息研究所编，王亦楠译：《21 世纪的信息本质》，1999 年，第 1 版，江西教育出版社。

［美］J. A. 熊彼特：《从马克思到凯恩斯》，1999 年，第 1 版，江苏人民出版社。

［英］埃尔玛尔·阿尔特法特：《全球化与资本主义》，1999 年，第 1 版，

中央编译出版社。

[美] 达尔·尼夫主编，樊春良、冷民等译：《知识经济》，1998 年，第 1 版，珠海出版社。

经济合作与发展组织：《以知识为基础的经济》，1997 年，第 1 版，机械工业出版社。

[英] 斯拉法：《用商品生产商品——经济理论批判绪论》，1997 年，第 1 版，商务印书馆。

[德] 赵治源：《新劳动价值论》，1995 年，第 1 版，中山大学出版社。

[美] 乔治·约瑟夫·施蒂格勒著，李青原等译：《价格理论》，1992 年，第 1 版，商务印书馆。

[英] 扬·斯蒂德曼：《按照斯拉法思想研究马克思》，1991 年，第 1 版，商务印书馆。

[美] 伊恩·斯蒂德曼、保罗·斯威齐等：《价值问题的论战》，1990 年，第 1 版，商务印书馆。

[英] 杰弗·霍奇森：《资本主义，价值和剥削——一种激进理论》，1990 年，第 1 版，商务印书馆。

[美] 马克·波拉特：《信息经济论》，1987 年，第 1 版，湖南人民出版社。

[日] 堺屋太一：《知识价值革命》，1986 年，第 2 版，东方出版社。

[美] 约翰·奈斯比特：《大趋势——改变我们生活的十个大趋势》，1984 年，第 1 版，新华出版社。

[美] 马歇尔：《经济学原理》，1983 年，第 2 版，商务印书馆。

[英] 约翰·理查德·希克斯著，薛蕃康译：《价值与资本》，1982 年，第 1 版，商务印书馆。

[苏联] E. N. 布宁著，赵盛武、王冰译：《科学技术革命与世界价格》，1982 年，第 1 版，中国社会科学出版社。

[英] 萨缪尔森：《经济学》，1981 年，第 1 版，商务印书馆。

[美] 熊彼特著，绛枫译：《资本主义、社会主义和民主主义》，1979 年，第 1 版，商务印书馆。

[英] 罗纳德·米克著，陈彪如译：《劳动价值学说的研究》，1979 年，第 1 版，商务印书馆。

[英] 大卫·李嘉图：《政治经济学及赋税原理》，1976 年，第 1 版，商

务印书馆。

[英] 亚当·斯密:《国民财富的性质和原因的研究》(上、下卷),1974年,第 1 版,商务印书馆。

[英] 萨伊:《政治经济学概论》,1963 年,第 1 版,商务印书馆。

[英] 琼·罗宾逊:《马克思、马歇尔和凯恩斯》,商务印书馆 1963 年版。

[奥] 庞巴维克:《资本与利息》,1959 年,第 1 版,商务印书馆。

(三) 论文

杨寄荣、杨玉生:"资本主义生产方式与劳动价值论的再认识——对克里斯托弗·J. 亚瑟理论观点的评述",《经济纵横》2010 年第 4 期。

王浩:"劳动价值论与效用价值论的区别联系",《生产力研究》2010 年第 5 期。

龚庆秀:"知识经济时代马克思劳动价值论的再认识",《南方论刊》2010 年第 4 期。

严冰:"劳动价值论分歧探源",《西南交通大学学报》(社会科学版) 2010 年第 3 期。

于新:"对劳动价值论争论的深层思考",《劳动价值论与效用价值论发展历程的比较研究》2009 年第 3 期。

张昆仑:"试论马克思的劳动价值论与西方效用价值论之相通点",《现代财经》2009 年第 1 期。

王强:"论劳动力商品价值的转移——对传统劳动价值论的一点质疑",《生产力研究》2009 年第 21 期。

袁华:"马克思劳动价值理论的生存论意蕴",黑龙江大学 2009 年硕士论文。

杨寄荣:"资本对自然的无偿占有与劳动价值论",《当代经济研究》2009 年第 6 期。

张俊山:"劳动价值论与现实经济中的价值现象",《社会科学研究》2009 年第 4 期。

赵庆元、杨静:"对劳动价值论争论的深层思考",《改革与战略》2009 年第 2 期。

孙飞:"马克思劳动价值论的当代价值",《当代经济研究》2008 年第 12 期。

谭晓军、刘锋、王海涛:"对日本学者关于第三产业分类的认识的评析——马克思劳动价值论视角下的分析",《国外理论动态》2008 年第 10 期。

郝孚逸:"从劳动价值论到剩余价值论的哲学演化——马克思劳动理论与剩余价值哲学关系的探讨(三)",《湖北社会科学》2008 年第 7 期。

杨曾宪:"试论雇佣劳动与剥削的非必然关联——'价值学视域中的劳动价值论与剥削'系列研究之一",《社会科学论坛》2008 年第 7 期。

李太森:"劳动价值论若干问题新探",《江汉论坛》2008 年第 6 期。

王朝科:"论罗默对马克思劳动价值论的否定",《马克思主义研究》2008 年第 6 期。

许光伟:"劳动价值论的数学模型分析:方法论特性与建构",《财经研究》2008 年第 4 期。

邹升平:"深化对马克思主义劳动价值论认识的八大误区",《甘肃社会科学》2008 年第 3 期。

刘冠军:"科技时代马克思劳动价值论的困境与出路",《学术界》2008 年第 3 期。

许光伟:"论劳动价值论的数学与模型分析",《当代经济科学》2008 年第 2 期。

钟春洋:"劳动价值论创新与发展的方法论",《江汉论坛》2008 年第 1 期。

刘冠军:"现代科技企业价值生产和运行的网络模式——一种现代科技劳动价值论视域中的考察",《科学学研究》2008 年第 1 期。

贺汉魂、廖鸿冰:"现代科技企业价值生产和运行的网络模式——一种现代科技劳动价值论视域中的考察",《经济问题》2008 年第 1 期。

杨慧玲:"劳动价值实体是市场经济社会分配的必然客体——劳动价值论与要素价值论之比较",《马克思主义研究》2007 年第 1 期。

赵准:"论马克思活劳动的价值理论",《清华大学学报》(哲学社会科学版)2008 年第 S1 期。

刘明辉:"用领导的方式去管理——21 世纪劳动价值整合的新趋势",《科学社会主义》2008 年第 4 期。

庄惠明、孔令强:"马克思的劳动价值理论与现代服务价值理论述评",《生产力研究》2007 年第 19 期。

钟春洋:"在方法论上坚持劳动价值一元论",《经济学家》2007 年第 5 期。

张鹏侠："劳动价值论研究"，东北师范大学2007年硕士论文。

余斌："从斯蒂德曼的非难看劳动价值理论及价值转形问题的计算"，《教学与研究》2007年第3期。

张宝善、许成安："层次分析法在劳动价值与分配制度衡量中的应用"，《江汉论坛》2006年第12期。

余陶生、胡爽平："评劳动价值整合论——对多要素共同创造价值的剖析"，《东岳论丛》2006年第6期。

李松龄："生产力与生产关系解读——基于劳动和劳动价值理论的新认识"，《山东社会科学》2006年第3期。

姜铁敬、张冬梅、何明："运用数学方法描述劳动价值理论的探索——何明教授访谈"，《国外理论动态》2006年第3期。

高荣华、吴佩琳、乔健生："劳动价值新论——广义劳动价值论"，《南京农业大学学报》（社会科学版）2006年第3期。

白云伟："劳动价值理论的系统分析"，《山西农业大学学报》（社会科学版）2006年第2期。

孙宇晖："关于劳动价值理论发展的探讨"，《当代经济研究》2005年第12期。

王华华："生产劳动与非生产力劳动的统一——兼论服务劳动的价值创造性"，《生产力研究》2005年第11期。

徐可："有关劳动价值理论的三个通约——马克思经济学与西方经济学的比较分析"，《经济经纬》2005年第6期。

刘艳华："深化对劳动价值理论的认识"，《经济论坛》2004年第13期。

卫中玲："市场经济条件下劳动价值理论一个重要问题的思考"，《理论界》2005年第11期。

靳文志："马克思的劳动价值理论是科学发展观的重要理论基础"，《经济问题》2004年第9期。

徐毅："劳动价值与效用价值：商品价格的双重决定因素"，《现代财经》2005年第6期。

张素芳："市场经济的利益分配、资源配置与劳动价值理论"，《经济评论》2004年第5期。

伍红建："知识经济时代发展劳动价值理论的新思考"，《西南交通大学学报》（社会科学版）2005年第5期。

廖富洲："坚持和发展马克思的劳动价值理论"，《学习论坛》2005 年第 4 期。

胡仪元："关于流通领域劳动价值问题的思考"，《理论探索》2005 年第 3 期。

姚允柱："从博弈论看劳动价值的成因"，《社会科学》2005 年第 3 期。

朱富强："论劳动力的非商品性及劳动力价值的含义——对马克思劳动价值理论中'劳动产品'和'交换'的考辨"，《社会科学研究》2005 年第 2 期。

孙文婷："马克思劳动价值再认识——谈知识技术在价值形成中的作用"，《河西学院学报》2004 年第 4 期。

青连斌："深化对劳动和劳动价值理论的认识及其基本结论"，《湖南社会科学》2004 年第 2 期。

蒋学模："马克思劳动价值理论在社会主义市场经济中的应用"，《复旦学报》（社会科学版）2004 年第 1 期。

汤美莲："论复杂劳动的价值及其实现"，《江汉论坛》2004 年第 1 期。

王忠："论管理劳动的价值创造及分配"，《武汉市经济管理干部学院学报》2004 年第 1 期。

陈芳芳、陈承明："论科技劳动的价值创造及其分配"，《上海金融学院学报》2004 年第 1 期。

卫兴华："经营管理和科技工作同样是劳动"，载于《光明日报》2003 年 7 月 1 日。

李铁映："关于劳动价值论的读书笔记"，《经济研究》2003 年第 2 期。

张雷声："国际价值的研究与劳动价值论的新发展"，《学术界》2002 年第 5 期。

丁冰："国内生产总值的增长不等于价值量的增长"，《思想理论教育导刊》2002 年第 4 期。

程恩富："劳动价值论的认识创新"，《毛泽东邓小平理论研究》2002 年第 2 期。

周新城："怎样理解劳动价值论"，《经济经纬》2002 年第 2 期。

顾海良："进一步深化对劳动价值论的认识"，《教学与研究》2002 年第 2 期。

熊映梧："新时代谈价值论"，《求是学刊》2002 年第 1 期。

吴易风："劳动是创造价值的惟一源泉——驳否定劳动价值论的奇谈怪论"，《当代思潮》2001 年第 1 期。

顾海良："马克思劳动价值论的科学地位及其新课题"，《南开经济研究》2001 年第 6 期。

吴易风："理解、坚持和发展劳动价值论"，《南开经济研究》2001 年第 5 期。

卫兴华："三论深化对劳动和劳动价值论认识的有关问题"，《高校理论战线》2001 年第 8 期。

张雷声："不能把劳动创造价值作为分配制度形成的依据"，《思想理论教育导刊》2001 年第 7 期。

魏埙："马克思主义经济学在西方经济学界"，《理论经济学》2001 年第 5 期。

程恩富："深化社会主义劳动价值论认识"，载于《光明日报》2001 年 9 月 25 日。

陈征："当代劳动的新特点"，载于《光明日报》2001 年 7 月 17 日。

谢富胜："西方学者关于马克思'价值转形'理论研究述评"，《理论经济学》2001 年第 1 期。

陈恕祥："对政治经济学中若干重难点问题的思考"，《思想理论教育导刊》2000 年第 1 期。

丁堡骏："对劳动价值论几个争论问题的看法"，《当代经济研究》1999 年第 2 期。

郑光中："资本构成理论的当代变化与发展"，《马克思主义研究》1999 年第 2 期。

何祚庥："马克思主义和知识经济"，《当代思潮》1999 年第 1 期。

宋先钧："近年来劳动价值论研究述评"，《理论与改革》1999 年第 1 期。

蔡继明："论分工与交换的起源和交换比例的确定——广义价值论纲"，《南开学报》（哲社版）1999 年第 1 期。

郭强："知识经济中知识的价值构成与价值转化"，《学术研究》1998 年第 12 期。

吴宣恭："物化劳动不能创造价值和剩余价值"，《经济评论》1998 年第 3 期。

陈林："热话题与冷思考——关于新产业革命与劳动危机的对话"，《当代世界与社会主义》1998 年第 2 期。

顾海良："西方马克思主义经济学发展的主要趋向及其基本特点"，《教学与研究》1997 年第 12 期。

李江帆："马克思对第三产业问题的分析及启示"，《学术动态》1997 年 7 月 19 日。

张旭："从自然价值、劳动价值到社会价值——对劳动价值论的全面阐述和解说"，《学术月刊》1997 年第 4 期。

朱钟棣："价值问题上的挑战与回答——国外马克思主义经济学研究中各派观点评述"，《学术月刊》1997 年第 1 期。

陈征："论科学劳动"，《科学技术哲学》1996 年第 12 期。

卢继传："论知识是经济增长的动力"，载于《人民日报》1996 年 3 月 12 日。

蒋绍进："重温劳动价值论的几点体会"，《当代经济研究》1996 年第 1 期。

项启源："新技术革命与劳动价值论"，《学术月刊》1995 年第 10 期。

傅军胜："全国劳动价值论研究会综述"，《中国社会科学》1995 第 5 期。

郑永权、高书生："劳动价值论研讨会观点综述"，《经济学动态》1995 年第 9 期。

吴宣恭："价值创造和马克思主义的劳动价值论"，《学术月刊》1995 年第 9 期。

张维达、吴宇晖："马克思劳动价值论的科学性与现实性"，《高校理论战线》1995 年第 9 期。

苏星："再论劳动价值论一元论"，《经济纵横》1995 年第 7 期。

刘炯忠、叶险明："从马克思对'生产力'概念的分类看科学与技术的关系"，《马克思主义研究》1995 第 6 期。

陈振羽："马克思从价值增殖过程的观点得出的生产劳动定义剖析"，《华侨大学学报》（哲社版）1995 年第 3 期。

谷书堂、柳欣："新劳动价值论一元论"，《中国社会科学》1993 年第 6 期。

陈立旭："马克思主义在当代的实践特点"，《社会科学研究》1994 年第 4 期。

吴易风、王健："劳动价值论定量分析"，《当代经济研究》1994 年第

1 期。

二、英文部分

Gera, Surendra and Kurt Mang, "The Knowledge-based Economy: Shifts in Industrial Output", Working Paper, No. 15, January 1997, pp. 53 – 55.

Rubin, M. R. , *The Knowledge Industry in the United States 1960—1980*, Princeton, NJ: Princeton University Press, 1986.

M. C. Howward and J. E. King, *The Political Economy of Marx*, 2nd Edition, Longman Group Limited, 1985.

M. Blaug, Another Look at the Labor Reduction Problem, in Marx, Classical and Marxism Political Economy, London, 1982.

Rubin, M. R. and E. Taylor, "The U. S. Information Sector and GNP: An Input-ou Tput Study", *Information Processing and Management*, 1981.

Stiglitz, J. E. and Andrew Weiss, "Credit Rationing in Markets with Imperfect Information", *American Economic Review*, 1981.

Rubin, M. R. and M. E. Sapp, "Selected roles of Information Goods and Services in the U. S. National E-economy," *Information Processing and Management*, 1981.

I. Steedman, *Marx after Sraffa*, London, 1977.

Grossman, S. J. and J. E. Stiglitz, "Information and Competitive Price Systems", *American Economic Review*, 1976, 66 (2): pp. 246 – 253.

Spence, A. M. , *Market Signaling: Informational Transfer in Hiring and Related Screening Processes.* Cambridge, Mass. : Harvard University Press, 1974.

M. Morishma, *Marx's Economics*, Cambridge University Press, 1973.

M. Dobb, "Marx's Capital and its Place in Economic Theory", *Science and Society*, Fall 1967.

P. M. Sweezy Edited, *Karl Marx and the Close of His System*, By E. N. Böhm-Bawerk and Bohm-Bower's Criticism of Marx By Hilferding, Augustus M. Kelly Publisher, New York, 1966.

Machiup, F. , *The Production and Distribution of Knowledge in the United States*, NJ: Princeton University Press, 1962.

Machol, R. E. and Paul Gray, *Recent Developments in Information and Decision Processes*, New York: Macmillan, 1962.

F. Steon, "Transformation Problem", *Review of Economic Studies*, June 1957.

Machol, R. E. , *Information and Decision Processes*, New York: McGraw-Hill, 1960.

Marschak, J. , "Role of Liquidity under Complete and Incomplete Information"., *American Economic Review*, 1949.

J. Winternitz, "Value and Prices, A Solution of So-called Transformation Problem", *The Economic Journal*, June 1948.

Knight, F. H. , *Risk, Uncertainty and Profit*, Boston: Houghton Mifflin, 1933.

后　记

　　这本专著第一稿是在 2003 年出版的。从出版到现在，已经历时七年。这七年，中国社会发生了重大变化，世界也发生了重大变化。尤其是金融危机的爆发，使得人们对马克思主义理论重新进行新的审视，希望从中能找出解释和摆脱资本主义金融危机的良方，而在全球化的时代马克思主义劳动价值论是否依然具有理论张力就成为理论关节点。同时，中国特色社会主义的实践已经跨越中国的地域局限，越来越具有世界意义，大家都在关注中国是否能持续，中国是否形成了具有中国特色的社会主义模式，这个模式的内涵是什么，对未来的世界具有什么样的影响。而这就需要从基础理论上进行阐释。这无疑涉及对马克思主义的基本理论，尤其是唯物史观和剩余价值论（基础是劳动价值论）在今天的中国的价值判断问题。因此，结合变化了的世界格局和中国国情，对马克思主义劳动价值论进行重新审视和思考仍然具有时代意义和价值。然而遗憾的是，由于劳动价值论的深化和发展需要对世界经济进行系统的统计和分析，需要用新的变化了的材料来进一步证明和分析其基本理论，而这仅仅依靠几个人是难以做到的，因此，对劳动价值论作突破性的探讨和研究，需要比较长的一段时间积累。显然，这个重大的历史任务在我的能力范围之外。同时，近些年来，因种种原因，我个人的研究方向已经发生了转移，尽管仍然比较关注劳动价值论的研究情况，但是，毕竟不是太集中和专业，因此，这次重版，除了技术上的修改外，没有作大的变动，这也反映了我自己研究存在的一些困境。

　　这本书初版之后的几年，也是我人生之旅发生重大变化的几年，尽管职称上从讲师提升到教授，但是，我也从过去意气风发的青年变成了忙忙碌碌而不知今日是何日、未来去何处的夹心层的中年。很是佩服那些每天仍然笔耕不辍满腔豪情的老先生们，他们能够在没有功利原则的驱使下推动着中国学术的不断进步。对比他们的勤奋和淡定，我很是惭愧。在本书即将再版之际，我要感谢博士后导师陶德麟先生和博士导师梅荣政教授，他们对学术的执著追求不断鞭策和鼓励着我不能松懈，要坚持。

　　我要感谢这些年来一直关心和支持我的顾海良教授、石云霞教授、骆郁廷教授、丁俊萍教授、左亚文教授、夏建国教授、沈壮海教授、佘双好教授、宋俭教授、袁银传教授、李斌雄教授、倪素襄教授、李楠教授和孙来斌教授。另外，我要感谢关心和支持我的父母与妻儿，没有他们的鼓励，这本书就不可能出版。武汉大学政治与公共管理学院的同仁和马克思主义理论学科团队为本书的写作出版提供了许多便利条件，在此向他们表示衷心的谢意。同时，要感谢许多我没有见过面的学术前辈和学长，他们的著作和文章让我受益匪浅。

曹亚雄

2010 年 11 月于珞珈山

武汉大学马克思主义理论系列学术丛书

第一批

《知识经济与马克思主义劳动价值论》 / 曹亚雄著

《列宁的马克思主义理论教育思想研究》 / 孙来斌著

《中国共产党的价值观研究》 / 李斌雄著

《思想政治教育价值论》 / 项久雨著

《现代德育课程论》 / 佘双好著

《建国后中国共产党政党外交理论研究》 / 许月梅著

第二批

《马克思主义经济理论中国化基本问题》 / 孙居涛著

《新中国成立以来中国共产党思想理论教育历史研究》 / 石云霞著

《马克思主义中国化史》 / 梅荣政主编

《中国古代德育思想史论》 / 黄钊著

第三批

《马克思主义与中国实际"第二次结合"的开篇
（1949—1966 年）研究》 / 张乾元著

《从十六大到十七大：马克思主义基本原理在当代
中国的运用和发展》 / 袁银传著

《邓小平社会主义观再探》 / 杨军著

《"三个代表"重要思想源流和理论创新》 / 丁俊萍著

《当代中国共产党人的发展观研究》 / 金伟著

《中国共产党的历史方位与党的先进性建设研究》 / 吴向伟著

《思想政治教育发生论》 / 杨威著

《思想政治教育内容结构论》 / 熊建生著

《青少年思想道德现状及健全措施研究》 / 佘双好著

《走向信仰间的和谐》 / 杨乐强著